Günter Brakelmann

Carl-Ferdinand Stumm

(1836-1901)

Christlicher Unternehmer,

Sozialpolitiker,

Antisozialist

SWI Studien, Band 13

Herausgeber dieses Bandes:
Verein zur Erforschung der Kirchen- und
Religionsgeschichte des Ruhrgebiets e.V.
in Zusammenarbeit mit dem
Sozialwissenschaftlichen Institut der Evangelischen
Kirche in Deutschland

Für Johannes Rau,

den Mann der Kirche und Politik

Die Deutsche Bibliothek - CIP-Einheitsaufnahme

Brakelmann, Günter:
Carl-Ferdinand Stumm : christlicher Unternehmer,
Sozialpolitiker, Antisozialist / Günter Brakelmann. [Hrsg.
dieses Bd.: Verein zur Erforschung der Kirchen- und
Religionsgeschichte des Ruhrgebiets e.V. In Zusammenarbeit
mit dem Sozialwissenschaftlichen Institut der Evangelischen
Kirche in Deutschland]. - Bochum : SWI-Verl., 1993
    (SWI-Studien ; Bd. 13)
    ISBN 3-925895-45-0
NE: Sozialwissenschaftliches Institut der Evangelischen Kirche in
    Deutschland <Bochum>: SWI-Studien

© 1993 SWI Verlag, Bochum
Selbstverlag des Sozialwissenschaftlichen Instituts
der Evangelischen Kirche in Deutschland
Postfach 25 05 70, 4630 Bochum 1
Satz, Layout: SWI-Verlag
Druck und Buchbindearbeiten:
Recklinghäuser Werkstätten, Recklinghausen
Alle Rechte vorbehalten
Umschlagentwurf und -gestaltung: Ulf Claußen
Printed in Germany

ISBN 3-925895-45-0

Inhalt

Vorwort

Der Verein für Rheinische Kirchengeschichte hatte mich 1992 eingeladen, in Saarbrücken einen Vortrag über den Konflikt zwischen der Saarländischen Pfarrerschaft und dem Großindustriellen und Politiker Freiherr von Stumm-Halberg zu halten. Je mehr ich mich mit Stumm befaßte, um so interessanter wurde er für mich. Aus dem Vortrag ist ein kleines Buch geworden, das versucht, den interessantesten Konflikt zwischen »Kirche und Kapital« im 19. Jahrhundert zu rekonstruieren. Das Klischeeurteil, daß Kirche immer auf seiten des Kapitals und der Unternehmer gestanden habe, wird so undifferenziert nicht mehr zu vertreten sein.

Erstmals werden wichtige Briefe von und an Stumm veröffentlicht. Die abgedruckten Dokumente dürften Schlüsseltexte zum Verständnis der christlich-sozialen Bewegung sein.

Um die Vergegenwärtigung von Vergangenheit für den Leser lebendiger zu machen, werden im fortlaufenden Text viele zeitgenössische Quellen zitiert. Die Denker und Akteure selbst sollen mit ihren Argumenten und Positionen im Originalton gehört werden. Es entsteht auf diese Weise ein kleines Quellen- und Lesebuch.

Den Mitarbeitern am Lehrstuhl für Christliche Sozialethik und des Sozialwissenschaftlichen Instituts sei für vielfältige Hilfe gedankt, vor allem Monika Ott und Ulf Claußen für die Herstellung des Bandes.

Wenn ich diesen Band einem Manne wie Johannes Rau widme, dann sei das ein Zeichen des Respektes und des Dankes für einen Politiker, der trotz seiner Tagesgeschäfte (oder wegen ?) sich ein Interesse an der Geschichte, besonders auch der Geschichte des neuzeitlichen Protestantismus erhalten hat.

Hardenberg, Jahresanfang 1993   *Günter Brakelmann*

Wichtiges zum Lebensweg des Carl-Ferdinand Stumm (1836-1901)

Carl-Ferdinand Stumm stammt aus einem alten Geschlecht von Eisenhüttenbetreibern des Hunsrücks, dem es 1806 gelang, durch den Kauf des Eisenwerks zu Neunkirchen seinen Sitz an die Saar zu verlegen. Die Stumms waren seit Generationen Kaufleute und industrielle Unternehmer. Der für das Saargebiet bedeutendste Eisenindustrielle und der im Deutschen Kaiserreich einflußreichste saarländische Politiker sollte der 1836 geborene Carl-Ferdinand Stumm werden.[1] In einer ökonomischen Krise des Neunkirchener Werkes schied sein Vater, Carl-Friedrich Stumm (1798-1848), durch Selbstmord aus dem Leben. Der Onkel Carl-Ferdinands übernahm die Leitung des Werkes. Er hieß Karl Böcking und war der Bruder der Mutter Stumms.

Der junge Stumm besuchte von 1848 bis 1850 die Realschulen in Mainz und von 1850 — 1852 in Siegen/Westfalen. Nach dem Abitur 1852 war er zwei Jahre lang Lehrling im Neunkirchener Eisenwerk. 1854 besuchte er Eisenhütten in Rheinland und Westfalen. Stumm ist von dieser Zeit her Praktiker und Empiriker geblieben. Er war zunächst Techniker und Kaufmann. 1854 bis 1858 absolvierte er in Berlin das Studium der Eisenhüttenkunde und der Rechts- und Staatswissenschaften. Zeit seines Lebens hatte er gute Kenntnisse der juristischen und staatspolitischen Zusammenhänge. Nach einjähriger Militärzeit und Reisen nach Italien und in den Orient trat er 1858, also im Alter von 22 Jahren, mit in die Leitung des Neunkirchener Werkes ein. Schon hier interessierte ihn nicht nur die technisch-ökonomische Seite der Produktion und des Verkaufs, sondern auch die arbeitsorganisatorische und die soziale des Betriebes. Er konnte dabei an das Konzept des 1848 ausgeschiedenen Generaldirektors Ferdinand Steinbeiß (1807-1893) anknüpfen, der schon vor 1848 betriebliche Sozialeinrichtungen wie Invalidenkasse, Wohnungsfürsorge, Werksarzt, technische und kaufmännische Berufsbildung und ähnliches, eingeführt hatte.[2] Stumm selbst verbot die Frauenarbeit in seinen Betrieben und führte ein strenges »Disziplinar-Reglement« und feste Verwaltungsgrundsätze ein. 1860 heiratete er Ida Böcking, mit der er vier Töchter haben sollte. Ein Sohn verstarb früh.

Stumm kannte von Jugend an den Zusammenhang von Wirtschaft und Politik. Seine regionalen Aktivitäten für die wirtschaftliche Entwicklung des Saargebietes mündeten in die Wahl zum Mitglied des Norddeutschen Reichstages (1867-1871). Hier gehörte er zur Freikonservativen Partei, die sich am stärksten von allen Fraktionen für die Politik des Reichskanzlers Otto von Bismarck einsetzte.[3] 1867 wurde er auch noch ins Preußische Abgeordnetenhaus gewählt. Schon in dieser Zeit vor der Reichsgründung entwickelte sich Stumm zu einem politisch denkenden Unternehmer, der als einer der ersten Parlamentarier auf den Ausbau eines staatlichen Versicherungssystems für Arbeiter drängte. Der politische Hauptgegner Stumms wurde sehr bald die noch junge Sozialdemokratie, die sich 1875 in Gotha zur Sozialdemokratischen Arbeiterpartei Deutschlands zusammengeschlossen hatte. Bis zu seinem Tode 1901 hat Stumm diese Partei konsequent bekämpft. 1877 wurde im Saarland der »Verein zur Bekämpfung der sozialdemokratischen Bewegung« gegründet. Die privaten und staatlichen Arbeitgeber beschlossen, alle Sozialdemokraten zu entlassen und keine Sozialdemokraten einzustellen. Stumm ist in den folgenden Jahrzehnten sowohl für die Verlängerung als auch für die Verschärfung des Sozialistengesetzes von 1878 eingetreten. Neben den Sozialdemokraten hatte er eine zweite Front: die Gewerkschaften als eigenständige Interessenvertreter der Arbeiter. Hier machte er keinen Unterschied zwischen dem liberalen Hirsch-Dunckerschen Gewerkverein, den sozialdemokratisch beeinflußten Freien und den Christlichen Gewerkschaften.

Von 1881 bis 1889 hatte Stumm keinen Sitz im Reichstag, dem er jedoch anschließend bis zu seinem Tode angehört hat. 1890 berief ihn der junge Kaiser in den Staatsrat. Mit Bismarck hatte Stumm seit 1866 persönliche und politische Kontakte. Anfang der neunziger Jahre gewann er immer mehr Einfluß auf den Kaiser und die staatliche Politik. Auch wenn man den Beginn und das Ende der sogenannten »Ära Stumm« nicht genau bestimmen kann, so ist unbestritten, daß er über das Saarland hinaus in den neunziger Jahren ein einflußreicher Politiker in Berlin gewesen ist, sowohl bei Hofe, in der Ministerialbürokratie als auch in den Parlamenten des Deutschen Reichstages und des Preußischen Herrenhauses. Er war einer der bekanntesten und farbigsten Unternehmergestalten seiner Zeit. 1892 besuchte ihn Wilhelm II. auf seinem Schloß Halberg bei Saarbrücken, das er 1877 bis 1881 hatte erbauen lassen. Schon vorher, 1888, war Stumm

Carl-Ferdinand Stumm

durch Kaiser Friedrich II. in den erblichen Freiherrnstand erhoben worden und durfte später »Halberg« zum Bestandteil seines Namens machen. Er war am Ende seines Lebens einer der reichsten Männer Deutschlands.

Sein Unternehmen, das sich im Laufe der Zeit immer mehr erweiterte und diversifizierte, führte er mit Hilfe seines Generaldirektors Emil Schüler in einer Form, für die schon die Zeitgenossen den Begriff »System Stumm« angewandt haben. Die beiden damals gängigen Begriffe »Ära Stumm« und »System Stumm« zeigen, daß Stumm in seiner Zeit eine Symbolfigur gewesen ist. An ihm konnten sich die Geister reiben.

Dieser Mann eröffnete in den neunziger Jahren eine weitere Front: gegen den »Pastorensozialismus« und gegen den »Universitätssozialismus«. Er bezog scharf Stellung gegen die Christlich-Sozialen Friedrich Naumann, (1860-1919) Ludwig Weber (1846-1922) und Adolf Stoecker (1835-1909), gegen die Christlich-soziale Partei und alle evangelisch-sozialen Gruppierungen und Einzelpersonen. In den Kathedersozialisten sah er die intellektuellen Vorbereiter und Begleiter sozialreformerischer Positionen. Im Saarland selbst polemisierte er gegen die Mitarbeit von Geistlichen in der evangelischen Arbeitervereinsbewegung und führte diesen Kampf gegen die »politischen Pfarrer« als bewußtes evangelisches Kirchenmitglied, das sich sowohl in der Arbeit der Inneren Mission als auch in den Kirchengemeinden vor Ort (u.a. durch Kirchbauten) engagiert hatte.

Dieser Konflikt, der sich auf verschiedenen Ebenen abspielte, soll dargestellt werden. Er dürfte ein einmaliger Fall in der neuzeitlichen Kirchen- und Sozialgeschichte sein.

Auftakt des Streites mit der saarländischen Pfarrerschaft

Max Lentze, Pfarrer in St. Wedel (1837-1905), schreibt in dem seit 1874 erscheinenden »Evangelischen Wochenblatt des Saarlandes« vom 22. Dezember 1889 eine politische Wochenschau, in der er die Gegenwart als große Krise versteht. Indizien sind ihm auf sozialem Gebiet vor allem die Streiks der Ruhrbergarbeiter im Mai 1889 und der Saarbergleute im Dezember 1889.[4] Er definiert den zentralen Punkt der Krise so: »...wie der sogenannte Dritte Stand sich vor 100 Jahren die Gleichberechtigung erwarb und errang, so ringt gegenwärtig der Vierte Stand nach demselben Ziele. Das ist eine unverkennbare Tatsache, die der ganzen sozialen Bewegung zugrunde liegt, — da bedarf es des angespanntesten Zusammenwirkens aller Kräfte, damit diese große Krisis überwunden, dieses Ziel mit Gottes

14

Hilfe auf dem Wege, wie ihn die Kaiserliche Botschaft seinerzeit vor-gezeichnet hat, erreicht werde.«[5]

Lentze setzt bei der Lösung dieser Krise auf das »soziale Königtum von Gottes Gnaden« und auf christlich begründete soziale Verantwortung, wenn er ausführt: »Nur die christliche Anschauung von dem Wesen des Besitzes, wonach der Besitzer sich als Haushalter Gottes fühlt und erkennt und weiß, daß er Rechenschaft dafür schuldig ist, vermag die immer weiter sich ausdehnende Kluft zwischen reich und arm zu überbrücken.«[6]

Auf diesen Artikel reagiert Stumm sehr scharf, besonders auf den Be-griff der Gleichberechtigung des Vierten Standes. Lentze hatte damit einen Begriff angesprochen, den Stumm immer leidenschaftlich abgelehnt hat: den des Vierten Standes oder der Klasse des Proletariats.

Stumm schreibt einen Brief an den Drucker des Evangelischen Wochen-blattes, in dem er ihn unter wirtschaftlichen Druck setzt. Zudem verbietet er die Verteilung des Blattes in seinen betrieblichen Wohlfahrtseinrich-tungen. Nach einem Briefwechsel zwischen Lentze und Stumm wird eine »einstweilige Verständigung« herbeigeführt. Das Blatt wird wieder zur Verteilung im Stummschen Einflußbereich freigegeben.[7]

Der nächste offene Konflikt ereignet sich 1894. In Essen im Ruhrgebiet war zuvor unter Beteiligung des Lic. Ludwig Weber aus Mönchen-Gladbach ein interkonfessioneller Gewerkverein Christlicher Bergarbeiter gegründet worden.[8] »Das Evangelische Wochenblatt« bringt in einem längeren Artikel eine Wertung dieses Vorgangs. Es nimmt eine »freundlich-abwartende Stellung« ein, begrüßt, daß sich »bessergesinnte und königstreue Arbeiter« trotz verschiedener konfessioneller Bekenntnisse zusammengeschlossen haben, »um den Umsturzbestrebungen gegenüber im Einvernehmen mit den Arbeitgebern an der Hebung ihres Standes zu arbeiten«.

Aber der Autor des Artikels ist wegen der konfessionellen Verschieden-heiten im Gewerkverein skeptisch gegenüber dem schließlichen Gelingen der sonst so guten Absicht. Für das Saargebiet besteht nach ihm aufgrund der Besitzverhältnisse im Bergbau, der mehrheitlich in Staatshänden ist, keine Veranlassung zur Nachahmung. Der Artikel schließt mit dem Satz: »Immerhin bleibt jedoch die Bildung dieses christlichen Gewerkvereins eine bedeutungsvolle Zeiterscheinung, und wir rufen ihm in Hoffnung eines Gelingens seiner Bestrebung zu: ‚Glück auf!‘«

Stumm beschwert sich auch gegen diesen Artikel und droht ernsthafte Schritte an. Als entschiedener Gegner aller gewerkschaftlichen Organisa-tionen von Arbeitern ist er auch und vor allem ein Gegner christlich-so-zialer Organisationen. Die »Saarbrücker Gewerbezeitung«, das Sprachrohr der Saarbrücker Handelskammer, deren Vorsitzender Stumm durch Jahrzehnte hindurch gewesen ist, bringt am 5. September 1894 einen Angriff gegen den christlichen Gewerkverein der Bergleute. Er stammt aus der Feder des Sekretärs der Handelskammer Saarbrücken von der Osten, der unter anderem schreibt:»Das Programm gleicht fast genau demjenigen, welches im Jahre 1889 von den Führern der damaligen Bergarbeiterbewegung an der Ruhr und an der Saar aufgestellt wurde und dessen Endzweck darauf hinauslief: ,Krieg den Unternehmern'«.

Und über die geistlichen Leiter des Vereins Ludwig Oberndörfer und Ludwig Weber schreibt er:»Während das Christentum die Liebe und den Frieden verkündigt, säen sie als seine Vertreter Sturm und Krieg.« Und sein Fazit:»Die an und für sich schon verschwommene Grenze des christlichen Sozialismus hebt sich bei ihnen von derjenigen der Sozialdemokratie kaum mehr ab.«

Auf diesen Artikel wird Stumm am 12. Dezember 1894 von dem Sozialdemokraten Wilhelm Liebknecht in der Debatte über die sogenannte Umsturzvorlage im Reichstag angesprochen. Er antwortet:»Was den Artikel selbst angeht, so sage ich offen, daß ich ihn der Form nach mißbillige, obschon ich, wie Sie wissen, jeden Gewerkverein, also auch diesen christlich-sozialen, prinzipiell bekämpfe und den Lic. Weber allerdings für einen gefährlichen Agitator halte.«[9]

Ludwig Weber war seit 1890 einer der führenden Männer des Gesamtverbandes Evangelischer Arbeitervereine, Mitbegründer des Evangelisch-sozialen Kongresses 1890 und äußerst aktiv in der gesamten kirchlichen Öffentlichkeitsarbeit.[10]

Ihn hat Stumm in seiner Reichstagsrede vom 9. Januar 1895 noch einmal im Zusammenhang mit Friedrich Naumann und dessen Zeitschrift »Die Hilfe« erwähnt und konstatiert:»Der Lic. Weber, über den ich mich schon neulich ausgesprochen habe, ist ausdrücklich als Mitarbeiter an diesem Blatt genannt. Ebenso wie andere sonst angesehene evangelische Geistliche. Ich behaupte, wenn es gelingt, die evangelischen Arbeitervereine von diesen Gesinnungen zu durchtränken und zu Kampfvereinen zu machen, dann marschieren sie ganz direkt in das Lager der Sozialdemokratie.«[11]

Ludwig Weber veröffentlicht daraufhin in der Kreuzzeitung Nr. 20/1895 eine Erklärung, die auch an anderen Stellen vielfach abgedruckt wurde und die folgenden Wortlaut hat:»Der Freiherr von Stumm hat in seiner Reichstagsrede vom 9. Januar meinen Namen in Verbindung gebracht mit sozialistischen und sozialdemokratischen Ideen. Auf diesen erneuten Angriff von der sicheren Tribüne des Reichstags herab, der mir mit allen Grund-

16

sätzen der Gerechtigkeit und Billigkeit unvereinbar erscheint, erwidere ich zunächst, daß nach der Ansicht aller Evangelisch-Sozialen vom äußersten rechten bis zum linken Flügel der Standpunkt des Freiherrn von Stumm ein

Ludwig Weber

solcher ist, daß von ihm aus jede Kritik uns gleichgültig und wertlos ist. Nicht also für den Freiherrn von Stumm, aber für meine konservativen Freunde, in deren Augen ich nicht anders dastehen möchte, als ich wirklich bin, setze ich folgende Sätze aus meinem Leipziger Vortrag vom 4. Januar d.J. hierher, die klar und scharf zum Ausdruck bringen, wie ich stehe:

,Ich möchte zeigen, daß, auch wenn wir die Grundlagen der heutigen Gesellschaftsordnung festhalten — darunter verstehe ich die Heiligkeit der Religion, die Unantastbarkeit der von Gott eingesetzten Obrigkeit, das prinzipielle Recht des Privateigentums und die Unantastbarkeit der Familie als einer selbständigen Grundlage, die nicht aufgelöst werden darf in ein chaotisches Etwas einer Zukunftsgesellschaft, — daß, sage ich, man auch dann noch für einen Fortschritt zu besseren Zuständen sichere Wege weiß'.

,Der Staat hat in erster Linie die Aufgabe, für Ruhe und Ordnung, sowie für die Sicherheit seiner Bürger zu sorgen. Da muß er denn auch den revolutionären Tendenzen kräftig entgegentreten. Ich stehe der Umsturzvorlage, wie sie vorliegt, so gegenüber, daß allerdings jede beschimpfende und den öffentlichen Frieden gefährdende Bekämpfung der Religion, der Monarchie, des Eigentums, der Familie von den Mitteln des Staates scharf getroffen werden muß. Was mich aber kopfscheu macht, ist das Verhalten gewisser großkapitalistischer Kreise, von denen ich denke, die Herren würden am liebsten nicht bloß jede beschimpfende Äußerung, sondern jede Kritik der Ordnung, in der sie ihr Geld verdienen, ebenso gern getroffen sehen.'

,Der Staat wahre seinen Bestand, er mache aber heiligen Ernst mit der Bewahrung von Sitte und Ordnung nach unten und oben. Er lasse die Blätter der Bourgeoisie, wenn sie Frivolitäten bringen, ebenso unerbittlich verfolgen wie Zeitungen der Sozialdemokratie.'

,Wir (evangelischen Arbeitervereine) haben das gute, beruhigende Gefühl, daß in allen großen Städten Deutschlands jetzt unsere Fahnen aufgepflanzt sind, auf denen geschrieben steht: Christentum, Monarchie, soziale Reformen! Das sind drei unantastbare Grundlagen, auf denen unsere Bewegung sich aufbaut. Zuerst Gott und dem König die Ehre, dann aber auch Besserung der Lage unserer arbeitenden Brüder! Daraufhin haben wir uns zusammengeschlossen, und weil wir überzeugt sind, daß zwischen dem brutalen Egoismus der Sozialdemokratie, die eine Diktatur des Vierten Standes anstrebt, und dem brutalen Egoismus mancher Vertreter von Bildung und Besitz, die die Rechte des Arbeiters nicht anerkennen, nur ein Weg hindurchführt, der Weg der Sozialreform, der Weg der abwägenden Gerechtigkeit. Darum mußten wir uns zusammenschließen. Es lebe das soziale Königtum Hohenzollern!'«

Religion, Monarchie, Eigentum und Familie sind also für den konservativen Weber die Fundamente politischer und gesellschaftlicher Ordnung. Darin unterscheidet er sich nicht von Stumm. Ebenso wie auch darin nicht, daß der Staat die Pflicht habe, gegen die von welchen geistigen und politischen Kräften auch immer gewollte Zerstörung dieser Grundlagen mit der Schärfe des Gesetzes vorzugehen. Hier besteht noch grundsätzliche Übereinstimmung ebenso wie im Urteil, daß dieser Staat nicht nur Repressionspolitik, sondern auch positive Sozialpolitik zu machen habe.

Weber versteht sich als Kritiker *im* bestehenden System. Er lehnt den Extremismus der Sozialdemokratie ebenso ab wie den Klassenegoismus mancher Vertreter von Bildung und Besitz. Er setzt auf eine sozialpolitische Mitte, die den von ihm nicht bestrittenen Antagonismus von Kapital und Arbeit zu vernünftigen, verantwortlichen Kompromissen bringt. Diese sozialversöhnende Tätigkeit sei Sache des staatlichen Gesetzgebers, der alle dazu zwinge, ihren partiellen Egoismus zugunsten eines übergreifenden Gemeinwohls zu disziplinieren. Der Staat hat nach Webers Meinung das Mandat der justitia distributiva, der Verteilungsgerechtigkeit. Das »soziale Königtum der Hohenzollern« ist für ihn die politische und moralische Instanz, die sozialen Konflikte der modernen kapitalistischen Wirtschaftsgesellschaft mit den Instrumenten einer kontinuierlichen Sozialgesetzgebung und Arbeiterschutzgesetzgebung so zu regulieren, daß an die Stelle möglicher revolutionärer Entladungen der Spannungen eine friedliche, sich in gesetzlichen Bahnen vollziehende Entwicklung stehe. Der konsequente Ausbau des Sozialstaats ist für sein Verständnis die Überwindung sowohl der bürgerlich-liberalen Machtposition im ökonomisch-gesellschaftlichen System wie der revolutionären Machtansprüche der Sozialdemokratie und der von ihnen beeinflußten Gewerkschaften. Weder manchesterlicher Kapitalismus auf dem weltanschaulichen Boden individualistischer sozialdarwinistischer Weltsicht und Moral noch revolutionärer Klassensozialismus auf dem ideologischen Boden der materialistisch-atheistischen Weltsicht und Moral — diese Alternative durch die Entwicklung einer christlich-sozialen Position zu überwinden, daran arbeiten Ludwig Weber und die ihm nahestehenden evangelischen Sozialpolitiker und christlich-sozialen Gruppen. Er kann für diese Jahre als Symbolfigur für christlich-soziales Wollen gelten und steht im Westen Deutschlands für den sozialkonservativen Reformflügel des sozialen Protestantismus.[12]

Welche Gründe Stumm gehabt hat, auch diese Form einer sozialpolitischen Mitte genau so hart zu bekämpfen wie die Sozialdemokratie, wird erst verständlich, wenn wir zuvor seine Analyse des Wesens der Sozialdemokratie skizzieren. Seine politische Leidenschaft kreise um zwei Pole: die Bekämpfung der Sozialdemokratie und der Kampf um eine staatliche Sozialpolitik in seinem Verständnis. Die Rededuelle mit August Bebel, Wilhelm Liebknecht, Ignaz Auer und anderen Sozialdemokraten gehören zu den aufregendsten und farbigsten Reichstagssitzungen. So führt er am 19. April 1880, als es um die Verlängerung des Sozialistengesetzes von 1878 geht, folgendes aus:

»Ich bin weit davon entfernt, damit irgendwie andeuten zu wollen, als ob ich etwa die Bestrebungen gewisser Kathedersozialisten befürworten wollte, die da erklären, man könne den Sozialisten zwar nicht alles nachgeben, was sie verlangen, aber einen Teil ihrer Forderungen müßte man als berechtigt anerkennen und bewilligen, dann würden sie sich auch über den Rest beruhigen. Meine Herren, es gibt, glaube ich, keine verkehrtere Anschauung als diese. Für mich steht die Sozialdemokratie von vorneherein auf einem so durchaus verkehrten und unsittlichen prinzipiellen Boden, daß ich in ihrem Programm von etwas Berechtigtem absolut nichts zu entdek-ken vermag, mit Ausnahme natürlich solcher Punkte, die dem Programm anderer Parteien entnommen sind. Der Grundfehler beruht eben darin, daß die Sozialdemokraten ihre angeblichen Bestrebungen zum Wohle der Arbeiter zum Ziele führen wollen im heftigsten Kampfe und Gegensatz zu den Arbeitgebern und dem Kapital, während meiner Überzeugung nach alle Bestrebungen, die wirksam sein wollen zum Wohle der Arbeiter, nur ausgehen können von dem Standpunkt, daß Arbeitgeber und Arbeiter dasselbe solidarisch verbundene Interesse haben. Deshalb kann ich mich auch meinerseits in keiner Weise irgendeiner der Bestrebungen anschlie-ßen, die neuerdings Haß und Verachtung zwischen einzelnen Klassen unseres Volkes hervorrufen. Ich glaube, daß alle diese Bestrebungen, die ich augenblicklich nicht näher bezeichnen will, statt, wie es ihr Zweck ist, die Sozialdemokratie zu bekämpfen, dieselbe lediglich befördern, und zwar auf das allerdirekteste. Die Sozialdemokratie kann nur auf dem Hasse einzelner Volksklassen gegen andere gedeihen, und alles, was diesen Haß nach irgendeiner Richtung befördert, befördert auch die Sozialdemo-kratie.«[13]

Stumm bestreitet damit, daß es so etwas wie einen »berechtigten Kern« in der sozialdemokratischen Programmatik gebe, da sie von einem nicht-vermittelbaren Antagonismus von Kapital und Arbeit ausgehe. Diesem Klassenstandpunkt setzt er seine Position von der Interessenssolidarität von Arbeitgebern und Arbeitern entgegen. Und es wird seine immer fester werdende Überzeugung, daß alle Einzelpersonen und politische Gruppen, die die Sozialdemokratie nicht radikal und konsequent bekämpfen, sie im Endeffekt fördern. Stumm konstatiert: »Ich bin aber der Überzeugung und ich glaube, die große Mehrheit des deutschen Volkes ist es auch, daß die sozialdemokratische Partei in keiner Weise eine berechtigte politische Partei ist, sondern eine Kalamität, die mit allen Mitteln eingedämmt und vernichtet werden muß, gerade so wie eine Krankheit auf physischem Gebiete...«[14]

Eine besondere Verantwortung im Kampf gegen die Sozialdemokratie haben nach Stumm die Arbeitgeber. Sein Grundsatz: »‚...Jeden Arbeiter, der notorisch Sozialdemokrat ist, den schließen wir von der Arbeit aus.‘ Der Arbeitgeber, der so verfährt, ‚tut das, weil er in sich die sittliche Pflicht fühlt, gewisse Verführungen von seinen Arbeitern fernzuhalten — nicht bloß in seinem Interesse, sondern auch wegen seines Gewissens.‘« Für ihn ist es »eine heilige Pflicht des Arbeitgebers«, sozialdemokratische Einflüsse von den Arbeitern fernzuhalten. Sein pragmatisches Konzept: »Sobald... alle vereinigten deutschen Arbeitgeber erklären: wir beschäftigen keinen Sozialdemokraten mehr — sind dieselben überflüssig geworden«. Nach Stumms Urteil ist es also die Pflicht jedes privaten und staatlichen Arbeitgebers, keine Sozialdemokraten einzustellen. Die Begründung: »... Ich behaupte, daß für jeden Betrieb der sozialdemokratische Arbeiter kein zuverlässiger und deshalb ein ungeeigneter sei... Sobald der Arbeiter aber durch seine Haltung notorisch beweist, daß er revolutionären Tendenzen huldigt, dann darf er meiner Auffassung nach weder in einen Staatsbetrieb noch in einen Privatbetrieb eingestellt werden...«[15]

Es gibt für ihn nur die Möglichkeit, der Sozialdemokratie grundsätzlich jede Existenzberechtigung abzusprechen, und er sieht in ihr eine antimoralische Bewegung, die nur zerstören will: »Ich fasse die Sozialdemokratie auf als ein Zusammenfassen aller derjenigen Elemente im Lande, welche, von Gift, Haß und Neid gegen die bessersituierten Klassen und gegen die Gesellschaftsordnung überhaupt erfüllt, alles mit Füßen treten, was dem Menschen heilig ist oder ihm wenigstens heilig sein sollte. Meine Herren, wenn von dieser Seite die Heiligkeit der Ehe angegriffen und die freie Liebe, — oft in erotischer Weise — verherrlicht wird, wenn die Religion gelästert, der Meineid verteidigt wird, wenn Mord und Totschlag verherrlicht und in der letzten Zeit sogar der Diebstahl mit einer Glorie umgeben wird, wenn alles das mit einer Rohheit der Sprache verbunden ist, die alles bisher Dagewesene übertrifft: dann muß ich doch sagen, daß diese Dinge in den Kreisen, wo sie Eingang finden, zu einer Demoralisation führen müssen, die schließlich den Menschen zur Bestie herabwürdigt.«[16]

Auch haben die Sozialdemokraten nach Stumms Meinung keine klare Zukunftsvorstellung. Sie fachen bloß die »bösen Leidenschaften im Menschen an« und erwecken falsche Hoffnungen. Sie fördern die Unzufriedenheit, hetzen die Arbeiter auf, lehnen aber jeden Vorschlag zur praktischen Verbesserung der Lage der Arbeiter ab. In seinen Reden zitiert er sehr verschiedene Autoren, die er unter sozialdemokratischer Literatur subsumiert. Vor allem aber geht es gegen seinen parlamentarischen Hauptgegner August Bebel, dessen Buch »Die Frau und der Sozialismus« 1891 in zehnter Auflage erschienen war. Auch Karl Marx wird von ihm häufig erwähnt. Über beide hat er dieses Urteil: »Meine Herren, das steht für mich ganz fest, nachdem ich ihre Werke... das Buch von Bebel ,Die Frau' und auch die Marxschen Schriften durchgelesen habe: ihr Zukunftsstaat ist nichts als ein großes Zuchthaus, verbunden mit einem allgemeinen Kaninchenstall!«[17]

Gegen die Programmatik und Praxis der Sozialdemokraten helfen nach Stumm nicht theoretische Diskussionen und allgemeine Aufklärung, sondern: »Ich sage, die Waffen, mit denen die Gefahr bekämpft werden muß, die sie heraufbeschwören und die der Abgeordnete Bebel heute in recht krasser Weise wieder heraufbeschworen hat, sind nicht ideale Waffen, sind nicht Rede und Gegenrede, sondern die Waffen der Gewalt, an die sie appellieren, sobald sie die Macht haben und die auch ihnen gegenüber angewendet werden muß. In diesem Kampfe werden sie nur dann zum Siege kommen, wenn der Staat schwach ist, aber niemals dann, wenn der Staat seine Schuldigkeit tut, ohne sich zu fürchten, ihnen mit den Mitteln gegenübertritt, die er in seiner Macht hat.«[18]

Und bei anderer Gelegenheit ruft er den Sozialdemokraten im Reichstag zu:»Sie fürchten auch diesmal, daß ,mit eiserner Hand' Ihre Bestrebungen niedergehalten werden; und ich füge hinzu: es ist auch diese eiserne Hand das wirksamste Mittel, um Ihre Agitation niederzuhalten. Darüber bin ich mir längst klar, und ich hoffe, daß auch in der Nation diese Erkenntnis immer weiter Platz greifen wird, daß es sich im Kampfe gegen die sozialdemokratische Agitation einfach um Gewalt gegen Gewalt handelt, daß man geistige Waffen nicht gebrauchen kann gegen die, welche selbst keine geistigen Waffen führen.«

In der Debatte des Reichstags vom 22. Januar 1894 über den Anarchismus treibt er seine Analyse der Sozialdemokratie weiter. Seine Hauptaussage:»...Die Sozialdemokratie und der Anarchismus sind sachlich genau dasselbe. Sie unterscheiden sich lediglich in der Taktik.«[20] In immer neuen Variationen unter Rückgriff auf Schriften von Karl Marx und Friedrich Engels, auf Reden von Bebel, Liebknecht, Auer und anderen versucht er nachzuweisen, daß die Sozialdemokratie von ihren Anfängen an bis in die unmittelbare Gegenwart der neunziger Jahre hinein ihren Charakter als Revolutionspartei nicht nur behalten, sondern sogar verstärkt hat. Die Gegensätze innerhalb der Partei etwa zwischen August Bebel und Georg von Volmar, zwischen Karl Kautsky und Eduard Bernstein hält er für taktische Streitfragen und für persönliche Machtkämpfe innerhalb der Partei. Entgegen vielen anderen zeitgenössischen Interpretationen sieht er in der Sozialdemokratie der neunziger Jahre nicht eine radikale Reformpartei am linken Flügel des Reichstagsspektrums, sondern im Kern eine revolutionsbereite Partei, die zum »Hängen und Rädern« bereit ist. Deshalb verlangt er ein scharfes Gesetz gegen Sozialdemokraten und Anarchisten und trägt in seiner Reichstagsrede vom 9. Januar 1895 folgenden Gesetzesvorschlag im Reichstag vor:»Paragraph 1: Den Sozialdemokraten einschließlich den Anarchisten, wird das aktive und passive Wahlrecht entzogen. Paragraph 2: Die Agitatoren werden ausgewiesen oder interniert. Das Nähere bestimmen die Ausführungsbestimmungen.«[21]

Für ihn ist klar: die Sozialdemokratie kann und muß unterdrückt werden. Ihr Koalitionsfreiheit gegeben zu haben, ist für ihn der Anfang des Irrtums. Wer jetzt nicht bereit sei, mit den »energischsten Mitteln« gegen sie vorzugehen, sei »verantwortlich für die Ströme von Blut, für die Vernichtung aller Kultur«. In diesen Zusammenhängen appelliert er auch wieder an die besondere Verantwortlichkeit der Arbeitgeber, wenn er sagt: »Ich behaupte, es ist Pflicht des Arbeitgebers gegen sich selbst, gegen seine Selbsterhaltung, es ist Pflicht gegen die Monarchie, gegen den Staat, in dieser Weise vorzugehen; vor allen Dingen aber ist es seine Pflicht, seine freien Arbeiter, die noch auf zufriedenem, ruhigem, verständigem patriotischen Boden stehen, von dem roten Bann zu befreien, in den sie geraten sind.«[22]

Selbstverständlich aber hat der Staat für Stumm die Hauptaufgabe, durchgreifende Maßregeln gegen die Sozialdemokratie zu ergreifen:»...und wenn dadurch ein Putsch entstehen sollte, daß die Anhänger der Sozialdemokratie sich gegen eine solche Gesetzgebung gewaltsam auflehnen und daß infolgedessen dieser Putsch Opfer bringen sollte, so ist das immer noch besser, als wenn die Sache so weit kommt, daß wir schließlich bis an die Knöchel im Blute waten.«[23]

Er drängt immer wieder Reichstag, Regierung und Öffentlichkeit zu konsequenteren Maßnahmen gegen die revolutionäre Sozialdemokratie. Als der christlich-soziale Abgeordnete Professor Hüpeden aus Kassel differenziertere Analysen versucht, antwortet Stumm:»Ich möchte Herrn Hüpeden heute nur das Eine sagen: wenn er gestern gemeint, daß die Sozialdemokratie nicht vom Himmel gefallen sei, so ist das das einzige, worin ich mit ihm übereinstimme. Meiner Meinung nach ist die Sozialdemokratie allerdings nicht vom Himmel gefallen, sondern sie ist aus der Hölle heraufgestiegen.«[24]

Und als Sozialdemokraten sich gegen bestimmte Praktiken der politischen Polizei wenden, äußert sich Stumm wie folgt:»Meine Herren, ich behaupte, daß die politische Polizei ein notwendiger Teil der Staatsverwaltung ist, — und das haben ja auch die Vorredner meist anerkannt — eine Verwaltung, die einen ebenso ehrenhaften Beruf bildet wie jede andere Staatsbranche. Es ist nicht bloß möglich, daß diese Herren ebenso ehrenwert, sondern tüchtig, ebenso pflichttreu sind, wie das in anderen Verwaltungszweigen der Fall ist, — nein, meine Herren, ich behaupte sogar, daß sie sich ein ganz besonderes Verdienst erwerben, indem sie ein Mandat, das wirklich nicht jedermanns Sache ist und das ein hohes Maß von Berufsfreudigkeit, Gewissenhaftigkeit und Selbstverleugnung erfordert, übernehmen. Daß diese Herren manchmal bei aller persönlichen Ehrenhaftigkeit Agenten verwenden, die nicht immer ganz gerade Wege gehen, das versteht sich ganz von selbst.«[25]

Und zu den Sozialdemokraten im Saal gewandt ruft er aus:»Ich bestreite deshalb der Sozialdemokratie das Recht, sich als Moralrichter über die politische Polizei zu stellen, und ich behaupte geradezu: mögen sie die Moral der politischen Polizei beurteilen wie sie wollen, diese Moral steht turmhoch über der Moral, welche die Sozialdemokratie ... vertritt und verbreitet.«[26]

Stumm hat auch von Morddrohungen gegen ihn im Reichstag berichtet: »Ich bin nicht gewohnt, mit meinem Mut zu prahlen; wenn aber die Herren da drüben einmal Einsicht nehmen wollten von den massenhaften Drohbriefen, die ich aus ihren Kreisen erhalte, die mit allen Todesarten der verschmitztesten Art drohen, wenn das alles wahr wäre, was sie über meine Person ausstreuen, so müßte ich lieber heute als morgen totgeschlagen werden, und ich wundere mich wirklich, daß ich nicht schon längst totgeschlagen worden bin. Jedenfalls — mögen sie nun das, was ich tue und sage, als Ausdruck der schlotternden Angst betrachten oder als Ausdruck eines mutigen Charakters, das stelle ich ganz anheim, — beides wird mich nicht hindern, fortzufahren alles aufzubieten, um die deutschen Arbeiter als freie Arbeiter zu erhalten und sie vor den Blutsaugern zu bewahren, die bestrebt sind, sich von ihren teuer erworbenen Groschen zu mästen.«[27]

Bis zum Ende seines Lebens hat sich das Bild Stumms über die Sozialdemokratie nicht geändert. In einer seiner letzten Reichstagsreden vom 20. 11. 1899 hat er sein politisches Weltbild, das ihn durch Jahrzehnte hindurch geleitet hat, noch einmal klar und deutlich formuliert: »...Ich bin der Ansicht, es gibt drei Weltanschauungen: die eine erstrebt mit allen Mitteln den Umsturz alles Bestehenden, die Vernichtung von Monarchie, Vaterland, Religion und Sitte; die zweite Weltanschauung leugnet die Gefahr dieser Bestrebungen nicht, läßt sie aber gewähren, sucht sie zu vertuschen und gleitet immer schneller auf der schiefen Ebene herab; die dritte Weltanschauung endlich tritt klaren Blickes diesen Gefahren entgegen, sie verlangt vom Staat, daß er sich aufrafft und seinen Todfeind mit allen gesetzlichen Mitteln bekämpft, daß er vor allen Dingen den freien patriotischen Arbeiter vor der Unterjochung unter demagogische Tyrannei schützt.«[28]

Wie zu ersehen sein dürfte: Stumm hatte ein eindeutiges politisches und moralisches Feindbild. Die Sozialdemokratie — sowohl in ihrer Program matik wie in ihren einzelnen Repräsentanten — war für ihn auf der Ebene der Geschichte und der politischen Theorie radikale Lüge, Inbegriff totaler Verfehlung des Politischen und des Humanen. Sie war für ihn identisch mit der Zerstörung der überkommenen christlichen Kultur und sinnvoller Ordnung und das dämonische Gegenprinzip in Wirtschaft, Staat und Gesellschaft schlechthin. Mit dieser antihumanistischen und antichristlichen, von Atheismus und Materialismus bestimmten Bewegung gebe es keine Vermittlung, keinen sinnvollen Dialog, keinen verantwortbaren Kompromiß. So radikal-revolutionär die Sozialdemokratie für ihn war, so konnte die Gegenposition zu ihr auch nur durch radikale Antithetik bestimmt sein.

Sie aus der Geschichtsszene »auszumerzen«, ihrem zersetzenden Geist und ihrer ordnungzerstörenden Politik keine reale Chance zu geben, sie also in jeder Beziehung geschichtsunwirksam zu machen — dieses Ziel war für Stumm von seiner Weltsicht her das Gebot politischen Handelns. Ein Handeln aus — wie er es verstand — »Gewissen« und »Pflicht«. So dachte und fühlte ein Mann mit großer subjektiver Redlichkeit, der nicht nur vom kapitalistischen Klasseninteresse bestimmt war, sondern sich in einer politischen, gesellschaftlichen und sozialen Umbruchsituation und Krise in erster Linie als Anwalt eines traditionalen Verständnisses von religiös-moralischen Werten und von geschichtlich-organischen Ordnungsstrukturen verstand.

Dabei wußte er sich in Übereinstimmung — wie aus den folgenden Kapiteln, die Stumm als sozial engagierten Unternehmer darstellen, deutlich wird — mit den durch das Christentum präsentierten und praktizierten und in langer Geschichte bewährten Normen und Werten. Sowohl zur kirchlichen Dogmatik wie zur christlichen Ethik hatte er ein durch Erziehung und Eingewöhnung selbstverständliches konstruktives Verhältnis. Seine Entscheidung gegen Geist und Praxis der Sozialdemokratie ist für ihn eine Konsequenz aus seinem christlichen Gewissen und Ethos-Verständnis. Sein antisozialistischer Kampf gründet in persönlicher Spiritualität und Moralität. Es wäre deshalb viel zu einfach, bei ihm vorrangig von einem besitzbürgerlichen Klasseninteresse allein auszugehen und seine Politik nur als ökonomistisch geleitete Klassenkampfideologie zu verstehen und entsprechend zu interpretieren. Das war sie natürlich auch, aber es ist im ganzen bei ihm ein kompliziertes Bedingungs- und Zuordnungsverhältnis von Gesinnung und Interesse, von Moral und Macht, von Religiosität und Politik. Es ist ein Verschränkungsverhältnis von gesinnungsmäßiger Überzeugung und politisch-gesellschaftlichen Machtinteressen.

Wäre Stumm nur ein leidenschaftlicher Antisozialist gewesen — wie viele andere aus anderen und seinen Kreisen auch, so hätte man an ihm kaum noch ein historiographisches Interesse. Aber er war mehr: So sehr er bereit war, mit allen nur denkbaren staatlichen Gewaltmitteln und mit allen nur denkbaren gesellschaftlichen Repressionsmitteln den Erzfeind zu bekämpfen und aus dem großen deutschen System auszuschalten, so leidenschaftlich vertrat er auf der anderen Seite in Rede und Praxis ein konkretes Gegenmodell, um die wichtigste Frage seiner Zeit, die soziale Frage, zur Lösung zu bringen. Der Antisozialist aus Überzeugung war zugleich der Sozialpolitiker aus Überzeugung. Der Mitinitiator der Sozialistengesetze war gleichzeitig einer der wichtigsten Väter der deutschen betrieblichen und überbetrieblichen staatlichen Sozialgesetzgebung. Sowohl im deutschen Unternehmertum, das zu seiner Zeit noch weithin dem Geist und der Praxis der Manchesterschule verhaftet war, wie auch im Deutschen Reichstag, in dem große Vorbehalte gegen eine sozialreformerische Tätigkeit des Staates existierten, verkörperte Stumm eine eigengeprägte Position, die weder manchesterkapitalistisch noch staatssozialistisch gewesen ist.[29]

Als sozialengagierter Unternehmer

1870/71 gehört Stumm zusammen mit dem Bonner Nationalökonomen Erwin Nasse (1829-1890) zu den Initiatoren der sogenannten »Bonner Konferenz«. Das Einladungsschreiben an gleichgesinnte Männer der Wirtschaft, der Wissenschaft, der Kirche und Beamtenschaft gibt die Motivationen und Intentionen dieser ersten sozialpolitischen Gesinnungsgruppe auf Arbeitgeberseite wieder:

»Der vielfach bestehende und mit steigender Bitterkeit durch die Gegenwart gehende Zwiespalt zwischen Arbeitern und Arbeitgebern fordert unsere und aller Arbeitgeber ernsteste Aufmerksamkeit auf das dringendste, und zwar in weit höherem Maße, als sie ihm bis heute dahin ist zugewandt worden. Es ist nicht zu leugnen, daß, so unberechtigt viele Klagen und Ansprüche der Arbeiter sind, doch keineswegs alle als grundlos zurückgewiesen werden dürfen. Manche derselben sind berechtigt. Allerdings sind es nicht die Arbeitgeber allein, von denen ihre volle Befriedigung erwartet werden kann, denn viele wurzeln in einer gemeinen Schuld aller Stände; aber doch sind wir Arbeitgeber die zunächst Verantwortlichen, denn mit ihrem Wohl und Wehe sehen sich die Arbeiter zunächst auf uns gewiesen. Soweit wir unserer Verantwortlichkeit nicht genügen, wirken wir dazu mit, daß sie auch für unberechtigte Forderungen empfänglich werden, zu welchen gewissenlose Agitatoren sie drängen.

Mit Freuden erkennen wir an, daß an vielen Stellen wohlgesinnte Arbeitgeber in der humansten Weise für ihre Arbeiter wirken, und wir selbst, so wenig wir unseren eigenen Ansprüchen genügen, wagen es, der Reihe dieser uns anzuschließen. Aber die zerstreuten Anfänge müssen konsolidiert, ausgebreitet und geeinigt werden, damit sie als eine Macht auf die geistige Haltung und sittliche Befreiung des Arbeiterstandes wirken.

Auf diejenigen wirtschaftlichen Theorien, welche die Interessen der Arbeiter im Geiste der Humanität zu fördern suchen, sehen wir mit Achtung und eignen uns von ihnen an, was nach den mannigfach verschiedenen industriellen und lokalen Verhältnissen, in denen jeder von uns sich befindet, irgend zulässig ist. Allein wir sind überzeugt, daß keine dieser Theorien, so wertvoll sie ist, als ein absolutes Mittel zur Lösung der Arbeiterfrage angesehen werden darf, noch bei der großen Mannigfaltigkeit der Verhältnisse auf allgemeine normative Bedeutung Anspruch hat. Der tiefste Kern der heutigen Arbeiterfrage wird von ihnen allein nicht getroffen. Vielmehr sind wir der Überzeugung, daß der Kernpunkt jener Frage in der sittlichen Stellung liegt, welche wir Arbeitgeber unsern Arbeitern gegenüber einzunehmen haben und in dem Geiste, in welchem wir unter ihnen und für sie wirken. Diese Stellung und dieser Geist bedingen zugleich die Heilung des bedrohten Friedens der Gesellschaft.

Der Arbeiter darf uns nicht als die lebendige Maschine gelten, die uns zum Nutzen geschaffen ist und von dem Arbeitgeber notdürftig im Stande gehalten werden muß, um für ihn arbeiten zu können, bis sie bei Seite geworfen wird, wenn sie ausgenutzt ist; sondern die Arbeiter sind unsere Brüder, mit uns zu den gleichen sittlichen Lebenszielen berufen, und was uns mit ihnen und sie mit uns verbindet, soll nichts geringeres sein als ein gegenseitiges Dienen. Unsere Verpflichtung gegen sie ist daher nicht erschöpft mit der Lohnzahlung, auch nicht mit hoher. Vielmehr ist es unsere Aufgabe, ihnen zu denjenigen Gütern zu verhelfen, welche ihr äußeres wie ihr geistiges Wohl verbürgen.

Auf den ersten Blick ergibt es sich, daß von diesen Gütern keines wertvoller ist als die Familie. Das Familienleben müssen wir unsern Arbeitern ermöglichen, befestigen, veredeln und, wo es geschädigt ist, wiederherzustellen helfen. Mit ihrem eigenen Wohl ist das ihrer Frauen, die Möglichkeit der Erziehung ihrer Kinder, ihr gesamtes häusliches Glück und ihre auf diesem Grunde ruhende Befriedigung uns mit anvertraut. Daher werden wir auch zur Fürsorge für die Arbeiter in Krankheitsfällen und im Alter mitzuwirken uns verpflichtet wissen und zu fördern haben, was durch genossenschaftliche Tätigkeit von ihnen selber erreicht werden kann.

Damit ist zugleich unsere Verpflichtung ausgesprochen, nicht nur in dem Erwerb von Eigentum, sondern auch in dem von Intelligenz und sittlicher Bildung den Arbeitern behilflich zu sein und die Hebung ihrer gesamten bürgerlichen Stellung zu unserer Aufgabe zu machen. Sie müssen es durch die Tat erfahren, daß wir persönliche Teilnahme für sie haben und es gut mit ihnen meinen.

Unter uns hat kein Zweifel darüber geherrscht, daß diese Stellung der Arbeitgeber, welche unseres Erachtens für die Lösung der Arbeiterfrage die einzige Bürgschaft ist und alle weiteren wirtschaftlichen Bestrebungen nicht aus sondern einschließt, ihre tiefsten Wurzeln im Christentum hat. Die Arbeiterfrage wird daher für uns zugleich zu einer Gewissensfrage.

Es ist erfreulich, daß sie an vielen Stellen, im Vaterlande wie außerhalb desselben, als solche verstanden wird. An diejenigen, welche sie so verstehen, wenden wir uns, um mit ihnen zu gemeinsamer Wirksamkeit eine Verbindung zu suchen. Es soll eine Verbindung sein nicht gegen die Arbeiter noch zum Schutz wider sie, sondern eine Verbindung für die Arbeiter...«[30]

Das schließlich verabschiedete Programm dieser Konferenz gibt weithin das Konzept von Nasse — er hatte enge Beziehungen zur Inneren Mission — und von Stumm, der besondere Beziehungen zur Kaiserswerther Diakonissenschaft hatte, wieder:

»1. Daß in der Arbeiterfrage an die gesamte heutige Gesellschaft insbesondere die besitzenden und gebildeten Klassen eine Aufgabe gestellt ist, deren Lösung nicht nur durch das eigene Interesse, sondern ebenso sehr und in erster Linie durch Pflicht und Gewissen geboten wird;

2. daß die Lösung nicht allein durch materielle, vielmehr nur mit Hilfe moralischer Kräfte und Mittel herbeizuführen ist;

3. daß es zur Erreichung des Zieles, wie in allen großen Angelegenheiten, so auch in dieser, einer Vereinigung der Kräfte, eines Arbeitens auf gemeinsamen Grundlagen und nach gemeinsamen Richtpunkten hin, bedarf.«[31]

Auf der ersten Konferenz hielt Stumm am 15. Juni 1870 ein Referat zum Thema: »Über das Invalidenwesen der Arbeiter«.[32] Hier wirbt er um die Anwendung der Grundsätze der Knappschaftsvereine auf die gesamte Fabrikindustrie, am besten im Wege verbindlicher staatlicher Gesetze. Und noch ein wichtiges Ergebnis brachte diese Konferenz: Man beschließt die Herausgabe einer eigenen Zeitschrift, die den Namen »Concordia. Zeitschrift für die Arbeiterfrage« erhält. Die erste Nummer erscheint am 1. Oktober 1871. Diese Zeitschrift existiert bis 1876. Es ist im ganzen der Versuch, ein sozialverantwortliches Unternehmertum zu sozialpolitischer Mitverantwortung für die Lösung der neuen sozialen Frage zu profilieren. Stumm selbst hat bei diesem Versuch für einige Jahre führend mitgearbeitet, bis sich dann später die Wege trennen sollten.

Ebenso beteiligt war Stumm an der Gründung des »Vereins für Socialpolitik« in Eisenach 1873, dessen Vorsitz sein Freund Erwin Nasse bis zu seinem Tode 1890 hatte.[33] Stumm beteiligte sich in den ersten Jahren aktiv an der wirtschafts- und sozialpolitischen Arbeit dieses Vereins, bevor er entschiedener Gegner dieser sogenannten kathedersozialistischen Gruppe werden sollte.

Beide Engagements sollen als Indiz dafür gewertet werden, daß wir es bei ihm mit einem Unternehmer zu tun haben, der sich neben seiner ökonomisch-technischen Kompetenz von Anfang an um die Grundlinien sozialverantwortlichen Handelns für die Arbeiter bemühte. Bis zu seinem Tod 1901 hat er an dem gearbeitet, was schon Zeitgenossen als »System Stumm« bezeichneten. Diese Formulierung ist insofern richtig, als es sich in der Tat um ein einheitliches Modell sowohl der Unternehmensleitung und der betrieblichen Wohlfahrtspolitik wie der staatlichen Sozialpolitik handelte, nämlich um ein Modell zur Lösung der sozialen Frage im engeren wie im weiteren Sinne, für das er vor allem in den großen Rededuellen mit den Gegnern im Reichstag geworben hatte. Wer dieses Modell angriff oder ablehnte, war sein Gegner. Und Gegner hatte er viele in allen Fraktionen des Reichstages, selbst in der eigenen freikonservativen Fraktion und auch auf der Regierungsbank wie in der Publizistik. Daneben hatte er aber auch Freunde und Mitarbeiter in allen Fraktionen, natürlich mit Ausnahme der sozialdemokratischen, und Anhänger vor allem in der veröffentlichten Meinung.

Stumm polarisierte die Geister und Gemüter wie kaum ein anderer Debattenredner. Aber wegen seiner Unabhängigkeit und seines Mutes genoß er großen Respekt, auch bei seinem Widersacher August Bebel. Schon im Norddeutschen Reichstag formuliert Stumm 1867 seine Grundposition in der Lösung der sozialen Frage: »Ich... bin überhaupt der Ansicht, daß die Lösung der sog. sozialen Frage nicht genügend erreicht wird durch die Aufhebung der Koalitionsbeschränkung noch durch Gewährung der Gewerbefreiheit, noch selbst durch Konsum- und Vorschußvereine, am allerwenigsten aber durch die Arbeiterkorporationen mit Staatshilfe, sondern daß sie nur wirksam gelöst werden kann durch das wachsende Gefühl der Zusammengehörigkeit zwischen Kapital und Arbeit, zwischen Arbeitern und Arbeitgebern, und zur Nährung, zum Wachsen dieses Gefühles tun Sie einen erheblichen Schritt vorwärts durch die obligatorische Einführung der Pensions- und Unterstützungskassen.«[34]

Damit lehnt er sowohl die damaligen wirtschaftsliberalen wie die Lassalleschen Positionen ab. Die Produktionsfaktoren Kapital und Arbeit sind für ihn keine Gegensätze, sondern durch konstruktive Kooperation aufeinander zu beziehende Größen, die sowohl zum Wohle der Arbeitgeber wie der Arbeiter beitragen sollen. Was die Zusammengehörigkeit von Kapital und Arbeit, von Arbeitgebern und Arbeitern fördere und stärke, ist ihm sozialpolitisch geboten. Alles, was der Koordination und Kooperation entgegenstehe, sei politisch und gesetzgeberisch falsch und deshalb abzulehnen. Das bedeute nicht, daß der Staat sich in manchesterlicher Weise aus jeder Wirtschaftspolitik und Sozialpolitik herauszuhalten habe. Seine Interventionen sollten sich vielmehr auf eine Rahmengesetzgebung beschränken, die die Zusammengehörigkeit von Kapital und Arbeit grundsätzlich fördere und stabilisiere. Dazu gehören nach Stumms Urteil unter anderem Pensionskassen, Unterstützungskassen für kranke und invalide Arbeiter, für Witwen und Waisen, die allesamt durch staatliche Gesetzgebung auf Betriebs- oder Unternehmensebene obligatorisch gemacht werden müßten.

Ähnliches gilt für die Abschaffung der Kinder- und Frauenarbeit und für die Sicherstellung der Sonntagsruhe: Auf diesen Gebieten solle der Staat gesetzgeberisch so tätig zu werden, daß ein Höchstmaß an humanen Arbeits- und Ruhebedingungen ermöglicht werde. Stumm, der Mitglied der Generalsynode der evangelischen Landeskirche Preußens war, führte auf der Zweiten Generalsynode 1885 folgendes aus: »...Ich halte die gesetzliche Regelung der Sonntagsarbeit für ein unabweisbares Bedürfnis. Einmal gehört meines Erachtens in einem christlichen Staate die Sicherstellung der Sonntagsruhe an die Spitze der Gewerbeordnung, und ich behaupte, daß, wenn die Frage der Kinder- und Frauenarbeit widerspruchslos in der Gewerbeordnung geregelt ist, dies mit demselben und noch größerem Rechte hinsichtlich der Sonntagsarbeit geschehen muß. Die in der heutigen Gewerbeordnung enthaltene Bestimmung, daß Arbeiter zum Arbeiten an Sonntagen nicht verpflichtet werden dürfen, ist ein Schlag ins Wasser... Vor allem will ich aber den Sonntag nicht bloß für den Arbeiter, sondern ich will ihn auch vor dem Arbeiter schützen, welcher meist mehr geneigt ist, die Sonntagsruhe zu verletzen, als der Arbeitgeber... Auf diese Weise wird es gelingen, auf dem Boden der gesetzlich gesicherten Sonntagsruhe auch zu einer größeren Sonntagsheiligung zu gelangen und unser Volksleben immer lebendiger wieder mit dem Geiste des Christentums zu durchdringen, welcher ihm so vielfach abhanden gekommen ist. Ich hege die zuversichtliche Hoffnung, daß die Beschlüsse dieser hochwürdigen Versammlung zur Erreichung dieses hohen Zieles ganz erheblicherweise beitragen können, aber auch beitragen werden.«[35]

Was der Staat aber nicht regeln kann, ist nach Stumms Urteil zentral: das »persönliche Verhältnis zwischen Arbeiter und Arbeitgeber«. Dieses Verhältnis ist in erster Linie vom Arbeitgeber zu gestalten, der mit seiner allgemeinen Bildung und mit seiner Sachkompetenz in diesem Kooperationsverhältnis von Kapital und Arbeit die natürliche Priorität hat. Sein persönliches Ethos ist entscheidend für die Qualität des sachlichen und zwischenmenschlichen Verhältnisses. Deshalb gilt für ihn:»Die Hauptaufgabe, welche gelöst werden muß, liegt darin, daß ein persönliches Verhältnis zwischen Arbeiter und Arbeitgeber wieder mehr in den Vordergrund treten muß, und daß jeder Arbeitgeber sich der Verpflichtung mehr bewußt werden, ihre Arbeiter menschlich zu behandeln, statt sie als Maschinen oder als Objekte anzusehen, die lediglich auszunutzen sind...«[36]

Wenn die Arbeitgeber sich den Normen und Werten christlich-humanistischer Ethik verpflichtet wissen und sie in der Alltagspraxis Zug um Zug umsetzen, das heißt, nicht zu bestreitende Schäden beseitigen, gibt es keine Gründe mehr, im Klassenkampfschema zu denken: »Deshalb behaupte ich, daß die ganze Argumentation, sie mag kommen, von welcher Seite sie wolle, von dem Vierten Stand und seinen speziellen Interessen die reine Fiktion ist. Ich bestreite, daß aufgrund unserer gesetzlichen und sozialen Verhältnisse es überhaupt noch einen Vierten Stand gibt... Ich behaupte also, daß diese ganze Argumentation, die sich auf den Klassenkampf zwischen dem angeblichen Vierten Stand und den anderen Ständen gründet, eine Fiktion ist und daß alle Folgerungen, welche darauf basieren, eine irrige Voraussetzung haben.«[37]

Dabei hat er nie das Vorhandensein sozialer Notlagen und ungerechter Verhältnisse bestritten. Aber sie sind für ihn ein Indiz für das Versagen der Verantwortlichen in Gesellschaft, Wirtschaft und Politik. Gäbe es genug gewissenhafte und reformfreudige Arbeitgeber und Politiker, so könnte auf geschichtlich-organischem Wege eine Wirtschafts- und Gesellschaftsordnung geschaffen werden, in der es zu befriedeten und vor allem zu zufriedenen Arbeitern käme.

Von dieser Überzeugung her wird es verständlich, daß Stumm alle Theorien und Praktiken bekämpft, die in irgendeiner Weise von einem natur- oder geschichtsgegebenen Antagonismus von Kapital und Arbeit ausgehen, und er bekämpft alle Versuche der Bildung von Arbeiterkoalitionen auf überbetrieblicher Ebene, die sich eine revolutionäre oder auch reformistische Veränderung der Grundsituation zum Ziele machen. Dabei muß er von seinem Weltbild her jede »Klassenkampforganisation« für einen fundamentalen ordnungspolitischen Irrtum und für ein persönliches Betätigungsfeld unverantwortlicher Agitatoren halten. Apodiktisch ruft er bei einer Prämienverteilung 1895 seinen Arbeitern zu: »Ich für meine Person würde keinen Augenblick länger an eurer Spitze ausharren, wenn ich an die Stelle meines persönlichen Verhältnisses zu jedem von euch das Paktieren mit einer Arbeiterorganisation unter fremder Führung setzen müßte. Ein solches Verhältnis wie zu einer fremden Macht würden mir schon mein sittliches Pflichtgefühl und meine christliche Überzeugung verbieten.«[38]

In derselben Rede formuliert Stumm sein soziales Leitbild: »Nein, meine Freunde, wir alle gehören einem Stande an, das ist der alte ehrenhafte Stand der Hammerschmiede, und ich habe mich stets und allerorten zu diesem Stande bekannt. Wie der Soldatenstand alle Angehörigen des Heeres vom Feldmarschall bis zum jüngsten Rekruten umfaßt, und alle gemeinsam gegen den Feind ziehen, wenn ihr König sie ruft, so stehen die Angehörigen des Neunkircher Werks wie ein Mann zusammen, wenn es gilt, die Konkurrenz sowohl wie die finstern Mächte des Umsturzes zu bekämpfen. Bleiben wir siegreich, so ist dies zu unser aller Nutzen; unterliegen wir, so haben wir alle den Schaden davon und ihr sicherlich weit mehr noch als ich. Zum Siege ist aber bei uns wie in der Armee die strenge Aufrechterhaltung der Disziplin unerläßlich, welche hier wie dort mit treuer Kameradschaft nicht bloß verträglich ist, sondern geradezu deren Unterlage bildet.«[39]

Hier liegen die inneren Gründe der Schärfe seiner Ablehnung gegenüber gewerkschaftlichen Organisationsbestrebungen, die sich zumeist noch mit einer beißenden Kritik an den Funktionären der Arbeiterbewegung verbindet. Gegen eine ständische, mehr geistig-kulturelle und diakonisch-gesellige Arbeitervereinsarbeit ist Stumm nicht, hält aber jeden Überschritt in politisch-ökonomische Interessenvertretungen für eine illegitime Störung des persönlichen Verhältnisses von Arbeitgebern und ihren Arbeitern.

Wichtig daran ist dieses: Stumm ist von seinem Selbstverständnis her keine Gegner der selbständigen Arbeiterbewegung, um sozialen Fortschritt für die einzelnen Arbeiter und ihre Familien zu verhindern. Vielmehr sieht er in ihr die Zerstörung einer gemeinsamen gedeihlichen Entwicklung von

Arbeit und Kapital, von Kapital und Arbeit. Sein ausgeprägter Personalismus, seine personalistisch strukturierte Verantwortungsethik lassen es nicht zu, seinerseits durch organisierte Interessenvertretungen bedrängt zu werden. Er weiß sich »als Christ und als Haupt der großen Neunkirchener Arbeiterfamilie« allein- und letztverantwortlich für sein Unternehmen und für seine Arbeiter.[40] Die Vorstellung etwa, zu Tarifverhandlungen mit gewerkschaftlich organisierten Arbeitervertretern gezwungen zu werden, etwa durch gesetzliche Anerkennung der Gewerkschaften als Tarifparteien, wäre für Stumm der Zusammenbruch seines Selbstverständnisses als Arbeitgeber und Christ gewesen, der sein Eigentum zum eigenen und gemeinsamen Nutzen zu verwalten hat. Die Radikalität und Kompromißlosigkeit von Stumm im politischen Kampf gegen jede Form von Sozialismus und Arbeiterkoalitionen dürften ihren tiefsten Grund in seinem religiösen und berufsethischen Selbstverständnis haben.

Das schließt selbstverständlich nicht aus, daß originäre ökonomische und gesellschaftliche Eigeninteressen als Motoren im politischen Kampf hinzukommen. Natürlich ist Stumm ein Repräsentant bürgerlicher ökonomischer und politischer Machtinteressen, dem es um den Erhalt und den Ausbau gesellschaftlicher und politischer Einflüsse geht, aber es wäre eine Verkennung dieses Mannes, ihn nur oder vorrangig als kapitalistischen Plutokraten und politischen Reaktionär zu interpretieren, wie es die zeitgenössische Polemik gegen ihn zumeist getan hat. Die innere Textur dieses Mannes scheint komplizierter zu sein: Es verschränken sich bei ihm weltanschauliche Elemente einer religiös-berufsethisch gegründeten Persönlichkeitsstruktur mit handfesten, greifbaren Besitz- und Machtinteressen. Es durchdringen sich auf komplizierte Weise Verantwortungsethik und Wille zur Macht, christlich-humanistische Intentionen und herrschaftssichernde Ambitionen.

Diese Doppelstruktur dürfte sich in der betrieblichen Sozialpolitik und in den Arbeitsordnungen des Stummschen Unternehmens deutlich festmachen lassen. Die Arbeiterwohlfahrtseinrichtungen der Stummschen Eisenwerke in Neunkirchen, die zu ihrer Zeit als Vorbild für unternehmerische Fürsorgepolitik galten, dürften Glanz und Grenze sozialpatriarchalischer Politik widerspiegeln.

Skizzieren wir diese ganz kurz:[41] An erster Stelle ist der sogenannte Knappschaftsverein zu nennen. Er gewährte seinen Mitgliedern unter anderem freie Kur und Arznei, Krankengeld, Beerdigungskosten, Invalidenpensionen, Witwenpensionen, Waisen- und Armenunterstützung. Das alles sind Leistungen, die sich an dem Bedürfnis der arbeitenden Männer und ihrer Familien orientieren. Die Kranken- und Armenpflege wurde von acht Kaiserswerther Diakonissen (Stand 1892) ausgeübt. Es gab unter anderem ein Krankenhaus, ein Altersversorgungs- und Waisenhaus, eine Kleinkinderschule, ein spezielles Hospital für Kranke, Waisen und Arbeiterwitwen, eine Näh- und Handarbeitsschule für Mädchen, eine Haushaltungs- und Fortbildungsschule für jugendliche Hüttenarbeiter, eine Hüttenbibliothek, verschiedene Wascheinrichtungen, Speiseanstalten und Schlafhäuser. Neben Werkswohnungen gab es finanzielle Unterstützungen beim Erwerb eigener Häuser durch Arbeiter und Ausstattungsbeihilfen bei Heirat.

Eine Aufsatzreihe im »Saarbrücker Gewerbeblatt« sagt zum Ganzen: »Alle diese Einrichtungen stehen unter fortwährender persönlicher Aufsicht des Chefs der Firma und seiner Gemahlin, und es ist wohl nicht zu viel behauptet, daß durch diese persönliche Einwirkung der Wert dieser Wohlfahrtseinrichtungen wesentlich erhöht wird. Es darf auch kein Arbeiter ohne Zustimmung des Chefs entlassen werden, wie dieser denn auch alle an ihn gelangenden Beschwerden und Wünsche persönlich erledigt, wozu wöchentlich drei Sprechstunden bestimmt sind. Wer nicht mit Vorurteil oder Gehässigkeit über die Firma urteilt, wird zugestehen müssen, daß alle diese Einrichtungen vom Geiste wahrer und christlicher Menschenliebe zitiert sind und getragen werden.«[42]

Und in der Tat: Man sollte diesen Kosmos betrieblicher Sozialleistungen nicht gering schätzen. Es war konkrete Hilfe im realen Alltag arbeitender Menschen. Für Stumm selbst war es angewandte Nächstenliebe. Er formulierte:»Ich glaube mit gutem Gewissen sagen zu können, daß ich keinem meiner Berufsgenossen in den Wohlfahrtseinrichtungen nachstehe, jedenfalls nicht in dem Bestreben, nach bestem Wissen und Gewissen für euer materielles und geistiges Wohl zu sorgen und das praktische Christentum zu betätigen, wofür ich mich vor Gott verantwortlich fühle.«[43]

Auf der anderen Seite war diese Sozialpolitik nicht absichtslos. Politisch war sie für Stumm ein Instrument, der sozialdemokratischen Agitation den Boden zu entziehen:»Ich behaupte, meine Herren, daß die besten Wohlfahrtseinrichtungen, die höchsten Löhne in Deutschland bei solchen Arbeitgebern existieren, welche die schärfsten Gegner der Sozialdemokratie sind und den Grundsatz befolgen: die beste Wohlfahrtseinrichtung ist die Verhinderung der sozialdemokratischen Agitation unter den Arbeitern.«[44]

Stumms betriebliche Sozialpolitik war also ein integraler Bestandteil seines umfassenderen antisozialistischen Kampfes. Die Wohlfahrtseinrichtungen erzogen zudem einen Arbeiter, der Loyalität zum Betrieb und zu seinem Besitzer übte. Eine Arbeitsordnung sorgte für strenge Disziplin, aber formulierte auch klare Gebote und Verbote für die Arbeitszeit und für die interne Betriebsorganisation.[45] Im ganzen ist es eine Mischung von Anrechten der Arbeiter und von Pflichten zur Disziplin und Unterordnung.

Weiterhin geht Stumm davon aus, daß sich »das Verhalten der Arbeiter in- und außerhalb des Betriebes absolut nicht voneinander trennen läßt.« Und er fährt fort: »Ein Arbeiter, der sich außerhalb des Betriebes einem liederlichen Lebenswandel hingibt, wird auch im Betrieb nichts leisten können; wenn er oder ein Meister einen Laden oder eine Wirtschaft betreiben, so werden notwendig Beziehungen zwischen Meister und Arbeiter entstehen, welche auf ihr Verhältnis im Betriebe zum Nachteile anderer Arbeit von Einfluß sein müssen; wenn sich Arbeiter leichtsinnig vor Gericht verklagen, weil sich etwa ihre Frauen gegenseitig beschimpft haben, so wird es unmöglich sein, Streit und Zank auch im Betriebe zu verhindern; wenn halbreife Burschen, welche noch keinen auskömmlichen Lohn beziehen, vorzeitig heiraten und Kinder in die Welt setzen, so werden sie nicht imstande sein, die letzteren zu ernähren und zu erziehen, und sie werden die notwendige Kraft und Freudigkeit verlieren, ihre Arbeit zu verrichten...«[46]

Deshalb enthält auch die engere Betriebsordnung Anweisungen für die Arbeiter, wie sie sich außerhalb des Betriebes zu verhalten haben, so heißt es zum Beispiel: »Den Arbeitern ist bei Strafe verboten: Verstöße gegen die Sittlichkeit sowie Tätlichkeiten und Ungezogenheiten gegen Mitarbeiter und Vorgesetzte, sowie Ruhestörungen und Raufhändel auch außerhalb des Betriebes.« Stumm hält ein Disziplinar- und Strafsystem in- und außerhalb des Betriebes für unerläßlich und droht an: »Sollte ich durch Gesetzgebung verhindert werden, den Arbeiter auch in seinem Verhalten außer dem Betriebe zu überwachen und zu rektifizieren, so würde ich keinen Tag länger mehr an der Spitze der Geschäfte bleiben, weil ich dann nicht mehr imstande sein würde, die sittlichen Pflichten zu erfüllen, welche mir mein Gewissen vor Gott und meinen Mitmenschen vorschreibt. Ein Arbeitgeber, dem es gleichgültig ist, wie seine Arbeiter sich außerhalb des Betriebes aufführen, verletzt meines Erachtens seine wichtigsten Pflichten.'«[47]

Es wird deutlich: Stumm will auch der moralisch-sittliche Erzieher seiner Arbeiter sein. Die Reglementierung und Beaufsichtigung der einzelnen Arbeiter gehört für ihn in den Verantwortungsbereich des Arbeitgebers. Die »Saarbrücker Gewerbezeitung« sekundiert: »Indem die Firma nicht gestattet, daß ihre Arbeiter vor vollendetem 24. Jahre heiraten, wahrt sie ein physiologisches Prinzip und zugleich das einer gesunden Ökonomie.« Und sie kommt zu dem Gesamtergebnis: »Sehr dankenswert ist es aber, daß die Firma sich nicht darauf beschränkt, den Arbeiter einfach als Arbeitsmaschine zu betrachten, sondern mit Strenge auch darauf sieht, daß sich ihre Arbeiter auch außerhalb des Werkbetriebes anständig und sittlich führen.«[48]

Die Doppelstruktur des Stummschen Systems dürfte damit deutlich sein: Fürsorge für die Arbeiter verschränkt sich mit ihrer Disziplinierung und Bevormundung. Christlich motivierter Patriarchalismus ergänzt sich mit herrschaftlicher Praxis. Das betriebliche Fürsorgesystem hat sein Pendant: ein Belohnungs- und Strafsystem zur Stabilisierung betrieblicher Ein- und Unterordnung. Einbezogen in dieses System ist dabei auch die Privatheit der Stummschen Arbeiter: Die Firma greift mit ihren Ansprüchen weit über die Fabrikmauern hinaus und hat lokale und regionale Ubiquität. Sie weiß sich für alles zuständig: für Arbeit und Freizeit, für Moral und Gesinnung, für Kultur und Politik.

Auch hier stellt sich wieder die Frage: Ist das nur Ausfluß von Stummscher Machtbesessenheit oder eine Art von Industriefeudalismus? Entlarvt die harte Gesetzlichkeit nicht letztlich das aus christlicher Nächstenliebe kommende Wohlfahrtssystem als ein Instrument der Integration in ein lückenloses Unterdrückungssystem? Oder spiegelt sich hier der Widerspruch wider, der in Stumms Persönlichkeitsstruktur liegt, nämlich: pflichtgemäßer Diener seiner Arbeiter und gleichzeitig ihr Herr sein zu wollen? Diener- und Herrenseele der einen Person liegen bei ihm im Widerspruch, der nicht zu einer balancierten Auflösung kommen sollte. Viele konnten ihm sein Christsein nicht mehr abnehmen, wenn sie auf sein Herr-sein-wollen sahen.

Stumm war eine Kämpfernatur von rastloser Tätigkeit. Seine Gegner schonte er nicht. Er neigte dazu, die Welt in Freund und Feind aufzuteilen. Für Zwischentöne und Zwischenfarben hatte er kaum Augen und Ohren. Das zeigt sich in seinen Kämpfen, die die neunziger Jahre durchziehen. Die Sozialdemokraten waren längst als Todfeinde identifiziert. Als neue Gegner im Vorfeld der Sozialdemokratie werden darüber hinaus von ihm die Christlich-Sozialen und die Kathedersozialisten ausgemacht. Zum »Strassensozialismus« der sozialdemokratisch-proletarischen Massen gesellt sich der »Pastoren- und Kanzelsozialismus« wie der »Kathedersozialismus« von Universitätsprofessoren. Diese Auseinandersetzung spielt sich in Berlin und in und um Saarbrücken ab. Das Saarland wird für einige Jahre neben Berlin Schauplatz eines prinzipiellen und realpolitischen Streites, an dem alle politisch und sozialpolitisch interessierten Kreise des Reiches publizistisch teilnahmen.

Ansätze eines sozialen Protestantismus

Man schreibt das Jahr 1889, im Ruhrgebiet und im Saarrevier streiken die Bergleute. Die sozialen Auseinandersetzungen werden härter. In Bochum werden Streikende vom Militär erschossen. Eine Radikalisierung der Arbeiterschaft droht. Die verbotene Sozialdemokratie drängt mit ihren Analysen und mit ihrer Programmatik immer weiter vor. Nicht nur bei Arbeitern, sondern auch bei bürgerlichen Intellektuellen findet sie Gehör. Auch der politische und soziale Katholizismus nimmt in seiner Bedeutung ebenfalls immer mehr zu. Der soziale Katholizismus hat schon Struktur und Profil. Von einem vergleichbaren sozialen Protestantismus kann noch nicht gesprochen werden. Nur Adolf Stoecker steht als Reichstagsmitglied der konservativen Partei in der Tradition der älteren Christlich-Sozialen von 1878.[49] Am publizistischen Himmel geht langsam ein neuer Stern auf: Friedrich Naumann, Vereinsgeistlicher der Inneren Mission in Frankfurt am Main und Führungsfigur einer jüngeren Generation von Christlich-Sozialen.[50]

Ein Jahr später, 1890: der junge Kaiser, 1889 als Vermittler im Ruhrbergarbeiterstreik aufgetreten, entschließt sich zu einem »neuen Kurs« in der Sozialpolitik, im Arbeiterversicherungswesen und in der Arbeiterschutzpolitik. Freiherr Hans von Berlepsch (1843-1926) wird der zuständige Minister.[51] Die sogenannten Februarerlasse von 1890 knüpfen bewußt an die Kaiserliche Botschaft von 1881 an. Bismarck wird entlassen, die Sozialistengesetze werden aufgehoben.

Der Evangelische Oberkirchenrat, die oberste preußische Kirchenbehörde, gibt im April 1890 einen Erlaß heraus, in dem die Pfarrer aufgefordert werden, sich aktiv in die Diskussionen um soziale Fragen einzuschalten und ihren Beitrag für eine Sozialreform auf christlich-monarchischer Grundlage zu leisten. Auch fordert man sie auf, sich den Evangelischen Arbeitervereinen zur Mitarbeit zur Verfügung zu stellen.[52]

Adolf Stoecker, Adolf Wagner, Ludwig Weber und Adolf Harnack fassen den sozialengagierten Teil des Protestantismus im Evangelischsozialen Kongreß zusammen, der jedes Jahr zu Pfingsten große wissenschaftliche Tagungen mit sozial- und gesellschaftspolitischen Themen auf hoher Reflexionsebene durchführt.[53]

Im Zusammenhang des 1. Evangelisch-sozialen Kongresses wird auch 1890 der Gesamtverband Evangelischer Arbeitervereine gegründet. Lic. Ludwig Weber und Friedrich Naumann werden die Repräsentanten zweier Flügel, die sich allerdings noch 1893 auf ein gemeinsames Programm einigen können.[54]Zwischen 1890 und 1895 gibt es so etwas wie die Ansätze

Friedrich Naumann

einer Entwicklung eines sozialen Protestantismus. Thema Nummer eins ist die Lösung der sozialen Frage, natürlich in bewußter Frontstellung gegen den »atheistisch-revolutionären und materialistischen Sozialismus« der Sozialdemokratie. Es wird demgegenüber versucht, »Sozialpolitik aus christlicher Verantwortung« zu definieren und zu konkretisieren.

Wie weit ein sozial- und gesellschaftspolitischer Konsens damals gehen konnte, kann expliziert werden an dem Programm der Evangelischen Arbeitervereine von 1893. Dort heißt es : »Wir stehen auf dem Grunde des evangelischen Christentums. Wir bekämpfen darum die materialistische Weltanschauung, wie sie sowohl zu den Ausgangspunkten als zu den Agitationsmitteln der Sozialdemokratie gehört, aber auch die Ansicht, daß das Christentum es ausschließlich mit dem Jenseits zu tun habe. Das Ziel unserer Arbeit sehen wir vielmehr in der Entfaltung seiner welterneuernden Kräfte in dem Wirtschaftsleben der Gegenwart. Wir sind der Überzeugung, daß dieses Ziel nicht schon erreicht werden kann durch eine nur zufällige Verknüpfung von allerhand christlichen und sozialen Gedanken, sondern allein durch eine organische, geschichtlich vermittelte Umgestaltung unserer Verhältnisse gemäß den im Evangelium enthaltenen und daraus zu entwickelnden Ideen. In diesen finden wir auch den unverrückbaren Maßstab rückhaltloser Kritik an den heutigen Zuständen wie kraftvolle Handhaben, um bestimmte Neuorganisationen im wirtschaftlichen Leben zu fördern. Wir werden danach streben, daß diese Organisationen bei ihrer Durchführung in gleichem Maße sittlich erzieherisch wirken, wie technisch leistungsfähig und für alle Beteiligten nach dem Maße ihrer Leistung wirtschaftlich rentabel sind. Wir vermeiden es, unsere Forderungen aus irgend einer einzelnen nationalökonomischen Theorie herzuleiten. Dagegen erkennen wir eine unserer Hauptaufgaben darin, unsere Freunde vollständig und vorurteilslos über die schwebenden wirtschaftlichen Probleme aufzuklären. Wir erblicken in der wachsenden wirtschaftlichen Konzentration in wenigen Händen einen schweren wirtschaftlichen Übelstand; wir fordern daher vom Staate, daß er dieselbe nicht befördere, sondern ihr auf alle gesetzliche Weise entgegenwirke, auch auf dem Wege der Steuergesetzgebung. Unsere Forderungen werden wir formulieren von Fall zu Fall nach dem Maße der wachsenden wissenschaftlichen Erkenntnis des Wirtschaftslebens. Zur Zeit stellen wir im einzelnen folgende auf:

I. Für den Großbetrieb:

Wir erkennen die hauptsächlich durch die Fortschritte der Technik hervorgerufene Großindustrie als wirtschaftliche Notwendigkeit an, halten aber es für unsere Pflicht, die im Großbetrieb beschäftigten Arbeiter im Streben nach Erhöhung und Veredelung ihrer Lebenshaltung, um größere ökonomische Sicherheit und den Schutz ihrer persönlichen Güter in Leben und Gesundheit, Sittlichkeit und Familienleben, zu unterstützen.

Als Stärkungsmittel sehen wir an:

1. die bisherige staatliche Arbeiterversicherung, deren Vereinfachung und Ausdehnung wir wünschen;

2. die bisherige staatliche Arbeiterschutzgesetzgebung, deren Ausgestaltung wir fordern in bezug auf:

a) angemessene Kürzung der Arbeitszeit (Maximalarbeitstag),

b) Einführung einer Sonntagsruhe von mindestens 36 Stunden,

c) gesunde Arbeitsräume

d) Einschränkung aller dem Familienleben, der Gesundheit und Sittlichkeit schädlichen Frauen- und Kinderarbeit,

e) Verbot der Nachtarbeit außer für solche Industriezweige, die ihrer Natur nach oder aus Gründen der öffentlichen Wohlfahrt einen fortlaufenden Betrieb nötig machen;

3. die Einführung obligatorischer Fachgenossenschaften beziehungsweise gesetzlich anerkannter Gewerkschaften;

4. die Sicherung des vollen Koalitionsrechtes der Arbeiter;

5. die Einführung von Arbeitervertretungen oder Ältestenkollegien in den einzelnen Fabriken;

6. die Umgestaltung der Staatsbetriebe in Musterbetriebe bei Gewährleistung der vollen persönlichen Freiheit der Arbeiter und Angestellten.«[55]

Dieses sozialreformerische Programm ging weit über die Anfangsprogrammatik der evangelischen Arbeitervereine hinaus. Am Anfang (1882) hatte es nur geheißen:

»Der Evangelische Arbeiterverein steht auf dem Boden des evangelischen Bekenntnisses und hat den Zweck:

1. unter den Glaubensgenossen das evangelische Bewußtsein zu wecken und zu fördern;

2. die sittliche Hebung und allgemeine Bildung seiner Mitglieder zu erstreben;

3. ein friedliches Verhältnis zwischen Arbeitgeber und Arbeitnehmer zu wahren und zu pflegen;

4. seine Mitglieder in Krankheits- und Todesfällen zu unterstützen;

5. Treue zu halten gegen Kaiser und Reich.«[56]

Auch im Saargebiet werden an einzelnen Stellen evangelische Arbeitervereine im Sinne dieses Gründungsstatutes ins Leben gerufen. 1891 schließt man sich zu einem Verband evangelischer Arbeitervereine im Saarland zusammen.[57] In der praktischen Vereinsarbeit läßt man sich eher vom Ursprungsprogramm als vom Programm von 1893 leiten. Aber man kann sich auf die Dauer nicht ganz den allgemeinen Entwicklungen in Politik und Wirtschaft entziehen. Nur: man arbeitete im Schatten und im Einflußbereich des Mannes, der das Saargebiet ökonomisch wie politisch voll zu kontrollieren schien. So sehr man auch die »Schere Stumm« im

Kopf hatte, auf die Dauer war der offene Konflikt unumgänglich. Der soziale Protestantismus, wie er sich Anfang der neunziger Jahre entwickelte und inhaltlich strukturierte, mußte mit Notwendigkeit mit dem sozialen Protestanten Stumm ordnungspolitisch zusammenstoßen. Aber nicht nur das, auch mußte die Frage gestellt werden, welches Verständnis von Religion und Kirche der Freiherr seinerseits vertrat und welche realen Konsequenzen sein eigengeprägtes Verständnis von praktischem Christentum für die Betroffenen hatte.

Die sachlichen Differenzen lassen sich aufweisen, wenn man das dreiundneunziger Programm durchgeht und mit den Augen Stumms liest. Da hatte es geheißen: »Ausbau der staatlichen Arbeiterversicherung.« Hier bestand mit Stumm, der zu den politischen und paralamentarischen Vätern der Arbeiterversicherung zu rechnen ist, eine tendenzielle Übereinstimmung. Ähnlich verhält es sich im Blick auf den »Ausbau der staatlichen Arbeiterschutzgesetzgebung«. Hier gab es Konsens wie Konfliktpunkte.

Kontrovers und nicht vermittelbar waren folgende Punkte:
— die Frage gesetzlich anerkannter Gewerkschaften als Tarifparteien;
— das gewerkschaftliche Koalitionsrecht der Arbeiter;
— die Einsetzung von Arbeiterausschüssen mit bestimmten Rechten gegenüber dem Arbeitgeber;
— Stumm beharrte auf seinem Aufsichtsrecht auch über die persönlichen Angelegenheiten seiner Arbeiter. Diese Allzuständigkeit lehnten die Arbeitervereine ab.

Stumms große Sorge war: Die evangelischen Arbeitervereine könnten sich zu sozialpolitischen Kampforganisationen entwickeln und den Übergang zu organisierten Gewerkvereinen darstellen. Dies ist auch der Hintergrund seines Kampfes gegen die Einrichtung eines Rechts-Auskunfts-Büros in Saarbrücken durch den evangelischen Arbeiterverband und macht den Beschluß der Wirtschaftsverbände des Saarlandes vom 4. Januar 1895 verständlich, der wie folgt geheißen hat: »Die Vorstände sind der Ansicht, daß die evangelischen Arbeitervereine, sobald sie in wirtschaftlichen Angelegenheiten den Arbeitgebern gegenübertreten, indem sie den organisierten Rechtsschutz zur Vereinssache machen, die bestehende Einigkeit zwischen Arbeitern und Arbeitgebern stören und damit ein Einschreiten der Letzteren gegen solche Unternehmungen provozieren. Die Organisierung des Rechtsschutzes ist als Einleitung zum Anschluß an den unter agitatorischer Leitung stehenden christlichen Gewerkverein (Essen), der den Klassenkampf schürt und infolgedessen der Sozialdemokratie Vorschub leistet, anzusehen.

Falls der noch zu unternehmende Versuch, auf dem Wege der Verhandlung dieser Organisation vorzubeugen, nicht den erwünschten Erfolg haben sollte, und falls festgestellt wird, daß die Zeitschrift ,Hilfe' im diesseitigen Bezirk und besonders unter der Arbeiterbevölkerung eine größere Verbreitung gefunden hat, ist obiger Beschluß zu veröffentlichen. Gleichzeitig ist den Mitgliedern der wirtschaftlichen Vereine zu empfehlen, in diesem Falle ihre Arbeiter von der Mitgliedschaft an den beteiligten Arbeitervereinen abzuhalten und die Zeitschrift ,Die Hilfe' entsprechend den Beschlüssen der freien Vereinigung hiesiger Arbeitgeber vom 6. Juli 1877 über die Abwehr sozialdemokratischer Bestrebungen zu behandeln.«[58]

Dieser Beschluß von 1877 hatte folgenden Wortlaut:

»1. Es sollen keine Arbeiter auf den Werken geduldet werden, welche sich an der sozialdemokratischen Agitation direkt oder indirekt beteiligen, insbesondere

a) sozialdemokratische Blätter lesen oder vertreiben,

b) an sozialdemokratischen Versammlungen oder Vereinen teilnehmen,

c) Wirtshäuser frequentieren, in welchen sozialdemokratische Versammlungen abgehalten werden oder Blätter dieser Richtung aufliegen.

2. Arbeiter, welche in Ausführung dieses Beschlusses entlassen werden, sollen auf keinem anderen Werke Aufnahme finden.«[59]

Im Klartext bedeutet dieses, die evangelischen Arbeitervereine sollen wie die Sozialdemokratie behandelt werden, wenn sie ein Rechtsschutz-Büro einrichten. Um diese Drohung der Entlassung von Mitgliedern der evangelischen Arbeitervereine abzuhalten, verhandeln Vertrauensmänner der Evangelischen Arbeitervereine mit Richard Vopelius,[60] die zu folgendem Ergebnis führen: »Die Vereine erklären, daß sie nicht gewillt sind, einen Gewerkverein ins Leben zu rufen, daß sie den beabsichtigten Rechtsschutz nicht als Einrichtung ihrer Vereine, sondern, wenn überhaupt, als eine selbständige Einrichtung, deren Wohltaten auch dritten zugänglich sind, gestalten werden.« Und: »Die Vereine verpflichten sich, jeder Empfehlung und Verbreitung der ,Hilfe' sich zu enthalten.«

Am 10. November 1895 wird außerdem noch folgender zusätzlicher Beschluß gefaßt: »Die Vertreterversammlung der evangelischen Arbeitervereine an der Saar sieht sich durch bekannte Vorgänge der letzten Zeit veranlaßt, folgende Erklärung abzugeben:

1. Sie hält bei aller Wertschätzung der Persönlichkeit des Herrn Pfarrer Naumann sowie in ausdrücklicher Anerkennung der Reinheit und Lauterkeit der ihn bei seinen christlich-sozialen Bestrebungen leitenden Motive an dem Satz unserer Statuten: ,Wahrung und Pflege des friedlichen Ver-

hältnisses zwischen Arbeitnehmern und Arbeitgebern' als einem wertvollen und unerläßlichen Zweck unserer Vereinsbestrebungen unentwegt fest; 2. Sie fühlt sich durch die den Arbeitervereinen gestellten Aufgaben und Ziele zu einem entschiedenen Kampfe gegen die religions- und vaterlandslose Sozialdemokratie sowie gegen alle arbeiterfeindlichen Bestrebungen nach wie vor verpflichtet.«[61]

Zwischen diesen beiden Beschlüssen der Arbeitervereine zu Beginn und zum Ende des Jahres 1895, die die Machtsituation im damaligen Saarland überdeutlich widerspiegeln dürften, liegt die Erklärung der beiden Wirtschaftsvereine vom 10. Februar 1895: »Nachdem die Voraussetzung, unter welchen die Beschlüsse der Vereinsvorstände vom 4. 1. d.Js. gefaßt worden sind, sich nicht erfüllt haben, die Gefahr des Eindringens der Naumannschen Hilfe vielmehr ausgeschlossen erscheint und die Einrichtung einer Rechtsschutz-Stelle in einer Form erfolgen wird, welche die dagegen erhobenen Bedenken beseitigt, nehmen wir keinen Anstand zu konstatieren, daß die von uns in Nr. 1 dieses Blattes vom 6. 1. 1895 angedeuteten Beschlüsse gegenstandslos geworden sind. Wir freuen uns dessen umso aufrichtiger, als dadurch jeder Grund wegfällt, den evangelischen Arbeitervereinen an der Saar unsere Sympathien zu entziehen.«[62]

Dieses Vorgehen von Stumm, die mögliche Anwendung des saarländischen Sozialistengesetzes auf Evangelische Arbeitervereine, hat im Reich große Beachtung, Zustimmung und vor allem herbe Kritik erfahren. Er selbst hatte nie Probleme, auch die erforderlichen Mittel zum angestrebten Ziel einzusetzen. Ihm ging es um zwei Ziele: Verhinderung selbständiger Arbeiterkoalitionen, völlig gleich ob sozialistisch oder christlich orientiert. In ihnen sah er die Gefährdung seines persönlichen Regimentes. Und: Verhinderung der Durchsetzung sozialdemokratischer Tendenzen in Arbeiterkreisen. Er verwies immer auf den katholisch-sozial entstandenen Rechtsschutzverein des Kaplans Dasbach, der am Ende in sozialdemokratischer Hand gewesen sei.[63] Daß man es Erpressung nennen könnte, politische Willfährigkeit mit der Drohung von Entlassung zu erkaufen — dieses Argument konnte Stumm nicht verstehen. Die Räson der Wirtschaft und sein gesellschaftliches Ordnungsbild geboten und rechtfertigten die konsequente Anwendung der Macht, die er hatte.

Die »Deutsche Evangelische Kirchenzeitung«, herausgegeben von Stoecker, kommentierte den Vorgang um die Errichtung eines Volksbüros und die Reaktion der saarländischen Großindustrie ausführlich, um am Ende festzustellen: »Aus alledem geht hervor, daß zu einem so schroffen

Vorgehen, wie es die Großindustriellen gegen die Evangelischen Arbeitervereine für angezeigt hielten, kein berechtigter Grund vorlag und daß sie bei ihrer Beschlußfassung etwas überstürzt verfahren haben oder ganz unvollkommen informiert waren. Das mag ihnen selbst zu einer gewissen Entschuldigung gereichen, trotzdem konnte nicht ausbleiben, daß ihr Verfahren tief verbittert hat und ganz geeignet war, die Arbeitervereine von ihrer bisherigen besonnenen ruhigen Haltung abzudrängen. Wenn das nicht geschehen ist, so ist es dem Vorstande und den Leitern der Vereine in erster Linie zu danken. Es war Zündstoff und Erbitterung genug in den Gemütern der Arbeiter vorhanden. Zittert doch die Erregung der Streikzeit noch immer nach. Es muß ausgesprochen werden, daß ein schroffes und gewalttätiges auf Mißtrauen gegen jede Art Arbeitervereinigung beruhendes Vorgehen, wie es von Stumm übt und empfiehlt, die große Gefahr für die Arbeitervereine in sich schließt, daß sie radikal werden und in der Richtung entwickeln, welche von Stumm so gut wie wir vermieden sehen möchten. Will von Stumm und wollen die Großindustriellen wirklich verhüten, daß die Evangelischen Arbeitervereine sich in gefährlicher Richtung sich entwickeln, dann muß ihr Verhalten ein anderes werden. Sie müssen die derzeitige Notwendigkeit der Arbeitervereine anerkennen, müssen ihnen Vertrauen entgegenbringen und sie in ihrer Entwicklung und praktischen Tätigkeit fördern, statt sie zu verdächtigen und lahmzulegen. Es sind die besten Truppen aus der Arbeiterwelt für ‚Religion, Sitte und Ordnung‘, welche in den Evangelischen Arbeitervereinen sich zusammenschließen, und es sind die letzten Reserven. Gehen auch diese durch eine unvernünftige und unverdiente Behandlung ihrer besten Absichten verloren, dann wehe denen, welche sie dazu gebracht haben!«[64]

Stumm hatte natürlich selbst und durch seinen Stab die Zunahme der Beschäftigung mit der sozialen Frage seitens der evangelischen Pfarrerschaft und seitens protestantischer Laien aufmerksam registriert. Der politischen Tätigkeit Stoeckers stand er von Anfang an skeptisch gegenüber. Sorge machte ihm allerdings Anfang der neunziger Jahre immer mehr der zunehmende Einfluß von Friedrich Naumann, der für ihn der Inbegriff für »Kanzelsozialismus« wurde. Naumann hatte mehrere Programmschriften geschrieben, die in ihren analytischen Teilen sozialdemokratischen Sichtweisen ähnlich waren und in ihren sozialpolitischen Forderungskatalogen die Veränderung der Sozial- und Gesellschaftsstrukturen zum Ziele hatten.[65] Stumm sah mit sicherem Machtinstinkt, daß hier im Raume des Protestantismus sich eine Reformposition formulierte und organisatorisch formierte, die weit über das bisherige Prinzip der »rettenden

Liebe« der Inneren Mission und auch weit über die religiöse und patriotische Vereinsarbeit der alten Arbeitervereine hinausging.

Beginn des Konfliktes zwischen Stumm und der Pfarrerschaft

Friedrich Naumann wird zwei Jahre hintereinander eingeladen, in Saarbrücken Vorträge zu halten. Eingeladen hatten nicht die Evangelischen Arbeitervereine, sondern der sogenannte Handwerkerverein, der Volksbildungsarbeit für alle interessierten Schichten betrieb. Am 4. Oktober 1894 spricht Naumann über »Notstand, Almosen und Hilfsorganisationen«, ein Jahr später am 24. Oktober 1895 über »Auflösung und Aufbau des Familienlebens«. Auch Adolf Wagner, der bekannte Berliner Nationalökonom, hatte am 6. April 1895 über »Sozialismus, Sozialdemokratie und positive soziale Reform« referiert. Und die damals sehr beachtete Elisabeth Gnauck-Kühne hielt am 14. November 1895 einen Vortrag über »Die soziale Lage der Frau«.

Am 2. November 1895 erscheint in der Saarbrücker Zeitung ein Brief, der den sogenannten Patriotenkrieg eröffnen sollte.[66] Inauguriert ist nach Alexander Tilles Aussagen dieser Brief von Stumm selbst. Er enthält Vorwürfe gegen den Handwerkerverein: Dieser lade Personen ein, die mit Stumm in Auseinandersetzungen lägen, und er leiste der Naumannschen Richtung politischen Vorschub. Naumann sei mit seiner »Hilfe« ein Agitator gegen die Arbeitgeber, ein Freund der Sozialdemokratie. Adolph Wagner finde sogar für die Revolutionäre Ferdinand Lassalle, Karl Marx und Friedrich Engels noch gute Worte und Frau Elisabeth Gnauck treibe mit ihrer Literatur nichts anderes als Verhetzung.

Summarisch werden in dieser Zuschrift alle Genannten als »sozialistische Hetzer« bezeichnet, die das gute Einvernehmen von Arbeitern und Arbeitgebern im Saarland störten. Der Vorstand des Vereins reagiert sehr schnell am nächsten Tag mit einer ausführlichen Erklärung und rechtfertigt den Forumscharakter seiner Bildungsarbeit.[67] Während Stumm seine Anhänger in Leserbriefen publizistisch weiterkämpfen ließ, schrieb er selbst am 3. November 1895 einen Brief an den Oberpräsidenten Hermann Nasse in Koblenz, der mit folgender Passage endete: »Wenn Seine Majestät die Bürger dazu aufruft, sich gegen den Sozialismus zu ermannen, so kann dies nur dann Erfolg haben, wenn verhindert wird, daß mittelbare und unmittelbare Staatsbeamte dem Sozialismus Vorschub leisten. Ich weiß nicht, inwieweit die Lehrer an der Saarbrücker Gewerbe- oder Oberrealschule einer staatlichen Disziplinargewalt unterliegen. Sollte dies aber der Fall sein, so möchte ich an Eure Exzellenz die ergebenste Bitte richten, Remedur eintreten zu lassen. Wie ich höre, soll übrigens eine ganze Anzahl von Lehrern in beiden Höheren Lehranstalten in Saarbrücken die Tendenzen des Dr. Meyer und demselben Vorschub leisten.«[68] Der erwähnte Dr. Meyer war der Vorsitzende des Handwerkervereins.

Es folgt ein zweiter Brief von Stumm an Nasse vom 30. November 1895.[69] Dort heißt es anfangs: »Die höhere Einwirkung auf die Lehrer der Saarbrücker Höheren Lehranstalten wird, wenn sie wirksam sein sollte, der sozialistischen Propaganda in Saarbrücken den Boden entziehen. Denn es stellt sich immer klarer heraus, daß die eigentlichen Triebfedern dieser Bewegung weit weniger in den Pastoren als in jenen Lehrern zu suchen sind.« Stumm nennt auch einen Namen unter den Lehrern: »Ich erhielt gestern die zuverlässige Mitteilung, daß die eigentlich bewegende Kraft der ganzen Bewegung in dem Gymnasialoberlehrer Görbig zu suchen sei.« Er sieht einen Zusammenhang zwischen dem Handwerkerverein, seinem Vorsitzenden Dr. Meyer, einigen Lehrern der Höheren Schulen Saarbrückens und den christlich-sozialen Pfarrern. Und in der Saarbrücker Zeitung sieht er das befreundete Presseorgan dieser Gruppe unter dem Redakteur Albert Zühlke. Er vermutet bei ihnen allen eine geistige und politische Verschwörung gegen »Religion, Sitte und Ordnung«. Am Schluß seines Briefes heißt es: »Selbst die Wohlmeinendsten unter dieser christlich-sozialen Gesellschaft scheinen in ihrer Aufregung geradezu verrückt zu werden. Wenn nicht energisch dagegen eingeschritten wird, wird sich diese Verrücktheit auf ganze Gemeinden erstrecken und bei uns zunächst den Ultramontanen und dann den Sozialdemokraten zugute kommen.«

Stumm hat Erfolg mit seinen Denunziationen. Sein Arm reicht eben auch bis in die staatlichen Verwaltungsbehörden. Dr. Görbig und Dr. Disselnkötter werden zum staatlichen Ludwigsgymnasium versetzt. An Dr. Meyer allerdings kommt er nicht heran, da dieser Lehrer an der städtischen Schule ist.

Der nächste Angriff richtet sich gegen die Saarbrücker Zeitung, speziell gegen ihren Chefredakteur Zühlke. Dieser hatte vor seiner journalistischen Tätigkeit evangelische Theologie in Greifswald studiert. Zu Beginn der achtziger Jahre war er bei der liberalen Berliner »National-Zeitung« Redakteur gewesen. September 1893 wurde er mit 36 Jahren Chefredakteur der »Saarbrücker Zeitung«, die sich politisch dem nationalliberalen Bürgertum verpflichtet wußte. Zühlkes Amtsantritt fiel also in die Zeit der sogenannten Kartellpolitik, das heißt, des Zusammengehens der nationalliberalen Partei mit der konservativen Partei. Im Saargebiet dominierte Stumm mit seiner Freikonservativen Partei. Es mußte also zwischen dem letzteren und dem weltanschaulich offenen und sozial aufgeschlossenen Bürgertum, das die Saarbrücker Zeitung las, zu Spannungen kommen: Für die Mehrheit der nationalliberalen Bürger war Stumm der Flügelmann der politischen Reaktion.

Zühlke, dessen Hauptinteresse neben der Lokal- und Regionalpolitik der Innenpolitik galt, behandelte selbst oder ließ soziale Probleme behandeln. Ihm ging es um eine unabhängige, den Interessenpluralismus wider-spiegelnde Pressearbeit. So berichtete die Saarbrücker Zeitung wie selbst-verständlich auch über die Vorträge und Positionen Naumanns, Stoeckers und Adolph Wagners. Stumm und seine Parteigänger sahen in Zühlke deshalb den Protektor und Gefolgsmann der Christlich-Sozialen und übten auf die Saarbrücker Zeitung und Zühlke politischen Druck aus. Als beide sich weigerten, auf die Stummsche Linie einzuschwenken, machte man am 28. November 1895 das Angebot, der Zeitung jährlich 10.000 Mark zur Verfügung zu stellen, wenn man Zühlke entlasse. Dieses Angebot wurde am 24. Dezember 1895 wiederholt. Doch die Familie Hofer ließ als Eigen-tümerin verlauten: »Die Firma Gebrüder Hofer hält an ihrem bisherigen Redakteur Zühlke fest und läßt sich nicht durch eine Subvention von 10.000 Mark zu einer einseitigen Parteistellung umstimmen.«[70]

Daraufhin schritt die Gegenseite am Beginn des Jahres 1896 zur Grün-dung der »Neuen Saarbrücker Zeitung«, die bald als Beilage auch das »Neue Saarbrücker Gewerbeblatt« bekam. Behörden und Unternehmen entzogen daraufhin der Saarbrücker Zeitung Druckaufträge. So hatte Stumm durch zwei Briefe vom 14. und 20. Mai 1896 an den Innenminister erreicht, daß die Saarbrücker Zeitung staatliche Druckaufträge und Inserate zugunsten der Neuen Saarbrücker Zeitung verlor.[71] Wir sehen: Stumm hatte hier wie auch bei vielen anderen Gelegenheiten keine Skrupel, Menschen auszuschalten oder Existenzen zu vernichten, wenn es um die Durchsetzung seines Standpunktes ging. Er übte ökonomischen Druck aus, drohte Ent-lassungen an und denunzierte eben auch.

Es wäre allerdings auch zu kurz geschlossen, dies alles als Ausdruck von Charakterlosigkeit zu sehen. Stumm greift zu diesen Mitteln, weil er fest davon überzeugt ist, daß er Schlimmes für die anständigen Menschen verhindern muß. Er ist Gesinnungstäter, der pflichtgemäß versucht, den erkannten Feind zur Strecke zu bringen. Doch im Falle der Saarbrücker Zeitung ist ihm dieses nicht gelungen. Sie konnte sich aufgrund ihrer Verankerung im liberalen Bürgertum ökonomisch nicht nur halten, sondern vergrößerte noch ihre Auflage. Unbeirrt schrieb Zühlke gegen die Einseitigkeiten und Verblendungen Stumms. So heißt es über den antisozialistischen Kampf Stumms: »Er hat darin sein Lebensprinzip erblickt und doch sollte ihm dies verhängnisvoll werden. Das nimmerruhende Nachspüren, das fortwährende Sinnen über seine erbitterten Gegner ließ ihn dieselben überall sehen. Die Phantasie setzte ein und und ihre Bilder verwischten alle Grenzlinien, die für jeden Beobachter klar gezeichnet sind. Hinzu kommt die bekannte Tatsache, daß die Umgebung des Herrn von Stumm in ihm eine Art Vorsehung erblickt, der sich alles willenlos fügen soll und deren leisestem Wink zu gehorchen sie selbst als eine Ehrenpflicht betrachten. So schnell als möglich machten daher die Anhänger des Halberg den verhängnisvollen Irrtum, überall Sozialisten zu wittern, zu ihrem Eigentum, und in ihrem Übereifer treue Vorkämpfer der Prinzipien ihres Meisters zu sein, sehen wir plötzlich unter uns jene leidenschaftlichen Männer, deren Tun sich für unsere Bevölkerung zu einer Gewissenstyrannei gestaltet... Seine persönliche Anschauung trübt ihren Blick, und so schützt heute in St. Johann-Saarbrücken kein Amt, keine Würde, keine Königstreue mehr vor der Sozialistenächtung...«[72]

Die Mehrheit der evangelischen Pfarrer im Saargebiet sah in Albert Zühlke einen charaktervollen Journalisten, der es wagte, gegen den mächtigsten Mann im Lande anzuschreiben. Stumm seinerseits sah in Zühlke als Redakteur und in Superintendent Zillessen als Repräsentant der Pfarrerschaft das politische Gegenzentrum.

Im Reichstag gegen Katheder- und Kanzelsozialismus

Stumm besaß neben seiner Heimat einen zweiten Kampfplatz von höchster publizistischer Beachtung. Er nutzte die Tribüne des Reichstages, um gegen seine Gegner unentwegt vorzugehen: gegen den Straßensozialismus der Sozialdemokratie, gegen den Universitätssozialismus der Kathedersozialisten und gegen den Kanzelsozialismus der Christlich-Sozialen. In seiner Reichstagsrede vom 9. Januar 1895 kam sein politischer Denkstil zur schärfsten Ausprägung.[73] Er begann mit der bekannten Polemik gegen die Sozialdemokratie, gegen ihre Väter Karl Marx und Friedrich Engels und gegen August Bebel, Wilhelm Liebknecht und Ignaz Auer.

Seine Analyse: die Sozialdemokratie ist keine Reformpartei, sondern von ihren Anfängen an eine revolutionäre Partei, die die blutige Revolution vollziehen will. Sie ist von Haß, Gift und Neid gegen die anderen Klassen getrieben. Sie hat die Unsittlichkeit zum Prinzip erhoben. Sie ist gegen die Ehe und für die freie Liebe. Sie ist die Mutter des Anarchismus. Kurzum: Die Sozialdemokratie ist revolutionär, anarchistisch, amoralisch, gott- und vaterlandslos — also muß sie unterdrückt werden.

Wieder typisch für Stumms Denken ist, daß er nicht die reale Partei der neunziger Jahre analysiert, sondern sie nur in ihrer revolutionären Potentialität sieht. Deshalb seine Conclusio: »Meine Herren, ich behaupte, daß jeder, der solchen Zuständen gegenüber die Hände in den Schoß legt, der nicht bereit ist, mit den energischsten Mitteln dagegen vorzugehen, verantwortlich ist für die Ströme von Blut, für die Vernichtung aller Kultur, die aus solchen Zuständen hervorgehen muß«.[74]

Stumm ist der Überzeugung, daß Sozialdemokraten als Personen unsittlich sind und die Sozialdemokratie als Partei die Zerschlagung aller Kultur und Werte, Ordnungen und Institutionen will. Gegen diese Barbarei haben der Staat und die bürgerliche Gesellschaft das Recht und die Pflicht zur radikalen Gegenwehr, bevor es zu spät ist. Die Furcht vor der Revolution läßt Stumm nach konsequent angewandter Gewalt des Staates gegen die organisierte Bedrohung rufen. Apokalyptische Ängste machen zum Vernichten und Ausmerzen des Feindes bereit.

Was in diese politisch-mentale Denkstruktur überhaupt nicht passen will, ist seine Beobachtung, daß es Menschen von Rang und Namen aus der deutschen Wissenschaft gibt, die diese Zusammenhänge nicht erkennen, verschleiern oder verharmlosen wollen. Es ist für Stumm schlechterdings unbegreiflich, daß deutsche Universitätsprofessoren, die den politischen und gesellschaftlichen Nachwuchs ausbilden, von einem »berechtigten Kern« der Sozialdemokratie reden können. Er nennt hier die nationalökonomische Richtung des sogenannten Kathedersozialismus, auf die er aber in dieser Rede noch nicht ausführlich eingeht.

Dagegen heißt es : »Noch viel gefährlicher als diese Allüren gewisser Professoren auf den Universitäten — und ich muß das zu meinem großen Schmerz betonen, da ich von jeher ein treuer Sohn meiner Kirche gewesen bin und bis ans Lebensende bleiben werde, — ist eine Agitation, die neuerdings von einer Anzahl evangelischer Geistlichen ausgeht. Ich nenne hier nur ein Blatt, das ich vor mir habe, die ‚Hilfe‘ des Pfarrers Naumann in Frankfurt am Main als Beispiel. Dies Blatt kokettiert nicht bloß mit der Sozialdemokratie, es kooperiert ganz direkt mit derselben.«[75]

Es folgen Zitate über Zitate aus Naumanns »Hilfe«, um dann die politische Nutzanwendung zu formulieren: »Ich behaupte aber, daß dies Gebahren, dem gewiß die evangelische Kirche als solche fernsteht, welches aber doch eine leider recht große Anzahl evangelischer Geistlicher befolgen, viel gefährlicher ist als der Kathedersozialismus, den ich vorhin kennzeichnete, und zwar deshalb, weil der Kathedersozialismus sich immerhin an urteilsfähige, gebildete Menschen richtet, während dieses Blatt, die ‚Hilfe‘ dazu bestimmt ist, in Arbeiterkreisen zu agitieren und dort Unzufriedenheit hervorzurufen. Das ist umso gefährlicher, als an der Spitze der evangelischen Arbeitervereine, an der Spitze des evangelischen Gewerkvereins, der neuerdings gegründet ist und auf den ich gelegentlich näher zurückkommen werde, dieselben Leute stehen, die zu den Hintermännern der ‚Hilfe‘ gehören. Der Lic. Weber, über den ich mich schon neulich ausgesprochen habe, ist ausdrücklich als Mitarbeiter in diesem Blatte genannt, ebenso wie andere sonst angesehene evangelische Geistliche. Ich behaupte: wenn es gelingt, die evangelischen Arbeitervereine von diesen Gesinnungen zu durchtränken und zu Kampfvereinen zu machen, dann marschieren sie ganz direkt in das Lager der Sozialdemokratie.«[76]

Immer wieder behauptet Stumm: Die Christlich-Sozialen landen am Ende ihres Weges bei Bebel und Liebknecht. Sie bereiten der Sozialdemokratie den Weg und sind am Ende selbst Sozialdemokraten.

Auch hier wieder ist es eine Zukunftsprognose, die ihn schon jetzt zum radikalen Verdammungsurteil über den christlichen Sozialismus führt. Am Ende werde auch dieser, der christliche Sozialismus, die Revolution betreiben. Unter dem sozialreformerischen Gewand strebe er tendenziell die revolutionäre Aufhebung des bestehenden Systems an und sei damit ein Kombattant der Sozialdemokratie. Der marxistische und christliche Sozialismus sind für Stumm nur verschiedene Brüder des einen großen Ziels: der revolutionären Aufhebung des privaten Eigentums an den Produktionsmitteln und der Zerschlagung des monarchischen Königtums zugunsten einer demokratischen Republik. Mit den sozialistischen Tendenzen verbinden sich eben auch die demokratischen. Und für dieses Syndrom von Sozialismus und Demokratie steht für Stumm im Bereich des Protestantismus eben dieser Friedrich Naumann.

Naumann selbst kommentierte durchgehend die Angriffe Stumms gegen ihn und seinesgleichen. So schreibt er zur Rede Stumms vom 9. Januar 1895: »Freiherr von Stumm war von jeher ein treuer Sohn seiner Kirche. Das ist doch hoffentlich die Kirche Jesu Christi. Kann man aber im Namen Jesu, der gekreuzigt wurde, weil man ihm nachsagte, er rege das Volk auf, kann man als Jünger Jesu, der das freieste Wort geredet hat, die Umsturzvorlage in solcher Weise vertreten wie Freiherr von Stumm? Es unterliegt keinem Zweifel, daß nach der Rede dieses ‚treuen Sohnes der Kirche' auch Jesus Christus, wenn er heute das sagte, was er vor 1800 Jahren gesagt hat, straffällig sein würde. Freiherr von Stumm hält das Weihnachtsfest für ein Fest der Liebe mit den Menschen. Meint er damit, daß es das schon jetzt sei oder erst werden solle? Im letzteren Falle würden wir sehr einig sein. Wir können uns schwer denken, wie man 14 Tage vor einer solchen Rede singen kann: Friede auf Erden.«[77]

Und wenig später geht Naumann aufgrund einer Zuschrift noch einmal auf Stumms Reden gegen die Sozialdemokratie ein und kommentiert wie folgt: »Schon öfter sind wir gefragt worden, ob wir nicht aus christlicher Liebe und Gerechtigkeit auch etwas Gutes über den Freiherrn von Stumm sagen wollten. Wir haben geantwortet, daß wir recht gern eine Darstellung bringen würden, in der auch die Vorzüge Stumms hervorgehoben sind, wenn sie uns von sachkundiger Seite zuginge. Zunächst aber handelt es sich gar nicht um Stumm als Privatmann, sondern um ihn als Politiker, und dem Politiker Stumm gegenüber kann es nur eine Losung geben: Kampf und abermals Kampf! Stumms Politik bedeutet für Deutschland das gewaltsame Herbeiführen einer Revolution. Er mag das nicht wollen, das änderte nichts an dem schweren Ernst der Sache. Stumm als Politiker hat sich einen ‚treuen Sohn seiner Kirche' genannt, und von diesem Gesichtspunkte aus hat auch unser Leipziger Freund die Sache betrachtet. Er spricht es aus, wie ein einfacher christlicher Arbeiter empfindet, wenn ein Politiker wie Stumm sich auf Jesum Christum beruft. Jesus Christus und die Rede Stumms gegen die Sozialdemokratie! Jesus Christus und das Regiment des Zwanges und der Angst! Auch uns ist es nicht möglich, jene Rede und christlichen Geist für vereinbar zu halten. Es handelt sich nicht um wirtschaftliche Streitfragen, sondern darum, ob Stumm auch den Sozialdemokraten als Menschen achtet. Das tut er in jener Rede nicht. Es sind in Deutschland wenig Reden gehalten worden, welche von Bruderliebe so entfernt waren wie diejenige Stumms. Wenn ein Proletarier bei ihnen so redete wie er über die Agitatoren der Sozialdemokratie, würde das Stumm noch christlich finden?«[78]

Auch das Organ des Gesamtverbandes der Evangelischen Arbeitervereine Deutschlands »Der evangelische Arbeiterbote« polemisiert in allen Wochenausgaben der kommenden Zeit gegen den Geist und die Praxis des Freiherrn. Die kirchliche Publizistik steht weithin auf seiten der von Stumm Angegriffenen. Auch wenn man dessen betriebliche Sozialpolitik durchaus zu würdigen wußte, so überwog doch die Ablehnung seiner politischen Gesamtlinie und seiner Unternehmenspraxis.

Im Saarland gegen den Pastorensozialismus

In der wohl bekanntesten Rede von Stumm am 12. April 1896 in Neunkirchen treibt er seine Polemik gegen »Naumann und Konsorten« weiter.
Zunächst berichtet er über den von ihm gewonnenen Beleidigungsprozeß
gegen den Pfarrer Hermann Kötzschke, der eine Broschüre gegen Stumm
geschrieben hatte.[79] Dann geht es wieder gegen den weit gewichtigeren
Naumann. Daß dieser wie Kötzschke Sozialist ist, steht für Stumm ohne
Wenn und Aber fest. Aber ebenso schlimm ist für ihn dieses: »Daß wir also
einen Kaiser von Gottes Gnaden haben, welchem wir treu sein müssen, weil
Gott der Herr das will, davon weiß Herr Naumann nichts! Daß Christus
gesagt hat: ‚Gebt dem Kaiser, was des Kaisers ist, und Gotte, was Gottes
ist‘, das ignoriert dieser Pfarrer vollständig...«[80]

Naumanns »Hilfe« übertrifft für Stumm »an Schmutz, an Gift, an Unwahrheit« alles bisher in der gegnerischen Presse Dagewesene. War der
Vorwurf noch ein Jahr vorher, daß Naumann die Arbeiter in die Arme der
Sozialdemokratie treibe, so heißt es jetzt, daß die unter Naumanns Einfluß
stehenden Arbeitervereine »heute bereits in das Lager der Sozialdemokratie« einmarschiert seien.[81] Aber nicht nur die »Jungen« um Naumann,
auch die alten Christlich-Sozialen unter Ludwig Weber und Adolf Stoecker
sind für Stumm nicht viel besser: »Die alten und jungen Christlich-Sozialen
unterscheiden sich lediglich durch das Temperament, durch die Taktik und
die mehr oder weniger größere Offenheit, die bei den Jungen größer und
bei den Alten geringer ist. In der Verhetzung der Massen sind sie sich
vollkommen ebenbürtig.«[82]

Es folgt eine Abrechnung mit Ludwig Weber (1846-1922), der ihm vor
Jahren das Buch von Paul Göhre »Drei Monate Fabrikarbeiter« empfohlen
hatte. Dies sei aber — so Stumm — »das frivolste auf diesem Gebiete, was
ich jemals gelesen habe.«[83] Dann geht es gegen Adolf Stoecker, der der
»eigentliche Vater des pseudochristlichen Sozialismus« und »auch der
Vater der damit verbundenen Doppelzüngigkeit« sei.[84] Stumm führt seinen
Hörern Stoecker als problematischen Charakter vor, um dann auch ihm
gegenüber politisch zu dem Ergebnis zu kommen, daß Stoecker von einem
früheren Bekämpfer zu einem Bundesgenossen der Sozialdemokratie
geworden sei. Auch die Stoecker nahestehende Zeitung »Das Volk« be-
teilige sich an dem Lügenfeldzug gegen ihn, selbst in der Karwoche.[85]
Stumm sieht einen Zusammenhang zwischen dem »Volk« und der »Saarbrücker Zeitung«, die von einem nationalliberalen Blatt in das christlich-
soziale Fahrwasser geraten sei. Für die beiden zuletzt genannten Zeitungen,

ihre Richtung und ihren Stil, macht Stumm »geistliche Hintermänner«
aus.[86] Zu ihnen rechnet er die 35 Geistlichen des Saargebietes, die sich in
einer Erklärung am 26. Februar 1896 an die Öffentlichkeit gewandt hatten,
an ihrer Spitze Superintendent Zillessen (1830-1925).

Diese Erklärung, die sich auf einen Artikel vom 11. Februar 1896 in der
»Neuen Saarbrücker Zeitung« bezieht, ist die erste gemeinsame Äußerung
Saarländischer Pfarrer in dem nun jahrelang schwelenden Streit mit Stumm.
Daß Stumm diese Erklärung gegen sich gerichtet verstanden hat, dürfte
verständlich und auch richtig sein. Denn der Zeitungsartikel enthielt alle
von Stumm selbst bekannten Interpretamente der Rolle der Christlich-
Sozialen und auch die Grundzüge seiner Auffassung über die Rolle von
Religion und die Funktion von Geistlichen. Die »Erklärung« der Saarbrük-
ker Pfarrer hatte folgenden Wortlaut:

»Die unterzeichneten evangelischen Geistlichen in der Synode Saarbrücken haben weder den Beruf noch die Absicht, sich in den Streit der
politischen Parteien einzumischen. Sie fühlen sich jedoch verpflichtet,
ihrem Widerspruch gegen diejenige Auffassung des Christentums und
gegen diejenige Beurteilung der Christlich-Sozialen Ausdruck zu geben,
welche in dem für die Haltung der ‚Neuen Saarbrücker Zeitung‘ maßgebenden Artikel vom 11. Februar d. Js. niedergelegt ist.
1. Als ‚wahres‘ Christentum wird in dem genannten Artikel ‚der Gehorsam
gegen den Höchsten und gegen das menschliche Gesetz‘, ‚die Nächstenliebe ohne das Gewaltmittel des revolutionären Totschlags‘, das Versprechen der ewigen Seligkeit ‚für irdischen Schmerz, irdische Not, irdische
Trübsal und Mühsal‘ bezeichnet. Es wird auf den Spruch Bezug genommen: ‚Mein Reich ist nicht von dieser Welt‘ in dem Sinne, daß das Christentum, ‚das hoch über allem Menschlichen schwebende leuchtende
Gestirn der ewigen Versöhnung, des ewigen Friedens, des Trostes, des
geistigen Sicherhebens sei.‘ — Diese Auffassung des Christentums geht
nicht über den Standpunkt der sogenannten Aufklärung des vorigen Jahrhunderts hinaus, die den Gesamtinhalt desselben auf die drei Ideen: Gott,
Tugend, Unsterblichkeit, beschränkte. Die evangelische Lehre dagegen
bekennt sich nicht zu einem weltfernen ‚Höchsten‘, sondern zu dem lebendigen Gott, der sich in Christus als Vater offenbart. Sie faßt den Glauben
nicht als bloße Lehre, sondern als eine Kraft, welche ihre Quelle in der
ewigen Liebe Gottes hat und sich nicht etwa in bloßer Vermeidung des
‚revolutionären Totschlags‘, sondern in allseitiger Betätigung der christlichen Sittlichkeit, insbesondere der Bruderliebe, bewährt. Sie verkündigt
der Seelen Seligkeit nicht als Entschädigung für Not und Trübsal, sondern

als die für alle gleiche Frucht eines in Glauben und Liebe wohlvollbrachten Lebens. Sie weiß endlich, daß das Reich Gottes zwar nicht von dieser Welt ist, daß es aber doch nicht bloß als leuchtendes Gestirn hoch über allem Menschlichen schwebt, sondern daß es zugleich in und für diese Welt ist und sie als ein Sauerteig in allen menschlichen Verhältnissen durchdringen und erneuern soll. Dadurch stellt es sich dar als das praktische Christentum, wie es in der inneren Mission sich schon längst segensvoll betätigt hat und in der denkwürdigen Botschaft Kaiser Wilhelms I. vom 17. November 1881 auch für die staatliche Sozial-Gesetzgebung zur Geltung gebracht worden ist.

2. In demselben Artikel wird sodann die christlich-soziale Strömung als eine ,ausgesprochene antichristliche Revolutionsrichtung, die mit höheren religiösen Grundsätzen absolut nichts gemein hat', als ,eine gemeingefährliche, revolutionäre Erscheinung' bezeichnet. Die Christlich-Sozialen selbst werden als ,auf dem Boden der sozialen Revolutionsparteien stehend' als ,bewußte oder unbewußte Helfershelfer der Sozialrevolution, die mit Bebel und Liebknecht auf einer Stufe stehen', gekennzeichnet.

Die unterzeichneten Geistlichen erklären sich gegen jede unklare Vermischung der Aufgaben der evangelischen Kirche mit den christlich-sozialen Bestrebungen. Sie halten sich aber um des Gewissens willen für verpflichtet, diese ungeheuerliche Schilderung der Christlich-Sozialen als eine wider die Gerechtigkeit, Wahrheit und Liebe streitende zu bezeichnen, da dieselben im Gegensatze zur gott- und vaterlandslosen Sozialdemokratie auf durchaus gesetzlichem Wege durch Wort, Schrift und Tat für Christentum, Königtum und soziale Reform eintreten.

Wer ihre Bestrebungen für unchristlich und unheilvoll erklärt, möge sie bekämpfen, aber mit den Waffen der Gerechtigkeit und Wahrheit!

Saarbrücken, den 28. Februar 1896[87]«

Für Stumm war klar: die Pfarrer sind aus politischen Gründen gegen ihn. Sie wollen die mittelparteiliche Richtung und das von ihr neu ins Leben gerufene Organ der »Neuen Saarbrücker Zeitung« schwächen. Sie sind alle ins christlich-soziale Lager übergewechselt, sekundiert von der alten »Saarbrücker Zeitung« und dem »Evangelischen Wochenblatt«. Stumm, der sich als nicht verantwortlich für die Zuschrift in der» Neuen Saarbrücker Zeitung« hielt, ging nun in seiner Neunkirchener Rede auch inhaltlich auf diese Erklärung der Pfarrer ein. Er wirft ihnen vor, daß sie praktisches Christentum und christlich-sozial konfus durcheinanderwerfen. Er formuliert seine eigene Position dagegen wie folgt: »...es gibt gar keinen schärferen Gegensatz als praktisches Christentum und pseudochristlichen Sozialismus.«

Praktisches Christentum ist für ihn die Kaiserliche Botschaft und die ihr folgenden Wohlfahrtsgesetze, ist vor allem sein eigener Beitrag für die Arbeiterversicherungsgesetzgebung und für die kirchliche Diakonie. Programmatisch formuliert Stumm:»Meine Herren, der Hauptunterschied zwischen christlich-sozial und praktischem Christentum liegt darin, daß das praktische Christentum in erster Linie basiert ist auf die christliche Liebe. Von der christlichen Liebe finden Sie auch nirgends auch nur eine Spur in den Kundgebungen der Christlich-Sozialen, wie ich sie Ihnen eben vorgeführt habe. Die Unzufriedenheit, die Begehrlichkeit, der Klassenkampf, der Haß gegen die Besitzenden, die werden von diesen Leuten gepredigt, während das praktische Christentum die Zufriedenheit und die Eintracht aller Stände zum Ziele hat. Die Christlich-Sozialen vergessen, daß es heißt: ‚Glaube, Liebe, Hoffnung, die Liebe aber ist die größeste unter ihnen‘; sie vergessen, daß es in der Bergpredigt heißt: ‚Selig sind die Friedfertigen‘, daß wir in unserem Kirchengebet reden von dem ‚gottseligen stillen Leben‘«.[88]

Die Christlich-Sozialen verfehlen nach Stumms Urteil durch eine unverantwortliche Auslegung der Schrift deren Sinn:»Statt den Schwerpunkt in den Glauben zu legen, in die ewige Seligkeit, wird das Christentum zum Materialismus herabgezogen und infolgedessen müssen die in dieser Weise Verführten als eine reife Frucht in den Schoß der Sozialdemokratie fallen.«[89] Er begrüßt deshalb den Erlaß des Evangelischen Oberkirchenrats vom 16. Dezember 1895, der partienweise fast in seiner Sprache formuliert war. Es hieß dort unter anderem:»... kann nicht nachdrücklich genug betont werden, daß alle Versuche, die evangelische Kirche zum maßgebend mitwirkenden Faktor in den politischen und sozialen Tagesstreitigkeiten zu machen, die Kirche selbst von dem ihr von dem Herrn der Kirche gestellten Ziele: Schaffen der Seelen Seligkeit ablenken müssen.

Die Einwirkung der Kirche auf diese äußerlichen Gebiete kann und darf niemals eine unmittelbare, sondern nur eine mittelbare, innerlich befruchtende sein. Aufgabe der Kirche und der einzelnen Diener derselben ist es, durch eindringliche Verkündigung des göttlichen Wortes, durch treue Verwaltung ihrer Gnadenschätze, durch hingebende Seelsorge an den anvertrauten Seelen, alle Angehörigen der Kirche ohne Unterschied des Standes so mit dem Geiste christlicher Liebe und Zucht zu erfüllen, daß die Normen des christlichen Sittengesetzes in Fleisch und Blut des Volkes übergehen und damit die christlichen Tugenden erzeugt werden, welche die Grundlagen unseres Gemeinwesens bilden: Gottesfurcht, Königstreue, Nächstenliebe.«[90]

Stumm weist in seiner Rede weiter darauf hin, daß der summus episcopus der Preußischen Landeskirche mit diesem Erlaß seiner Kirchenbehörde die christlich-soziale Agitation aufs schärfste verurteilt habe. Das habe er schon auf einem Empfang des Neunkirchener Presbyteriums aus Anlaß seines 60. Geburtstages mitgeteilt. Stumm fährt dann fort: »... wenn ich diese Äußerung getan habe, so habe ich sie mit allerhöchster Ermächtigung getan. Und ich kann noch mehr sagen: ich habe hier die Abschrift eines Telegramms vor mir liegen, die mir gleichfalls durch allerhöchste Ermächtigung zugegangen ist, und zwar nicht unter dem Siegel der Verschwiegenheit, das sich noch viel deutlicher über diese Dinge ausspricht. Ich trage Bedenken, dieses Telegramm im Wortlaut zu veröffentlichen, bin aber bereit, es jedem königstreuen evangelischen Geistlichen — ich habe es hier vor mir liegen — lesen zu lassen, um sich davon zu überzeugen, daß über die Stellung seiner Majestät absolut kein Zweifel bestehen kann.

Meine Herren, ich behaupte, daß, wenn es den Kirchenregimenten nicht gelingt, über diese christlich-soziale Agitation Herr zu werden, so geht unsere evangelische Landeskirche einfach zugrunde; die Besitzenden werden aus der Kirche hinausgetrieben und die Besitzlosen werden den Sozialdemokraten in die Arme hineingetrieben.«[91]

Das von Stumm erwähnte Telegramm wird am 9. Mai 1896 in seiner Tageszeitung »Post« veröffentlicht. Es hat folgenden Wortlaut: »Stoecker hat geendigt, wie ich es vor Jahren vorausgesagt habe. Politische Pastoren sind ein Unding. Wer Christ ist, der ist auch sozial; christlich-sozial ist Unsinn und führt zur Selbstüberhebung und Unduldsamkeit, beides dem Christentum schnurstracks zuwiderlaufend. Die Herren Pastoren sollen sich um die Seelen ihrer Gemeinden kümmern, die Nächstenliebe pflegen, aber die Politik aus dem Spiele lassen, dieweil sie das gar nichts angeht.«[92]

Ohne Zweifel waren die Passagen der Rede von Stumm, die sich auf das später veröffentlichte Telegramm bezogen, die politischen wie kirchenpolitischen Höhepunkte. Der König und Kaiser selbst sieht den Pastorensozialismus und die sozialpolitische Agitation der Christlich-Sozialen genauso wie der Staatsbürger und evangelische Christ Stumm! Das bedeutete: wer die Position von Stumm angriff, stellte das Wort und den Willen seiner Majestät infrage. Alle königstreuen Untertanen, Pfarrer und Arbeiter, können eigentlich nicht anders denken als der königstreue Stumm.

Am Schluß seiner langen Rede weist Stumm noch einmal darauf hin, daß »die Sozialdemokratie heute noch genau dieselbe revolutionäre, unsittliche, antimonarchische, vaterlandslose, antichristliche Partei ist, wie sie es vom ersten Moment an war. Und das sind die Leute, meine Herren, welche der Herr Kötzschke als die Vertreter der höchsten Ideale preist, mit denen der Pfarrer Naumann Bruderschaft trinkt, die das Stoeckersche Blatt für weniger gefährlich hält als die patriotischen Mittelparteien. Meine Herren, ich habe damit wohl das Schlußglied in die Kette der Beweise dafür gefügt, daß christlich und sozial sich mit dem Namen Christlich-Sozial nicht decken, sondern, daß die sich so nennende christlich-soziale Partei eine antimonarchistische, eine sozialistische und eine antichristliche ist, welche zu bekämpfen ebenso Pflicht ist, wie man die Herren Bebel und Liebknecht bekämpft. Es ist dieser Kampf eine Pflicht gegen Gott und die Menschen, eine Pflicht gegen Staat und Kirche, eine Pflicht gegen König und Vaterland, und ich werde diesen Kampf mit all der Energie aufnehmen und durchführen, die eine gute Sache nur einflößen kann.«[93]

Auf die saarländische Szene bezogen hieß das im Klartext: Die christlich-sozialen Pfarrer des Saarlandes stehen nicht auf dem Boden des EOK-Erlasses, und soweit sie zur christlich-sozialen Partei neigen, sind sie antimonarchistisch, antichristlich und sozialistisch.

Die Abwehrreaktionen der Pfarrer

Die in Stumms Rede eingeflossenen Polemiken gegen den Superintendenten Zillessen und gegen den Pfarrer Lentze mußten beim Zuhörer und späteren Leser der Rede den Eindruck einer desolaten Pfarrerschaft hinterlassen. Doch diese wehrte sich, zunächst der Superintendent selbst in einer Erklärung am 16. April 1896. Entscheidend ist sein letzter Satz: »Ich bin kein persönlicher Feind des Herrn Freiherr von Stumm, aber allerdings ein Feind seines Systems, das sich mir je länger je mehr als das System der brutalen Gewalt unter völliger Nichtachtung des unveräußerlichen Rechtes jeder anderen Persönlichkeit enthüllt hat.«[94]

Es folgt am 20. April 1896 ein Protest von 31 Pfarrern gegen die Rede von Stumm: »Die scharfen Angriffe des Herrn Freiherrn von Stumm-Halberg in der Neunkircher Wählerversammlung vom 12. April d. Js. nötigen die unterzeichneten evangelischen Geistlichen zu folgendem Protest:
1. Wir gehören der christlich-sozialen Partei älterer oder jüngerer Richtung nicht an, sind auch nicht im Sinne derselben politisch tätig gewesen und verurteilen die Auswüchse dieser wie jeder anderen Partei. Wir protestieren gegen die von Freiherrn von Stumm wenigstens indirekt gegen uns erho-

bene schwere Anklage auf ‚antimonarchische und antichristliche Gesinnung‘.

2. Wir haben weder gegen die Mittelparteien Front gemacht noch auch uns durch den politischen Parteienstreit und Zeitungskrieg zu unserer ‚Erklärung‘ bestimmen lassen. Wir protestieren daher gegen die Beschuldigung, daß wir uns durch andere als durch kirchliche und sittliche Beweggründe hätten leiten lassen und beklagen tief den eingetretenen Riß, den nicht wir verursacht haben.

3. Wir fordern freien Raum für unsere christliche, monarchische und soziale Tätigkeit in den von den Behörden oftmals gewünschten evangelischen Arbeitervereinen. Wir protestieren auf das entschiedenste gegen die Unterstellung, daß sie sich unter unserer Leitung zu politischen und sozialen Kampfvereinen ausbilden könnten.

4. Wenn Freiherr von Stumm uns zu denjenigen ‚Herren‘ gezählt hat, die dem Evangelischen Oberkirchenrat in unbotmäßiger Weise entgegengetreten sind, was er sich befremdlicherweise ‚allerdings gefallen lassen will‘, so legen wir gegen eine solche Beschuldigung Verwahrung ein, in der Überzeugung, daß unsere christliche Denkart und die soziale Betätigung derselben ebenso wenig den Intentionen Seiner Majestät des Kaisers, unseres Allergnädigsten Herrn, widerspricht, als dem Dezember-Erlaß des Evangelischen Oberkirchenrats, den Freiherr von Stumm nicht richtig verstanden zu haben scheint.

5. ...

6. Endlich hat Freiherr von Stumm es für angemessen erachtet, unsern hochverehrten Herrn Superintendenten Zillessen, den langjährigen und bewährten Leiter der Synode, vor einer politischen und konfessionell gemischten Versammlung in seiner Abwesenheit wegen seiner pfarramtlichen Tätigkeit in Predigt und Seelsorge auf unerhörte Weise herabzusetzen. Wir protestieren mit Unwillen gegen diese Handlungsweise, die wir als eine Untergrabung der kirchlichen Autorität ansehen und als eine uns allen angetane Schmähung empfinden.

Wir beklagen es nicht weniger tief als Freiherr von Stumm, daß wir uns gerade zu ihm in einem Gegensatz befinden, wie er in der Neunkirchener Rede vom 12. April zu so scharfem Ausdruck gekommen ist. Es bleibt unser lebhafter Wunsch, daß eine Ausgleichung dieses Gegensatzes erzielt und dadurch der schwer erschütterte Friede in unserm heimatlichen Saargebiet wiederhergestellt werde!«[95]

Es fällt auf, daß beide Proteste sich auf die Passagen der Rede von Stumm beschränken, die sich auf die saarländischen Pfarrer und Verhältnisse beziehen. Zu seinen Angriffen auf Weber, Naumann, Stoecker und andere sagt man kein Wort, ebenso nichts zur »Theologie« des Freiherrn. Es ist Naumann selbst, der ausführlich zur Rede Stumms Stellung nimmt. In seiner Wochenschau schreibt er: »Freiherr von Stumm hat seine diesjährige große Rede gegen die Christlich-Sozialen gehalten. Am 12. April versammelte er das wackere Volk seiner Gegend und gab diesen zumeist Unberührten eine Unterrichtsstunde über die gefährlichste Strömung der neueren Zeit. Mit brausendem Jubel ist er empfangen worden, mit tosendem Beifall konnte er reden, er fand allgemeine Zustimmung seiner Untertanen und wurde dadurch ‚zum weiteren Kampf gestärkt'. Das letztere ist für ihn und besonders für uns erfreulich.

Stumm hat ungefähr so gesprochen, wie einige ganz neumodische Maler malen. Sie machen etliche Kleckse und behaupten, das sei ein Bildnis, man müßte nur das richtige Auge dazu haben. So hat er etliche Flecke auf die Leinwand geworfen — das ist Kötzschke, der ‚eingefleischte Sozialist' — einige tiefdunkle Pinselstriche — das ist Naumann, der Geschichtsfälscher und Sozialdemokrat! Einige Striche mit einer alten spritzenden Feder — das ist Weber, der ‚Busenfreund' Stoeckers. Ein Tropfen Tinte — das ist Göhre, der Verfasser des ‚frivolsten Buches'! Ein Nachtgemälde, grau in grau — das ist Stoecker, der ‚Vater der Doppelzüngigkeit'. Es ist wirklich schade, daß Stumm kein Künstler geworden ist. Er hätte mit geringen Mitteln Großes erreicht.

Welche Vorstellung wird nun das treue Volk, das um die Hochöfen wohnt, von diesen Verwüstern aller Heiligtümer haben? Es wird mit Eifer Kohlen in die Flammen werfen, Glut schüren, Metall in die Pfannen gießen und dabei ein Gefühl haben, als wäre es am besten, wenn man es diesen bösen Pastoren machen könnte, wie es in dem bekannten Gedicht Schillers dem treuen Fridolin gehen sollte. Wer weiß aber, ob nicht auch diesmal Fridolin gerettet wird. Der Tag wird erscheinen, wo auch das Saargebiet aufwacht und seinen Meister fragt: warum verschweigst Du die Wahrheit?

Daß Stumm auf die Christlich-Sozialen zornig ist, ist nach allem, was vorhergegangen ist, leicht erklärlich. Im Zorn aber ist er gerade sehr interessant. Ihn macht der Zorn ungefügig. Er kann ja sonst elegant sein, aber wenn er grollt, dann bricht der alte Eisenmensch heraus, danach kommen zahlreiche Hammerschmiede, die, immer im Takt, ermüdend gleichmäßige Schläge tun. Er kann nicht mitlachen, wenn man über ihn lacht, er kann die Dinge nicht einfach und natürlich sehen, wie sie liegen. Gebannt an die tolle Idee, daß die sozialistischen Pastoren und Professoren das Ende Deutschlands herbeiführen werden, opfert er sich auf dem Altar des Vaterlandes und übernimmt die keineswegs leichte Aufgabe, dem Wasser zu verbieten, daß es fließt, dem Frühling zu gebieten, daß er wächst, den Sozialismus zu verbieten, daß er die grundlegende Anschauung des kommenden Zeitalters wird. Er will klüger sein als die Weltgeschichte selbst. Er will der Fels sein, an dem sich die Fluten der ganzen Volksbewegung brechen. Und je mehr nun die Wellen um sein Haupt spritzen, je mehr die Frühlingsvögel ihn auspfeifen, desto düsterer steht der Hammerschmied am Amboß und schlägt und schlägt, und was er schlägt, wird Eisenblech.

Eigentlich ist es wunderbar, wie ein Mann von scharfem geschäftlichem Verstande sich so verirren kann. Es bleibt ein Rätsel bei der Sache. Wäre Stumm politisch ebenso klug, wie er es geschäftlich ist, so würde er sagen: neue Volksströmungen sind Tatsachen, mit denen man rechnen muß. Man kann sie nicht aus der Welt schaffen, sondern man muß sie einfügen in die bisherige Volksentwicklung. Und gerade die Christlich-Sozialen lassen sich leicht einfügen um ihres christlichen und vaterländischen Charakters willen. Um aber dieses, daß nämlich die Christlich-Sozialen sehr gut die Fortsetzung der bisherigen Entwicklung bilden können, nicht einsehen zu müssen, erfindet sie Stumm selbst zu seinem eigenen Gebrauch das allerliebste Märchen, daß wir eigentlich gar nicht christlich und vaterländisch sind, und verfällt damit in den alten groben Fehler der unbegabteren Mitglieder der oberen Schicht, alle Strömungen, die ihnen nicht behagen, als gegen Religion und Vaterland gerichtet anzuschwärzen.

Wenn uns der ‚treue Sohn seiner Kirche‘ aus dem Christentum herausschieben möchte, so denken wir nicht daran, gleiches mit gleichem zu vergelten. Trotz scharfer Verurteilung seines despotischen Gebahrens, seiner Feindschaft, die Kleinigkeiten durch Jahrzehnte hin nicht vergißt (wie gegenüber dem Superintendenten Zillessen), und trotz seiner wiederholten Duelle bezweifeln wir doch nicht, daß er im Grund seiner Seele ein Christ sein möchte, aber wir sehen nur, wie schwer es ihm gelingt. Und ähnlich liegt die Sache auf nationalem Gebiete. Daß Stumm gut vaterländisch sein will, daran ist uns gar kein Zweifel, selbst wenn er uns aus Unverstand die vaterländische Gesinnung abspricht. Er will vaterländisch wirken, aber er ist wie jener täppische Bär, der seinem Herren eine Fliege von der Stirn jagen wollte und ihn dabei beinahe erschlug. Gerade die Art Patriotismus, wie sie Stumm hat, schlägt dem wahren Vaterlandsgefühl die tiefsten Wunden. Ein rechter Patriot achtet jeden Deutschen in seiner Überzeugung, das aber tut Stumm nicht. Ein echter vaterländischer Mann freut sich, wenn er irgendwo, auch bei Gegnern seiner Partei, vaterländische Gesinnung findet, Stumm aber macht den vaterländischen Geist zur Parteisache, er will es dahin bringen, daß nur noch die als vaterländisch angesehen werden, welche konservative Sozialpolitik treiben. Auf solche Weise schädigt er das vaterländische mehr, als es die Revolutionäre tun; denn diese wenden sich ja nur an zersetzte und zweifelhafte Elemente, Stumm aber stört den vaterländischen Geist gerade bei guten christlichen Arbeitern und Handwerkern. Diese Leute sagen sich nämlich, es sei eine merkwürdige Sache um einen Patriotismus, dessen Fahnenträger eine Gestalt wie Stumm ist.

Stumm ist auch ein Hindernis für das Wiedererwachen der Königstreue im Volk. Als unser junger deutscher Kaiser im Jahr 1890 die herrlichen Erlasse ausgehen ließ, da wandten sich ihm die Herzen vieler zu, die bis dahin ‚Reichsfeinde' genannt worden waren. Heute noch ist die Nachwirkung der kaiserlichen Arbeitererlasse nicht ganz verschwunden. Die Masse des Volkes weiß, daß im Herzen des Kaisers ein Mitgefühl für sie vorhanden ist. Gerade Wilhelm II kann die deutschen Arbeiter wieder gewinnen, nur muß er dazu etliche Trabanten entlassen, die durch ihr gutgemeintes Ungeschick den Eindruck des kaiserlichen Handelns trüben und vermindern. Ohne Zweifel überschätzt man den Einfluß Stumms und derartiger Größen. Seine Majestät ist ein viel zu selbständiger Charakter, um sich von einem Mann wie Stumm dauernd beeinflussen zu lassen. Er wird wissen, wie lange dieser Bär um die Stuhlbeine des Thrones herumspielen darf und wann er einen Wink geben muß, daß man ihn in die Wälder an der Saar zurückträgt. Auf Stummschen Einfluß aber wird man es in der Volksmeinung zurückführen, wenn wirklich eine kaiserliche Äußerung gegen die Christlich-Sozialen vorliegen sollte. Bis jetzt läßt sich nicht feststellen, was der Inhalt des Telegramms an Stumm ist. Selbst wenn es scharfe Ausdrücke enthält, so fragt es sich, ob der Kaiser die Veröffentlichung einer Privatäußerung durch Stumm für fein und geziemend ansehen wird. Jedenfalls ist es nun, wo das Telegramm so weit in die Debatte gezogen ist, Pflicht, dasselbe ganz zu veröffentlichen. Mit dunklen unklaren Andeutungen können wir gar nichts machen. Stumm soll etwas bestimmtes im Auftrag des Kaisers sagen, wenn der Kaiser ihn als seinen unverantwortlichen Nebenminister gnädigst dulden will, oder er soll vom Kaiser und seinen Worten schweigen. Das Spiel, daß sich Stumm in Hinsicht auf den Namen unseres Kaisers gestattet, wird zum allgemeinen Verdruß aller kaisertreuen Bürger. Wer ist Stumm? Gehört er zur Regierung? Gehört er zur kaiserlichen Familie? Wie kommt er dazu, sich mit seinen Beziehungen zur Majestät so entsetzlich breit zu machen? In Hinsicht auf Stumm kann wohl noch einmal gesagt werden: ‚Gott behüte mich vor meinen Freunden; vor meinen Feinden will ich mich wohl selber schützen'.

Ehe also der Wortlaut der kaiserlichen Äußerungen nicht vorliegt, müssen wir es im Zweifel lassen, inwieweit Stumm mit seiner Berufung auf den Kaiser bei der Wahrheit geblieben ist. Erst wenn wir wissen, was wirklich gesagt worden ist, wird eine weitere Aussprache möglich sein.«[96] Der »Evangelische Arbeiterbote« schreibt kurz nach Bekanntwerden dieses Telegramms unter anderem: »Freiherr von Stumm hat aufgrund des von ihm so geheim behandelten Telegramms den Kaiser sogar als obersten Landesbischof gegen die christlich-sozialen Geistlichen auszuspielen gesucht. Wir meinen, der Scharfmacher Stumm hat schon viel Unheil auf sozial-politischem Gebiet angerichtet und der Sozialdemokratie so viele Dienste geleistet, wie selten ein Mann. Es sollte ihm doch wenigstens das Handwerk gelegt werden, daß er gegen alle und jede Anschauungen, die ihm nicht passen, die Person des Kaisers ausspielen darf. Glücklicherweise treibt er den Unfug mit einem derartigen Mangel an Geschick und Takt, daß über kurz oder lang einmal ein großer ‚Krach‘ eintreten muß. Wenn er sich darauf beschränkte, den Ausschreitungen einzelner christlich-sozialer Personen entgegenzutreten, könnte man ja nichts dagegen sagen. Aber alle soziale und politische Tätigkeit der Geistlichen als sozialdemokratisch zu brandmarken, das ist ein Zeichen solcher Kurzsichtigkeit und Urteilslosigkeit, daß es für Religion, Sitte und Ordnung schlimme Wirkungen haben müßte, wenn er Erfolg damit hätte.

Seine Majestät irrt in der Annahme, daß ‚christlich-sozial‘ ein Unding sei. Wir dürfen uns aber erklärlicher Weise nicht nach Möglichkeit über dieses scharfe Wort verbreiten. In der heutigen Zeit aber, wo das Ansehen der Krone und die Ehrerbietung vor dem Träger derselben auch nicht im Geringsten mehr verblassen darf, da muß auch von höher stehenden Personen, sofern sie Freunde oder gar Stützen des Thrones sein wollen, alles vermieden werden, welches den monarchischen Gedanken schwächt oder das patriotische Empfinden verletzt. Die Veröffentlichung der Depesche aber ist nach unserer Ansicht zum mindesten unklug und geeignet, die Stellung eines großen Teiles des deutschen Volkes zum Kaiserthrone zu beschatten. Wäre Se. Majestät bei Abfassung der Depesche daran erinnert worden, daß keine Geringere als die deutsche Regierung selbst zu politischen Zwecken sich der Geistlichkeit bedient (Papst — Karolinenfrage — Militärgesetz), dann würde die Depesche anders gehalten sein. Wir stimmen dem Reichsboten zu, wenn er schreibt: Wenn die ‚Vossische Zeitung‘ meint, in dem Ausdruck ‚die Herrn Pastoren‘ liege Bitterkeit und Ironie, so können wir es nicht glauben, daß der König gerade die Pastoren bitter und ironisch behandeln und ihnen dadurch ihre Autorität im Volke verkürzen sollte, denn das hätten die Pastoren wahrlich nicht um ihren König verdient. Und wenn die Pastoren sich wirklich um die Politik gar nicht mehr kümmerten, so könnten in unserer revolutionär durchwühlten Zeit sehr bald Zustände eintreten, wo man ihre Hilfe wieder anrufen würde. Aber schlimm wäre es dann immer, wenn die Demokraten und Sozialdemokraten den Geistlichen mit dem Worte des Kaisers: ‚politische Pastoren sind ein Unding‘, ‚christlich-sozial ist Unsinn‘, oder: ‚die Politik geht den Pastor gar nichts an‘, dem Gelächter der Volksmassen preisgeben könnten. — Wir glauben, daß die Worte so bitter, hart und schroff, wie sie in dem kurzen Telegraphenstil dastehen und wie sie von der demokratischen Presse ausgelegt werden, nicht gemeint sind, sondern hoffen, daß der Kaiser nur die von der großen Mehrzahl der Pastoren selbst mißbilligte politische Agitation mancher radikal gerichteter Pastoren gemeint hat; aber um so mehr beklagen wir die Veröffentlichung dieser Worte in der unvermittelten Schroffheit und Schärfe des kurzen Telegrammstils; denn so wie sie dastehen, tun sie der großen Mehrzahl der Pastoren großes Unrecht und sind sehr geeignet, ihre Autorität und damit auch ihre Wirksamkeit schwer zu schädigen. Wir halten deshalb eine authentische Interpretation und Einschränkung dieser Worte für dringend nötig. Zu den evangelischen Pastoren aber haben wir die Zuversicht, daß sie sich durch diese Worte, so wehe sie auch ihren königstreuen Herzen tun, nicht erbittern lassen.«[97]

Und später heißt es: »Als Herr von Stumm die kaiserliche Depesche der Öffentlichkeit übergab, da mochte es ihm entgangen sein, daß in unserer Zeit das Wesen des Patriarchentums auch dann nicht reizvoll erscheint, wenn es sich mit dem Begriff der Souveränität verbindet. Das allgemeine Wahlrecht, das Verfassungsleben hat das Volk daran gewöhnt, als selbständiger Faktor an der Gestaltung seiner Bedingungen mitzuwirken. Es nimmt nicht die Ansichten, die es hegen soll, resigniert aus anderer Hand entgegen, sondern es bildet sich sein Urteil selbst. Es ist heute möglich, daß ein Kaiser spricht, und daß dennoch kein nennenswerter Teil der Nation sich mit rückhaltloser Bewilligung zu seinen Worten bekennt. Weil aber diese Möglichkeit besteht und weil die romantische Anschauung, daß das Gottesgnadentum zugleich die Irrtumslosigkeit einschließt, schon vor den Märztagen ins Grab gestiegen ist, deshalb kann die Veröffentlichung fürstlicher Kundgebungen, auch wenn sie der besten Absicht entsprießen, nicht im Interesse des monarchischen Prinzips ruhen. Ein anderes ist es, wenn ein Monarch seine Meinung über die einzelne, sachliche Frage zum Ausdruck bringt und ein anderes ist es, wenn sein Urteil über einzelne Parteien oder Personen der Welt verkündet wird; so wenig man es wünschen kann, daß der Monarch zu einem schattenhaften, über den Wassern schwebenden Schemen wird, so wenig wir darauf verzichten möchten, eine kraftvolle und temperamentvolle Persönlichkeit wie unseren Kaiser, als Führer der Nation sich betätigen zu sehen, so wenig nützlich will es scheinen, wenn seine privaten Ansichten über Männer und Parteien hineingeschleudert werden in den politischen Kampf. Herr Stoecker hat gewonnen, nicht Herr von Stumm. Von all jenen, die sich zu den christlich-sozialen Anschauungen bekannten, wird nicht einer zurückgetrieben werden in das Lager von Saarbrücken, wohl aber werden alle jene Geistlichen, die bisher in neutraler Haltung Würde und Maß bewahrten, zu einer Revision ihrer Gesinnung gedrängt werden und unter dem Gefühl des Verletztseins sich einer entschlosseneren Haltung befleißigen.«[98]

Die Broschüre der Pfarrerschaft und die Reaktionen Stumms

Im Juli 1896 gibt nach langen Beratungen die Saarländische Pfarrerschaft eine Broschüre mit dem Titel »Freiherr von Stumm-Halberg und die evangelischen Geistlichen im Saargebiet« heraus. Es ist die Chronik eines Streites, der immer heftiger geworden war und immer weitere Kreise gezogen hatte.[99]

Diese 91 Seiten umfassende Broschüre enthält folgenden Aufbau:

Vorwort

I.   Erklärung

II.   Zur Begründung unserer Erklärung vom 28. Februar

     A.   Bericht an Herrn Generalsuperintendenten Dr. Baur von Pfarrer emerit. Lentze

     B.   Referat, erstattet in der Pfarrkonferenz am 12. März 1896

III.   Protest

IV.   Bericht über die Gründung eines evangelischen Auskunftsbüros im Saargebiet

V.   Persönliches:

     1.   Freiherr von Stumm und Superintendent Zillessen

     2.   Freiherr von Stumm und Pfarrer Lentze

     3.   Freiherr von Stumm und das »Evangelische Wochenblatt«

VI.   Die »Patrioten« und der Handwerkerverein Schlußbemerkung

Superintendent Zillessen

Es fällt auf, daß alle Verfasser der Artikel sich bemühen, die Erfahrungen, die man nun seit Jahren mit dem »System Stumm« gemacht hatte, darzulegen, ohne dabei in eine aggressive Tonart zu fallen. Es ist eine sehr disziplinierte Schrift, die schont, wo sie kann, aber auch nicht die Konfliktpunkte verschweigt. In dem Artikel über das Evangelische Wochenblatt hat Pfarrer Dr. von Scheven[100] den theologischen und sozialethischen Konsens der Unterzeichner wie folgt formuliert:

»Wir haben und vertreten die Überzeugung, daß das Evangelium nicht nur eine seelenrettende, sondern auch eine welterneuernde Kraft hat und als ein Sauerteig mit seiner Gerechtigkeit, Wahrheit und Liebe alle Lebensverhältnisse durchdringen und erneuern, sowie daß die Kirche als Botin des Herrn das Gewissen der Völker auch für ihr wirtschaftliches und gesellschaftliches Leben sein und immer mehr werden soll. Darum treten wir für die Forderung ein, daß die Grundsätze des Evangeliums auch auf die Arbeitsverhältnisse, die gesamte Erwerbs- und Gesellschaftsordnung praktisch und konsequent angewandt werden, ohne uns freilich zur Einmischung in das ‚Wie‘ der technischen Ausführung für berechtigt und befähigt zu halten. Wir Geistliche können uns das Recht nicht nehmen noch beschränken lassen, auch die bürgerlichen und sozialen Verhältnisse in Gemeinde und Volk darauf zu prüfen, ob sie dem christlichen Geist entsprechen oder nicht und im letzteren Falle auf Änderung und Besserung nach christlichen Grundsätzen zu dringen. Daß das mit Takt, Besonnenheit und Mäßigung geschehe, ist eine Forderung und Pflicht ebenso unseres Amtes wie unseres Gewissens.

In diesem Sinne sind und bleiben wir christlich-sozial, lehnen aber die Zugehörigkeit zu irgendeiner sozialpolitischen Partei ab.«[101]

Es war klar, daß Stumm zum Gegenangriff antreten mußte. Er schreibt unter dem 25. Juli 1896 einen umfangreichen Beschwerdebrief an das Konsistorium der Rheinischen Provinzialkirche in Koblenz.[102] Er hält die Broschüre für eine Streitschrift, die den Zweck habe, seine »politische und soziale Stellung zu untergraben.« Er will sich nicht über die »gehässige und verletzende Sprache« beschweren, sondern allein über die »zahlreichen Unwahrheiten und Entstellungen, durch welche in der gedachten Broschüre die hiesigen Vorgänge geradezu auf den Kopf gestellt werden.«

Er interpretiert seine Neunkirchener Rede vom 12. April 1896 als eine »notgedrungene Verteidigung gegen die unerhörten Angriffe, welche u.a. die Saarbrücker Zeitung gegen mich veröffentlicht hatte.« 18 Punkte benennt er, um am Text der Broschüre zu erweisen, daß hier an vielen Stellen einfach die Unwahrheit gesagt worden sei. Er weist unter anderem darauf hin, daß sieben Pfarrer die Broschüre nicht unterzeichnet hätten, so daß der Titel der Broschüre falsch sei. Das Kaiserliche Telegramm habe er »auf Befehl seiner Majestät« veröffentlicht, er selbst habe nie eine Gleichstellung der Naumann und Genossen mit Bebel und Liebknecht vollzogen, und er habe keinen maßgebenden Einfluß auf die Neue Saarbrücker Zeitung.

Er habe kein Mißtrauen gegenüber der Arbeit der Geistlichen in den Evangelischen Arbeitervereinen formuliert, sondern lediglich die Ausbildung dieser Vereine zu Rechtsschutzvereinen verhindert.

Seine grundsätzliche Einstellung zur evangelischen Geistlichkeit formuliert Stumm so: »Niemals habe ich meine vollste Sympathie mit dem evangelischen Pfarramt verleugnet, und ich habe meine Mißbilligung rückhaltlos ausgesprochen, als die Neue Saarbrücker Zeitung hie und da, durch ungerechte Angriffe gereizt, den evangelischen Geistlichen als solchen zu nahe getreten ist.« Nicht alles in diesem Brief ist gleich wichtig. Viel Lokales und Regionales spielt eine Rolle. Zentral ist jedoch Punkt 9: »Die Behauptung der Broschüre, daß die streitbaren Geistlichen nur von religiösen, nicht aber von politischen Gesichtspunkten ausgegangen seien, ist unwahr. Die ganze Streitschrift bewegt sich auf sozialpolitischem Gebiete...«

Stumm weist auf die Nähe der Saarbrücker Pfarrer zum Programm der christlich-sozialen Partei von 1895 hin, auf ihre Kombattantenschaft mit der Saarbrücker Zeitung und auf das Evangelische Wochenblatt, das seit längerer Zeit »Politik und insbesondere Sozialpolitik« betreibe. Für ihn ist klar, daß die Pfarrer der Saarbrücker Pfarrkonferenz zum Typ der politischen Pastoren gehören, gegen die sich das Kaiserliche Telegramm klar und deutlich ausgesprochen habe. Auch ist für ihn klar, daß sich die evangelischen Geistlichen nicht mehr auf dem Boden des EOK-Erlasses vom Dezember 1895 bewegen.

Ferner hält er es für eine »völlig irrige Behauptung« der Broschüre, daß der Einsatz der Geistlichen in den Evangelischen Arbeitervereinen dazu diene, die Arbeiter vor Entchristlichung und sozialdemokratischem Einfluß zu schützen. Sein Gegenbeweis lautet: »Nicht die eigentlich kirchlichen Kreise des Saarreviers stimmen den Herren bei, sondern es sind gerade die radikalen Elemente fortschrittlicher, antisemitischer oder sozialdemokratischer Tendenz, welche ihnen zuströmen, weil sie in ihrem Vorgehen das Mittel sehen, um meinen und meiner gleichgesinnten Freunde Einfluß zu brechen, den wir seit 30 Jahren den Sieg der regierungsfreundlichen Elemente über die radikalen und ultramontanen Bestrebungen bei allen Wahlen verdanken.«

Wichtig für Stumms grundsätzliche Position dürfte noch folgender Abschnitt sein: »Ich will nicht näher auf die Angriffe auf mein sog. patriarchalisches System eingehen und nur bemerken, daß dasselbe lediglich darin besteht, daß ich, abgesehen von der materiellen Fürsorge, meine Arbeiter auch in sittlicher Beziehung überwache und das Eindringen sozialistischer Strömungen mit Erfolg verhindere. Einen Eingriff in die kirchliche Arbeit der Geistlichen habe ich mir niemals erlaubt, vielmehr meinen Ruhm darin gesucht, stets im Einklang mit denselben den kirchlichen Bedürfnissen meiner Arbeiter gerecht zu werden. Eine Verhetzung durch geistliche Einflüsse oder ein Eindringen der letzteren zwischen mich und meine Arbeiter in rein politischen und wirtschaftlichen Fragen dulde ich allerdings nicht.«

Ärgerlich ist Stumm über die Behauptung, daß er die soziale Frage wesentlich als Machtfrage behandle. Er hält dagegen:»Die Herren von der Pfarrkonferenz wissen, daß ich das Verhältnis zu meinen Arbeitern vom christlichen und religiös-sittlichen Standpunkt aus betrachte und dieselben Herren, welche jetzt das ‚Kreuzige' über mich rufen, haben bis vor Jahresfrist jede Gelegenheit wahrgenommen, um mir ihre Anerkennung über das Verhältnis zu meinen Arbeitern auszusprechen.«

Gegen den Vorwurf in der Broschüre, er behandle den Katholizismus schonender als die evangelischen Pfarrer, konstatiert Stumm:»Ihr Eintreten für die christlich-soziale Bewegung ist sogar ein viel Herausforderndes, als das der katholischen Kapläne es jemals gewesen ist. Niemals haben dieselben Bildung und Besitz angegriffen, niemals haben dieselben die sozialdemokratischen Ziele als die ihren bezeichnet, wie dies durch die Herren Naumann und Kötzschke wiederholt geschehen ist. Der ganze Kampf mit der evangelischen Pfarrkonferenz ist aber indirekt dadurch hervorgerufen worden, daß die von ihnen protegierte Saarbrücker Zeitung und bis zu einem gewissen Grade auch das Evangelische Wochenblatt durch seine Referate, noch in letzter Zeit, offen Partei für Naumann ergriffen haben.«

Und im übrigen, so Stumm, hätten ihn die Ultramontanen nie so beschimpft wie jetzt die Christlich-Sozialen. Seitenweise geht er auf sein Verhältnis zum Superintendenten Zillessen und zu Pfarrer Lentze ein, denen er beiden kein gutes Zeugnis als Mensch und Christ ausstellt. Zillessen ist für ihn ein Mensch, der von »blinder Feindschaft« gegen ihn besessen sei. Und Lentze hält er intellektuell und charakterlich für nicht überzeugend. Und Dr. von Scheven nimmt er nicht ab, daß er bei seinem Artikel über das Duellwesen nicht ihn vor Augen gehabt und als gemeinen Raufbold bezeichnet habe.

Am Ende seines langen Briefes von rund 890 Zeilen weist Stumm darauf hin, daß er sich gegen die sachlichen Angriffe selbst wehren könne, aber: »Das Einzige, was ich mir erbitte, ist eine Einwirkung der Königlichen Behörde dahin, daß die streitbaren Herren in der Saarbrücker Synode den Kampf wenigstens mit den Waffen der Wahrheit führen.«

Stumms grundsätzliche Sicht seines Streites mit den Pfarrern kommt am Schluß des Beschwerdebriefes noch einmal zum Ausdruck, wenn er schreibt: »Wie ich in meiner Rede vom 12. April bereits ausgesprochen habe, treiben sie durch eine solche Polemik die Besitzenden aus der Kirche und die Besitzlosen in die Arme radikaler Bestrebungen. Jedenfalls aber schädigen sie dadurch auf das erheblichste die uns allen gemeinsame teure evangelische Kirche. Ich bin mir bewußt, daß meine sozialpolitische Auffassung, welche sich in den maßgebenden Kreisen unverhohlener Anerkennung erfreut, auf großen christlich-sittlichen Prinzipien beruht, wofür ich das Zeugnis hervorragender geistlicher Autoritäten zitieren kann. Niemals ist meine Aufassung im Widerspruch mit den Interessen der evangelischen Kirche getreten. Ich vertrete diese Auffassung nunmehr konsequent im öffentlichen Leben seit fast 30 Jahren und weise auf die Früchte hin, welche dieselbe in meinem eigenen Wirkungskreise gezeitigt hat. Wenn evangelische Geistliche anderer Ansicht sind, so sollten sie dieselbe in christlicher Liebe und ohne Haß bekämpfen, nicht aber zum Ergötzen aller Feinde der Religion, der Monarchie und der Gesellschaftsordnung einen Mann öffentlich beschimpfen und verleumden, welcher in seinen Bestrebungen die Zustimmung wahrlich nicht der Schlechtesten der Nation in steigendem Maße findet.«

Das Konsistorium Koblenz antwortet auf diesen Beschwerdebrief des prominenten Kirchenmitglieds Stumm am 26. November 1896.[103] Diese Antwort aber hat ihn sehr enttäuscht.

Das Koblenzer Konsistorium hatte vor seiner Antwort den Beschwerdebrief Stumms der Saarbrücker Pfarrkonferenz zur Kenntnis gebracht und um Stellungnahme gebeten. Das Resümee des konsistorialen Antwortbriefes an ihn steht am Anfang: »Im allgemeinen glauben wir... unsere Auffassung dahin aussprechen zu müssen, daß wir den Beweis dafür, daß die fragliche Broschüre an den in Betracht kommenden Stellen Unwahrheiten oder Entstellungen enthält, nach Lage der Sache nicht für geführt erachten.«

Das Konsistorium spricht den Geistlichen ihre bona fides nicht ab und unterscheidet »tatsächliche Behauptungen« von »Urteilen und Auffassungen«. Eine bewußte Unwahrheit oder Wahrheitswidrigkeit meint man entgegen den Stummschen Anwürfen nicht sehen zu können.

Alle 18 Vorwürfe, die Stumm in seinem Beschwerdebrief erhoben hatte, werden dann im folgenden geprüft. Nirgends vermag man sich der Stummschen Argumentation voll anzuschließen. Auch der Vorwurf der sozialpolitischen Agitation durch die evangelischen Geistlichen in den evangelischen Arbeitervereinen wird als unbegründet zurückgewiesen. Man bescheinigt den Geistlichen, sich im Rahmen der selbstgesetzten Normen gehalten zu haben. Auch glaubt man an die Aufrichtigkeit der Pfarrer, zum Frieden bereit zu sein, fügt aber einschränkend hinzu: »... wenn wir auch der Auffassung nicht zuzustimmen vermögen, daß die Veröffentlichung der vorliegenden Broschüre sich als das geeignete Mittel zur Wiederherstellung des Friedens dargestellt habe.«

Zu den Fehden zwischen Stumm und Zillessen, Stumm und von Scheven nimmt man sehr zurückhaltend Stellung. Am Schluß heißt es: »Indem wir im Vorstehenden hinsichtlich der einzelnen Beschwerdepunkte unsere Auffassung der Sache ausgesprochen haben, soweit wir dazu nach Lage der Verhältnisse im Stande waren oder mit Rücksicht auf die der Beschwerde gegebene Beschränkung eine Veranlassung dazu vorlag, glauben wir schließlich angesichts der in den bisherigen Erklärungen und Kundgebungen beider Teile vielfach hervortretenden scharfen und verletzenden Formen nicht unterlassen zu dürfen, unserem schmerzlichen Bedauern darüber Ausdruck zu geben, daß der bestehende Konflikt diese Schärfe erlangt hat. Wir beklagen dies umso lebhafter, als die durch das schroffe Betonen der vorhandenen Gegensätze augenscheinlich hervorgerufene persönliche Verstimmung, wie wir annehmen dürfen, am meisten dazu beiträgt, die unseres Erachtens sonst sehr wohl mögliche Verständigung beider Teile zu erschweren, und der gegenwärtigen Zeit aber ein enges Zusammenschließen aller derer, die, wie im vorliegenden Falle, auf gemeinsamen Grunde stehen und für die religiösen und kirchlichen Interessen einzutreten gleichmäßig bereit sind, mehr als je zuvor dringend geboten erscheint. Nachdem daher schon die Provinzialsynode in ihrer letzten Tagung Veranlassung genommen hat, an beide Teile die ernste Mahnung zu richten, die Hand zum Frieden zu bieten, glauben wir uns dieser Aufforderung auch unsererseits mit dem dringenden Wunsch anschließen zu müssen, daß dieselbe noch jetzt Beherzigung finden und durch beiderseitiges Nachgeben ein Streit zu Ende gebracht werden möchte, der offenbar nur den gemeinsamen Gegnern zum Vorteil gereichen kann.«

Es kann kein Zweifel sein: das Koblenzer Konsistorium als die unmittelbar vorgesetzte Behörde der Pfarrer stellt sich gegenüber den Anwürfen Stumms vor seine Pfarrer und vor den Superintendenten. Martin Rade kommentiert knapp in der Christlichen Welt: »Es ist hocherfreulich, daß das rheinische Kirchenregiment trotz den wahrlich nicht gering zu schätzenden Schwierigkeiten seiner Situation den Saargeistlichen Schutz und Genugtuung gewährt hat.«[104]

Das Konsistorium hatte aus nächster Nähe den Streit verfolgt, war bestens unterrichtet und reagiert entsprechend. Dieser Bescheid wird durch Veröffentlichung in der Frankfurter und Saarbrücker Zeitung bekannt und dort entsprechend kommentiert. Stumm schickt die beiden entsprechenden Presseausschnitte unter dem 18. Dezember 1896 an das Konsistorium und macht der Pfarrkonferenz den Vorwurf, die Veröffentlichung veranlaßt zu haben.[105] Gleichzeitig wirft er der Pfarrkonferenz vor, ausgerechnet Stoecker nach Saarbrücken geholt und im Evangelischen Wochenblatt glorifiziert zu haben.

Ein Ende des Streites ist also nicht abzusehen. Im Gegenteil: Stumm schreibt am 28. Dezember 1896 und am 8. Januar 1897 an den Evangelischen Oberkirchenrat in Berlin, also der höchsten Behörde des landesherrlichen Kirchenregimentes.[106] Er weist zu Anfang darauf hin, daß er sich mit der Antwort des Koblenzer Konsistoriums »nicht beruhigen« könne. Noch einmal entfaltet er seine 18 Beschwerdepunkte, ergänzt durch Hinweise auf neuere Vorfälle. Stumm hält das Verhalten der Geistlichen nicht in Übereinstimmung mit dem EOK-Erlaß zur politischen Betätigung der Pfarrer vom Dezember 1895 und auch nicht in Übereinstimmung mit den Normen, die die Rheinische Provinzialsynode zur Arbeit der Pfarrer in den Evangelischen Arbeitervereinen erlassen hatte. Vor allem wirft er ihnen die Unterstützung der Naumann-Richtung vor: »... und Naumann hat bei einem dieser Herren sogar gewohnt. Zudem ist aus der Heranziehung von Naumann in die hiesige Gegend der ganze Streit der Pfarrkonferenz mit mir entstanden.«

Stumm sieht nach dem Koblenzer Bescheid den Frieden nicht kommen. Er schreibt: »Im Gegenteil werden sich die Herren jetzt in ihrer Kampflust um so gesicherter fühlen, nachdem ihre vorgesetzte Behörde mir in allen wesentlichen Punkten meiner Beschwerde Unrecht getan hat.«

Er bittet um neue Überprüfung durch die höchste Kirchenbehörde. Jetzt ist ein entscheidender Punkt erreicht. Stumm, ein Freund und Berater seiner Majestät, prominentes Reichstags- und Herrenhausmitglied, bewußtes Glied der evangelischen Kirche, sozial- und wohlfahrtspolitisch engagierter Unternehmer, ruft die Behörde an, die Immediatstellung zum preußischen König hat. Der König und Kaiser hatte überdeutlich seine Auffassung zu politischen Pastoren und zu den Christlich-Sozialen gesagt. Er stimmte mit Stumm an dieser Stelle voll überein. Die Frage war nun: was würde die Behörde des preußischen Summepiscopus sagen? Sie antwortet durch ihren Präsidenten Dr.Barkhausen am 26. Mai 1897 wie folgt:

»Berlin, 26. Mai 1897

Die von Ew. Hochwohlgeboren in den Eingaben vom 28. Dezember 1896 und vom 8. Januar 1897 erhobenen Beschwerden über die im Juli 1896 von einer Anzahl Geistlichen veranlaßte Veröffentlichung der Druckschrift ‚Freiher v. Stumm-Halberg und die evangelischen Geistlichen im Saargebiete' sowie über den Bescheid, welchen das königliche Konsistorium der Rheinprovinz auf die Ihrerseits erhobene Beschwerde vom 26. November 1896 erteilt hat, haben wir einer eingehenden Prüfung unterzogen. Aufgrund derselben erwidern wir Ew. Hochwohlgeboren das Nachstehende: Bereits unter dem 4. Juni 1896 hat das königl. Konsistorium aus Anlaß der im Frühjahr 1896 stattgehabten öffentlichen Erörterungen den beteiligten Geistlichen zu erkennen gegeben, daß ihr Vorgehen, insbesondere die Erklärung vom 28. Februar 1896, weder nach Lage der Verhältnisse als notwendig, noch auch als dem kirchlichen Interesse dienlich angesehen werden könne, daß ihr Vorgehen vielmehr geeignet sei, wenigstens bei einem Teile ihrer Gemeindeglieder das Ansehen des geistlichen Amtes zu gefährden und die Geistlichen in weitere Konflikte hineinzuziehen. Das königliche Konsistorium hat damit für die Geistlichen die Mahnung verbunden, daß sie in der Folge bestrebt sein möchten, selbst verletzenden Angriffen gegenüber die ihrer geistlichen Amtsstellung entsprechende würdige Zurückhaltung zu wahren, insbesondere alles zu vermeiden, was den bedauerlichen Kampf verschärfen könnte.

Daß noch nach dieser Mahnung eine Anzahl von Geistlichen durch die Veröffentlichung der Druckschrift ‚Freiherr v. Stumm-Halberg und die evangelischen Geistlichen im Saargebiete' die Preßfehde in scharfer, schon durch den Titel auf das persönliche Gebiet leitenden Tonart fortgesetzt haben, müssen wir bedauern. Insonderheit vermögen wir es auch nicht zu billigen, daß in der Broschüre Preß-Angriffe, für welche Ew. Hochwohlgeboren nicht verantwortlich, welche vielmehr zum Teil öffentlich von Ihnen gemißbilligt waren, in einer Weise behandelt worden sind, die namentlich bei den den Verhältnissen ferner stehenden Lesern den Eindruck hervorrufen mußte, als seien jene Angriffe von Ihnen ausgegangen. Dieses Vorgehen hätte umsomehr vermieden werden sollen, als die Druckschrift zur Massen-Verbreitung auch für einen mit den Verhältnissen nicht vertrauten Leserkreis bestimmt war und tatsächlich weit über das örtliche Saargebiet hinaus Beachtung gefunden hat.

Wir haben von dieser unserer Beurteilung ihres Vorgehens die beteiligten Geistlichen durch das Königl. Konsistorium in Kenntnis setzen lassen.

Von der von Ew. Hochwohlgeboren gewünschten, in allen Einzelheiten eingehenden Feststellung der in der Broschüre erörterten Tatsachen und

Meinungsverschiedenheiten müssen wir dagegen absehen. Eine solche würde nur dann geboten sein, wenn die Sache zu Erwägung disziplinarer Maßnahmen gegen die einzelnen Geistlichen angetan wäre. Dies ist nicht der Fall. Bei einer disziplinaren Würdigung würde nicht unerwogen bleiben können, daß die Geistlichen durch vielfach zum Teil verletzende Angriffe in begreifliche Erregung versetzt worden sind.

Wir dürfen erwarten, daß die an die Geistlichen gerichtete erneute Erinnerung sie zu der Überzeugung führen wird, wie nur durch unbefangene Würdigung auch der gegenteiligen Auffassungen die schweren Probleme der Zeit in friedlichem Sinne zum Segen der Kirche und zum Heile unseres Vaterlandes gelöst werden können. Wir geben uns nicht minder der Hoffnung hin, daß Ew. Hochwohlgeboren bei Ihrem lebendigen Interesse für die gedeihliche Entwicklung der evangelischen Kirche bereit sein werden, bei sich bietendem Anlaß zu einer Wiederherstellung eines friedlichen Verhältnisses mitzuwirken. Barkhausen«[107]

Stumm triumphierte und sorgte für große Verbreitung dieses Bescheides, der natürlich sehr kontrovers in der deutschen Öffentlichkeit interpretiert wurde. Bitter enttäuscht sind natürlich die Christlich-Sozialen. Stoecker schreibt: »Die Antwort des Evangelischen Oberkirchenrates an Stumm ist scham- und ehrlos, klirrende Kette am Bein des Staatskirchentums.«[108]

Schon vorher hatte er in einem Grundsatzartikel der Deutschen Evangelischen Kirchenzeitung über die Freiheit der Kirche gesagt: »Erst wenn die Kirche frei ist und ihr Leben wie ihren Glauben selber bestimmen kann, wird sie bei dem Volk wieder Vertrauen finden. Oder hält man es für möglich, daß die Anhänger des Umsturzes durch das Staatskirchentum für das Christentum zurückgewonnen werden können? Uns erscheint dieser Gedanke aussichtslos. Darum ist die kirchliche Selbständigkeit die Bedingung des Lebens für die evangelische Kirche. Nur eine freie Kirche wird die Kraft haben, auf das Volk zu wirken, und den Mut, ihren eigenen Weg zu gehen. Es hindert die evangelische Kirche unermeßlich in der Entfaltung ihrer inneren Lebensmächte, daß sie an den Staat gebunden ist und im Sinne der Staatsweisen halb politisch, halb bürokratisch regiert wird. Man denke doch nur an die Leidensgeschichte der kirchlich-sozialen Arbeit, die heute gehemmt, morgen befohlen, übermorgen verboten wird. Unsere kirchliche Obrigkeit mag noch so nachdrücklich versichern, daß sie aus eigener Initiative handle; auch wenn es so ist, glaubt man es nicht, da ihre Erlasse mit den Willensmeinungen der weltlichen Obrigkeit in gleicher Weise auf- und abschwanken.«[109]

Und es ist die gleiche Kirchenzeitung, die ab 1. Januar 1898 eine sechsteilige Artikelserie erscheinen läßt und das Preußische Staatskirchentum in seiner ganzen inneren Problematik aufweist und dabei die Vorgänge an der Saar rekapituliert. Die Überschrift dieser Artikelreihe: Byzantinismus!

Scharf reagiert natürlich Friedrich Naumann in seiner »Hilfe«: »Freiherr von Stumm hat es für richtig gehalten, die an ihn ergangene Antwort des Oberkirchenrates in der ‚Saar- und Blieszeitung‘ zu veröffentlichen. Er benutzt sein Organ dritten Grades, um dort zu zeigen, wie schön ihm auch der Oberkirchenrat zu Willen ist. Zwar finden sich in der Antwort des Oberkirchenrates auch einige Stellungen, die in zarter Weise auf die Grobheiten Bezug nehmen, mit denen Stumm die Geistlichen seines Herrschaftsgebietes öffentlich herabgesetzt hat, aber diese Stellen machen ohne Zweifel auf Stumm nur den Eindruck der Anerkennung, daß mit ihm zugestandenermaßen schlecht Kirschen essen ist.

Das weiß er und will er, und mit dem Wohlbehagen, daß der Rücksichtslose doch immer am weitesten kommt, hängt er nun vor allem Volk die Bulle aus, in der der Oberkirchenrat seinen Pfarrern die ‚unbefangene Würdigung auch der gegenteiligen Auffassungen‘ empfiehlt. Seht, die Pastoren sollen stille sein! Das ist das Endergebnis. Dem Wolfe wird offiziell mitgeteilt, daß die Lämmer zur Geduld ermahnt worden sind. Die oberste Kirchenbehörde gibt aus Rücksicht und Menschenfurcht ihre Geistlichkeit preis. Statt ihnen Halt und Zuflucht zu sein, überläßt sie jene tapferen, treuen Pfarrer dem Gespött des Gesindes, das sich um den Hof des Saarkönigs sammelt. Das ist der königlich preußische Oberkirchenrat! Sein Schriftstück ist diplomatisch, aber nicht lutherisch, denn kein Kind im weiten Deutschen Reich ist in Zweifel, welche Sprache Luther gegenüber dem Herodes von Saarabien geführt haben würde. Der Luthergeist ist in Watte gewickelt worden.«

Es folgt dann der Abdruck des Bescheides, der am Schluß wie folgt noch kommentiert wird: »Es ist gut, daß unser Heiland Jesus Christus nicht mehr sichtbar auf der Erde wandelt, denn sonst könnte es sein, daß man ihn nicht dort entdeckte, wo er offiziell zu suchen ist. Er gab nicht soviel auf das ‚Ansehen des geistlichen Amtes‘, auf ‚würdige Zurückhaltung‘ und ‚unbefangene Würdigung auch der gegenteiligen Auffassungen‘, aber er wollte, daß seine Jünger in allen Nöten und Verfolgungen feste Charaktere seien. Verfolgten Jüngern redete er Mut ins Herz hinein: ‚Selig seid ihr, wenn euch die Menschen um meinetwillen schmähen und verfolgen und reden allerlei Übles wider euch, so sie daran lügen. Seid fröhlich und getrost, es wird euch im Himmel wohl belohnt werden, denn also haben sie verfolgt die Propheten, die vor euch gewesen sind!'

Das etwa wäre der Text gewesen, den der Oberkirchenrat hätte auslegen sollen. Von solcher Gesinnung aus hätte er in wahrhaft seelsorgerliche Weise den schweren Kampf der Saarpastoren auf die rechte und geistige Höhe heben, sie vor falschen Verfahren warnen und dabei ihre Seelen mächtig stärken können gegenüber dem bösen Feind. Jedem Mitglied des Oberkirchenrats ist es klar, daß es nicht geistliche Gründe sind, durch die Stumm bei seinem Vorgehen bestimmt wird, dennoch aber macht man vor diesem hochwohlgeborenen Eisenfürsten eine Verbeugung nach der andern.

Ist das evangelisch? Der Oberkirchenrat scheint keine Ahnung zu haben, was auf dem Spiele steht. Als wir vor kurzem im Westen waren, sagten uns treueste Christen: wir verlieren das Vertrauen zur Kirche! Man hat gewartet und gewartet, gehofft und gebetet, ein wirklich evangelischer Sinn werde in die Leitung der Kirche einziehen, und immer wieder fand man Staatskirchentum und Dienstbereitschaft nach oben. Steht es nun wirklich so, daß die Freundschaft Stumms den Verlust treuer christlicher Leute aus einfachem Stande ersetzt? Die Kirche lebt doch nicht vom Geld und von der Macht, sondern vom lebendigen Glauben und vom guten Gewissen vor Gott. Wenn ihr die armen Brüder Jesu verloren gehen, dann ist sie ein hohler Topf. Jetzt aber dreht es sich ernstlich darum: kann ein armer Christ zu dieser Kirche noch Vertrauen haben? Er wird an seinem Christentum nicht irre werden, aber an seinem Zusammenhang mit der kirchlichen Organisation, denn er wird nicht mehr glauben, daß in dieser Kirche die Nachfolge Jesu etwas gilt. Das ist die Gefahr, in der der Oberkirchenrat steht.«[110]

Auch die Saarbrücker Zeitung druckt unter dem 10. Juli 1897 den Bescheid an Stumm ab und kommentiert ihn enttäuscht und bissig.

Gegen den Kathedersozialisten Adolph Wagner

Für die Christlich-Sozialen aller Schattierungen waren die nationalökonomischen und sozialpolitischen Gewährsleute auf akademisch-universitärer Seite die sogenannten Kathedersozialisten, die sich seit 1872/73 zum »Verein für Socialpolitik« zusammengeschlossen hatten.[111] Es ist folgerichtig, wenn Stumm gegen beide Richtungen gleichzeitig zu Felde zog. Der Berliner Nationalökonom Adolph Wagner war beides zusammen: anerkannter Wissenschaftler und bekannter sozialkonservativer Politiker.[112] Schon seit der Gründung der christlich-sozialen Arbeiterpartei 1878 durch Adolf Stoecker beteiligte er sich an der theoretischen Grundlegung und an der praktischen Ausgestaltung eines sozialstaatlichen Systems. Besonders betonte Wagner die zunehmende Rolle und Funktion des Staates für den Ausgleich der ökonomisch-sozialen Ungleichgewichte zugunsten der abhängigen Lohnarbeiterschaft. Als »Staatssozialist« stand er gegen den manchesterlichen Kapitalismus wie gegen den marxistischen Sozialismus.

Er versuchte, die richtigen Elemente beider Positionen zu einem dritten Weg zwischen den Extremen eines ungebundenen Individualismus wie eines diktatorischen Kollektivismus zu verbinden und wurde ein Gelehrter und Politiker zwischen den Fronten. Das Recht der Arbeiter, sich gegen die ökonomisch-soziale Übermacht der Produktionsmittelinhaber zu organisieren, um Gewerkschaften zu legitimierten Vertragsparteien der Unternehmer auszubauen, war für Wagner ein ethisches Gebot der gestaltenden Gerechtigkeit. Das Recht der Arbeiter, einen größeren Anteil an dem gemeinsam erarbeiteten volks- und betriebswirtschaftlichen Gewinn zu bekommen, war für ihn ein ethisches Gebot der Verteilungsgerechtigkeit. Und das Recht der Arbeiter, unter menschenwürdigen Bedingungen zu arbeiten und gegenüber den großen Risiken des Lebens abgesichert zu sein, war für ihn ein Gebot praktischer Nächstenliebe. Ein christliches Verständnis des Menschen als gleichwertiger und gleichberechtigter Person in allen sozialen Beziehungen und christlich-humanistische Kriterien für die Gestaltung dieser sozialen Beziehungsverhältnisse verschränkten sich bei Wagner mit streng wissenschaftlicher Arbeitsweise zur Position eines konsequenten, permanenten Reformismus. Seine akademische Arbeit verstand er als Dienst für den Ausbau eines modernen Sozialstaates. Seine Unabhängigkeit als Hochschullehrer war ihm die Voraussetzung, sich unbeirrt und konsequent für mehr soziale Gerechtigkeit innerhalb des grundsätzlich bejahten marktwirtschaftlich organisierten Konkurrenz- und Leistungssystems einzusetzen.

Wagner gibt im März 1895 eine kleine Schrift mit dem Titel »Mein Konflikt mit dem Großindustriellen und Reichstagsabgeordneten Freiherrn von Stumm« heraus. Sie ist die Antwort auf die Rede Stumms vom 9. Januar 1895 im Reichstag und eine Darstellung und Interpretation der späteren Ereignisse nach dieser Rede. Wagner geht zunächst auf Stumms Verhalten gegenüber den Sozialdemokraten im Saarland und auf die vorgeschlagene »Lex Stumm« ein. Er spricht von »Gesinnungsterror« gegenüber »ökonomisch abhängigen Arbeitern« und von Verletzung ihrer

Menschenwürde im Zeitalter des allgemeinen Wahlrechts. Er spricht vom »törichten, lediglich aufreizenden Gerede«, das man eigentlich politisch nicht ernst nehmen könne, wenn es nicht vom mächtigen »König Stumm« käme.[113]

Er will aus der Kompetenz des Nationalökonomen und aus dem Engagement des christlich-sozialen Mitstreiters auf die Angriffe Stumms antworten. Wagner ist Mitglied und zweiter Präsident der Berliner Christlich-sozialen Partei, Mitbegründer und Ehrenpräsident des Evangelisch-sozialen Kongresses und Freund der evangelischen Arbeitervereinsbewegung.

Er berichtet in seiner Schrift über die Parteiversammlung der Christlich-Sozialen am 18. Januar in Berlin, die als Protestversammlung gegen die Stummsche Rede einberufen worden war. Zunächst gibt er in Kurzfassung wieder, was als erster Redner dieser Versammlung Stoecker gesagt hatte. Der Tenor dieser Rede: Der Stummsche Patriarchalismus hat sich überlebt; die berechtigten Forderungen der Sozialdemokratie müssen mit den Prinzipien des Christentums zu einer christlichen und patriotischen Reformbewegung verschmolzen werden. Die Stummsche Politik »wäre eine Politik des Todes, würde die anarchischen Verbrechen bei uns großziehen.«

Wagner hält die Rede Stoeckers angesichts der Herausforderung durch Stumm für »fast etwas zu milde«.[114] Und in der Tat: Wagners Rede gegen Stumm fällt aggressiver aus. Stumm gehört für ihn »zu einer Sorte deutscher Politiker, die mir in innerster Seele unsympathisch ist.« Undifferen- 'ziert geht nach ihm dieser Stumm gegen alle und alles vor, was nicht in seine Richtung paßt. Für die eigentlichen sozialen und politischen Probleme hat er kein tieferes Verständnis. Was die sozialdemokratische Arbeiterbewegung hervorgebracht hat und was sie will, dafür hat nach Wagner dieser Arbeitgeber keinen Sinn.

Gerade als Anhänger der bestehenden Wirtschaftsordnung mit dem Prinzip des »Privateigentums an den sachlichen Produktionsmitteln« muß man nach Wagner diesem Vereinfacher Stumm entgegentreten. Gegen Stumm formuliert Wagner: »... mit Recht verlangen die Arbeiter, zumal die großindustriellen, höhere Löhne, an sich wie als Anteil am Produktionsertrag und im Verhältnis zu den Gewinnen aller Art, die den kapitalistischen Großunternehmern bleiben. Mit Recht verlangen sie kürzere Arbeitszeit, besonders geringere Dauer des Arbeitstages, mit Recht größere Sicherung in der Beschäftigung, im Erwerb und größeren Schutz vor Gefahren im Betrieb. Und vor allem mit Recht, gerade als eine Bedingung, um die vorausgehenden Forderungen durchsetzen zu können und zugleich als eine Konsequenz des Systems der wirtschaftlichen Freiheit zugunsten des Arbeiters verlangen sie: größere Selbständigkeit, freies Organisationsrecht. Für das alles hat Herr von Stumm keinen Sinn. Geschenke will der Arbeiter gar nicht, aber wohl ein Arbeitsrecht, mittels dessen er die Verteilung des Produktionsertrages zwischen ihm und dem kapitalistischen Arbeitgeber für sich günstiger gestalten und damit, wie darum nicht nur in seinem, sondern im wahren Kulturinteresse der Gesamtheit, seine wirtschaftliche und soziale Lage heben kann. Alles im Prinzip völlig berechtigt, nur über das Maß und die Art der Durchführung kann unter billig Denkenden ernstlicher Streit bestehen.«[115]

Es folgt Wagners großes Plädoyer, den radikalen Sozialismus der Sozialdemokratie als Phänomen zwischen Wahrheit und Lüge zu begreifen und argumentativ-kritisch zu analysieren. Die Perhorreszierung dieser Bewegung ist für ihn genauso verfehlt wie eine naive Akzeptation. Er formuliert:»Ich meine doch auch, jeder Politiker, selbst einer von einer so beschränkten Richtung wie der Freiherr von Stumm, müßte einsehen, daß in den sozialistischen Lehren, neben vielem Verkehrten, auch manches ganz, manches teilweise Richtige enthalten ist. Die Sozialdemokratie ist nicht so gefährlich wie diese Beschränktheit, dieses Vorurteil in den herrschenden, besitzenden Klassen, daß alles, was man ‚Sozialismus‘ nennt, in Bausch und Bogen falsch und verwerflich sei, besonders wenn solches Vorurteil, was ich beim Freiherrn von Stumm nicht annehme, sichtbarlich auf bloßem Klassenegoismus beruht. Die deutsche nationalökonomische Wissenschaft der Gegenwart, die bahnbrechend war in mancher Richtung, hat sich von diesem Vorurteil losgesagt, sie unterstützt mit ihren Lehren nicht die revolutionäre Richtung der Sozialdemokratie, sondern bekämpft sie, aber sie erkennt auch berechtigte Klagen über unser Wirtschaftssystem offen an. Damit bewegt sie sich auf dem Boden der Kaiserlichen Botschaft von 1881 und der Kaiserlichen Erlasse von 1890. Auf demselben Boden steht die Tätigkeit des Evangelisch-sozialen Kongresses, der Evangelisch-sozialen Geistlichen, der Christlich-sozialen Partei, der Evangelisch-sozialen Arbeitervereine.«[116]

Wagners Fazit:»Gegen eine Stellung wie die des Herrn von Stumm müssen wir in allerschärfster Weise Front machen. Noch so wohlgemeinte, noch so umfassende Wohlfahrtseinrichtungen á la Königreich Stumm reichen eben nicht mehr aus. Nicht Wohltat, nicht Gnade, sondern ein ihm günstigeres Arbeitsrecht verlangt der Arbeiter. Und dies Verlangen hat ja der Staat begonnen anzuerkennen: im Ausbau der Arbeiterversicherung, des Arbeiterschutzes, in der neueren Reform der direkten Besteuerung. Die Versicherungsgesetze gewähren Rechtsansprüche, nicht Almosen... Ich zweifle gar nicht an der besten Überzeugung des Herrn von Stumm, aber ich halte seine sozialpolitischen Einsichten für völlig beschränkt. Seine patriarchalische Auffassung kommt um mehr als ein volles Jahrhundert zu spät. Wirft er uns Kathedersozialisten, Christlich-Sozialen, Evangelisch-Sozialen die Unterstützung der Sozialdemokraten vor, so antworte ich: wir setzen mit unserer Politik der Revolution, der Sozialdemokratie, gerade einen Damm entgegen und zwar einen kräftigeren, widerstandsfähigeren als Herr von Stumm mit seinen Wohlfahrtseinrichtungen und seinen Gewaltmaßregeln. Was wir aber in dieser Beziehung für wahr halten, haben wir auch den Mut, offen zu bezeugen.«[117]

Wagner war in den neunziger Jahren der bedeutendste Christlich-Soziale an der führenden deutschen Universität in Berlin. Es zählte für die reformfreudige Öffentlichkeit sehr viel, daß dieser bekannte Wissenschaftler so eindeutig für die Sache der sozialen und gesellschaftlichen Reformen eintrat. Er besaß große Zustimmung in Teilen des Bildungsbürgertums und in der Beamtenschaft. Vor allem aber genoß er hohes Ansehen in der Berliner Studentenschaft, die in diesen Jahren für soziale Probleme sehr aufgeschlossen war. Am 8. Februar 1895 gaben die Vereine Deutscher Studenten zu Ehren Wagners und seines nicht minder berühmten Kollegen Gustav Schmoller (1838-1917), der auch von Stumm angegriffen worden war, einen großen Kommers. Dabei kam folgende Adresse zur Verlesung:

»Hochzuverehrender Herr Geheimer Regierungsrat! Hochverehrter Herr Professor! Von der Rednertribüne des Reichstages und aus Spalten der Presse heraus sind in diesen Tagen Angriffe gegen Ihre Lehrtätigkeit und gegen Ihre Person gerichtet worden, welche Ihren Schülern die Pflicht auferlegen, Sie des Vertrauens zu versichern, dessen Sie bedürfen, um in Wahrheit ein Lehrer und Führer der Jugend zu sein.

Hochverehrter Herr Geheimrat! Aus Ihren Schriften sowohl aus Ihren Worten vom Katheder herab haben wir Sie als einen Mann kennengelernt, der wohl erfüllt ist von den sozialen Gefühlen der Liebe und Gerechtigkeit, als einen Mann, der keine Rücksichten nimmt, wenn es gilt, einzutreten für die Armen und Schwachen, auch gegen die Reichen und Mächtigen, aber wir haben Sie ebenso erfüllt gesehen von edler Begeisterung für unser teures deutsches Vaterland, von Liebe für unser hohes Herrscherhaus, von nationalem Sinne, der Ihnen nimmermehr gestattet hätte, Hand anzulegen an unseres Volkes ewige Güter. Wo es uns auch vergönnt war, hochverehrter Herr Geheimrat, in der Öffentlichkeit oder im Privatleben Zeuge Ihrer Worte oder Ihrer Taten zu sein, da haben wir in Ihnen den Menschen schätzen gelernt, dessen vornehmer Sinn und unantastbarer Charakter auch

Edeldenkenden Beispiel und Vorbild sein mußte. Die Vorgänge der letzten Tage haben uns Sie, hochverehrter Herr Professor, von neuem aufs glänzendste in diesem Lichte gezeigt.

Gestatten Sie uns daher, hochverehrter Herr Geheimrat, Ihnen in diesen Tagen, wo schwere und ungerechtfertigte Angriffe sich an Ihre Person wagten, ein Zeugnis dafür abzulegen, daß das Band reinster Verehrung und unbedingten Vertrauens, welches uns stets zusammengeschlossen hat, durch diese Angriffe nur neu gefestigt worden ist, und auch in Zukunft und unzerreißbar an Sie fesseln wird, solange wir die Ehre haben, Ihre ritterliche und hochgesinnte Persönlichkeit unsern Lehrer zu nennen.

In unauslöschlicher Liebe und Verehrung die Studierenden der Königlich-Friedrich-Wilhelms-Universität zu Berlin.«[118]

Dieser Kommers, der von rund 600 Studenten und vielen Professoren besucht wurde, war die Reaktion der Universität auf die Angriffe Stumms gegen den »Universitätssozialismus«. In seiner Schrift geht Wagner selbst auf diese Angriffe detailliert ein. Noch einmal bestimmt er das politische Selbstverständnis der sozialpolitischen Richtung der Nationalökonomen, wenn er sagt: »Wir sind aber allesamt eben so wenig Republikaner wie Revolutionäre, sondern überzeugte Monarchisten und Reformer.«[119] Es sei deshalb für die Angegriffenen beleidigend und verletzend, als Wegbereiter und Bundesgenossen des radikalen marxistischen Sozialismus verdächtigt zu werden. Wagner spricht von »Denunziation«.[120]

Stumm gibt seine Angriffe nicht auf, sondern verschärft sie. Durch die »Post« und andere ihm nahestehende Presseorgane werden die Kathedersozialisten weiterhin der Kombattantenschaft mit der Sozialdemokratie, der intoleranten Herrschaft ihrer Richtung in der universitären Nationalökonomie, dem Boykott andersdenkender Fachkollegen und der Beeinflussung der Studenten im sozialistischen Sinn bezichtigt. Dazu Wagner: »Das sind nicht weniger als vier schwere sachliche Beleidigungen, Ehrenkränkungen und Beschimpfungen, die eine schwerer als die andere, alle ohne jede Spur einer tatsächlichen Unterlage.«[121]

Stumm fühlt sich durch Wagners Abwehr beleidigt. Aufgrund eines Artikels im »Volk« vom 24. Januar 1895, dem Organ der Christlich-Sozialen unter dem Chefredakteur Helmuth von Gerlach, fordert Stumm durch Richard Vopelius Wagner »vor die Pistole«. Über diese Duellangelegenheit, »die zugleich in ihren Einzelheiten zeigt, wie diese Junker vom neuesten Schlot Ehrenhändel führen zu dürfen glauben« hat Wagner ausführlich berichtet. Es kommt zwar nicht zu diesem Duell, aber die Gegnerschaft bleibt.

Wagner ruft Stumm schließlich zu: »Freiherr von Stumm-Halberg, bleiben Sie doch hinter Ihren Öfen und Schlöten. Davon, wie man für sich daraus eine Goldgrube, für Deutschland ein großartiges, mit Recht berühmtes industrielles Etablissement macht, sollen Sie ja was verstehen. Aber über das, was wissenschaftlich und pseudowissenschaftlich, christlich und pseudochristlich in sozialen Dingen ist, haben Sie kein Urteil. Da würde der letzte Essenkehrer eines großen industriellen Werkes — natürlich nicht des Ihren, denn Ihre Arbeiter müssen ja in sozialen Dingen ‚stumm' sein — und der einfachste christliche Mann aus dem Volke eine viel kompetentere Stimme haben als Sie Vertreter einer lediglich großkapitalistischen, einer, wie einer Ihrer Parteigenossen selbst sagt, rein mammonistischen sozialen Anschauung.«[122]

Stumm seinerseits geht in einer Rede vom 28. Mai 1897 im Preußischen Herrenhaus noch einmal zum Generalangriff auf »Kathedersozialismus und Wirtschaftswissenschaften« über. Es geht diesmal gegen das Berliner Dreigestirn Gustav Schmoller, Adolph Wagner und Hans Delbrück (1848-1929). Gegen Wagner sagt Stumm: er hat »vor zwei Jahren die Fackel des Sozialismus in das dunkle Saarrevier getragen.« Ferner: er hat »ebenso in Bochum sein Licht leuchten lassen«[123]. Und »wenn aber heute noch ein Streik in dem Ruhrrevier losbrechen sollte, dann sind alle Leute, welche die Verhältnisse dort kennen, darüber einig, daß das lediglich das Verdienst des Herrn Professors sein würde.«[124] Stumm konstatiert und fordert: »...ein Königlicher Beamter, selbst wenn er weder politischer noch Verwaltungsbeamter ist, darf nicht in Arbeiterversammlungen gegen das Kapital, gegen den Besitz und gegen die Arbeitgeber hetzen, und wenn die bestehenden gesetzlichen oder Disziplinarvorschriften nicht genügen, um das zu verhindern, so müssen sie eben ergänzt werden...«[125] Und weiter: »Ich behaupte: der Staat ist unbedingt verpflichtet, die Unterstützung zu verhindern, welche diese Herren der Sozialdemokratie angedeihen lassen. Tut man das nicht, meine Herren, was nützen dann alle Änderungen des Vereinsgesetzes, alle Ausnahmegesetze gegen die Sozialdemokratie, wenn ihr hier in einer noch viel gefährlicheren Weise Vorschub geleistet wird?

Ja, meine Herren, ich will am Ende noch zugeben, daß die Herren auf ihrem Katheder ausführen dürfen, was sie wollen; aber in Arbeiterversammlungen zu hetzen, das muß ihnen der Staat absolut verbieten, wenn er seine Autorität aufrecht erhalten will.«[126] Und zum Schluß wiederholt Stumm noch einmal seine These, »daß, wenn es den Kathedersozialisten gelingt, in der bisherigen Weise fortzuwirtschaften, daß dann die sozial-

Adolf Stoecker

demokratische Gefahr, die an sich wahrhaftig schon groß genug ist, ins Ungemessene vermehrt wird.«[127]

Die drei Berliner antworten auf die neuerlichen Angriffe Stumms in einer kleinen gemeinsamen Broschüre, in der jeder auf die gegen ihn gerichteten Vorwürfe antwortet.[128] In elf Punkten widerlegt Wagner die Stummschen Behauptungen gegen ihn. Wagner versteht sich als ein Gelehrter, für den ein öffentliches Engagement eine »soziale, fachmännische und Gewissenspflicht« ist.[129]

Stumms Ruf nach Disziplinarmaßnahmen gegen die Kathedersozialisten steht in Parallele zu seinen Anklagen gegen die christlich-sozialen Pfarrer.

»Kanzel- und Kathedersozialismus« waren für ihn die beiden bildungs-bürgerlichen Positionen, die auf ihre Weise den Sieg des »Straßensozialismus« moralisch und intellektuell vorbereiteten. Seine Feinde waren überall: in Pfarrhäusern, in Gelehrtenstuben, in Gewerkschafts- und Parteihäusern. Pfarrer, Professoren und Parteiführer waren ihm nicht mehr politische Gegner, sondern eben Feinde. Feinde aber als Träger radikaler grundlegender Irrtümer und als Akteure politischen Unsinns müssen besiegt und vernichtet werden. So seine Logik. Stumm repräsentiert, wie Adolph Wagner meint, diesen Typ des »Extremisten«.

Der Prozeß Stoeckers gegen Stumm

Es fällt auf, daß nach dem Sommer 1897 Ruhe auf dem Streitfeld einzuziehen scheint. Dazu beigetragen haben neben kirchenbehördlichen Initiativen gegenüber den Pfarrern auch die Beschlüsse der Rheinischen Provinzialsynode von September 1896. Dort hatte man einmütig beschlossen: »Provinzialsynode spricht den Geistlichen im Saargebiet im Hinblick auf ihre bisherige Tätigkeit in den evangelischen Arbeitervereinen, wie sie durch die unter ihnen selbst aufgestellten Grundsätze begrenzt ist, ihre warme Anerkennung aus; hält sich aber nicht für befugt und berechtigt, zu dem in dem genannten Gebiete ausgebrochenen Streit ihrerseits Stellung zu nehmen, richtet vielmehr an alle Beteiligten auf beiden Seiten die ernste Mahnung, im Interesse und zum Wohl der Kirche und des Vaterlandes sich die Hand zum Frieden zu reichen.«[130]

Verbunden hatte man diesen Beschluß mit der Aufstellung von Grundsätzen für die Tätigkeit der Geistlichen in den Evangelischen Arbeitervereinen. Sie lauteten:

»1. Die evangelischen Arbeitervereine stellen sich im Gegensatz zur materialistischen Zeitrichtung, welche in der Sozialdemokratie ihre praktischen Früchte getragen hat, auf den Boden des evangelischen Christentums und der Vaterlandsliebe.

2. Unzweifelhaft sind große soziale Mißstände vorhanden, welche mit der wirtschaftlichen Entwicklung zusammenhängen. Gerade das evangelische Christentum lehrt uns den tiefsten Grund aller sozialen Not nicht auf wirtschaftlichem, sondern auf religiös-sittlichem Gebiet, d.h. in der menschlichen Sünde und Selbstsucht suchen. Es lehrt uns deshalb in der sozialen Frage eine wirtschaftliche und religiös-sittliche Seite unterscheiden und drängt vorerst zum Kampf gegen jenen tiefsten Grund der Not.

3. Dem entsprechend liegt die Aufgabe der evangelischen Arbeitervereine in folgenden in ihren Satzungen aufgestellten Punkten umschrieben:

a) sie sollen unter ihren Mitgliedern das evangelische Bewußtsein stärken;

b) die Liebe zum Vaterlande und dem angestammten Fürstenhause bei ihnen pflegen;

c) ihre sittliche Hebung und allgemeine Bildung nach Kräften fördern;

d) das friedliche Verhältnis zwischen Arbeitgebern und Arbeitern pflegen und wahren;

e) ihre Mitglieder in schwierigen Fällen beraten und in außergewöhnlichen und unverschuldeten Notständen unterstützen.

4. Es ist weder ratsam, das Programm der Arbeitervereine darüber hinaus zu erweitern, noch dieselben in das heutige politische, kirchliche und soziale Parteiwesen zu verflechten.

5. Der Geistliche ist zwar als Organ der evangelischen Gemeinde zur Mitarbeit an dem evangelischen Vereinswesen berufen, soll jedoch bedenken, daß er weder

a) wirtschaftliche Streitfragen zu entscheiden, noch

b) einen einzelnen Stand ausschließlich zu bevorzugen, noch

c) die sittlichen Forderungen des Evangeliums in soziale umzuwandeln hat.«[131]

Dieser Beschluß ging an entscheidenden Punkten weit hinter das Kompromißprogramm der Evangelischen Arbeitervereine von 1893 zurück. Die Angriffe Stumms zeigten in diesem Dokument ihre Früchte. Und daß Stumm am Ende den Evangelischen Oberkirchenrat auf seiner Seite hatte, bedeutete in der Tat eine starke Schwächung des sozialen Engagements evangelischer Pfarrer im Saargebiet und darüber hinaus.

Und doch! Dieser Sieg Stumms sollte der Beginn des Niedergangs seines Einflusses werden. Der größere Teil der deutschen Öffentlichkeit hat in dem EOK-Bescheid an Stumm den Versuch gesehen, dem König und Kaiser zu Hilfe zu kommen. Stumm mußte recht bekommen, um dem Monarchen nicht Unrecht unterstellen zu müssen. Die Behörde des Monarchen übte auf ihre Weise Solidarität mit dem Monarchen. Hätte Stumm nicht im ganzen Recht bekommen, so wäre der Monarch angeschlagen gewesen. Letzterer hatte sich zu weit in politischen Tagesstreit eingelassen. Der Bescheid des EOK sollte einer brisanten politischen und kirchenpolitischen Verknotung ein Ende bereiten.

Das wäre gelungen, wenn nicht »der Vater aller pseudosozialistischen Agitation« Adolf Stoecker gegen die Ausführungen von Stumm über ihn in der Neunkirchener Rede gerichtlich vorgegangen wäre. Er klagt gegen den Redakteur der Neuen Saarbrücker Zeitung Schwuchow und gegen Stumm selbst. Wie es zu diesen Prozessen gekommen ist und wie sie verlaufen sind, beschreibt der bisher einzige Biograph Stumms Fritz Hellwig wie folgt:»Stumm hatte die Rede stenographisch aufnehmen und sie durch das Oberhofmarschallamt dem Kaiser selbst vorlegen lassen. Am 19. Juli 1896 konnte die Neue Saarbrücker Zeitung berichten, daß der Kaiser die Stummsche Kritik an Stoecker ‚uneingeschränktest und nachdrücklichst‘ gebilligt habe. Das mußte bei dem beleidigenden Charakter der Kritik an Stoecker einer erneuten Beleidigung gleichkommen; Stoecker reichte daher auch gegen den Redakteur des Blattes, Schwuchow, die Beleidigungsklage ein. So wurden also die Gerichte gezwungen, nicht nur über Stumms Kritik an Stoecker zu urteilen, sondern indirekt sogar über die Ansichten des Kaisers, dessen Sprachrohr Stumm gewesen war. Was zu befürchten war, trat ein: Im Prozeß Stoecker-Schwuchow wurde Stumm als Zeuge vernommen und gab dabei am 7. Januar 1897 zu Protokoll, daß der Kaiser seine Rede mehrere Male ausdrücklich gebilligt habe: ‚Lange vor dem 19. Juli 1896 — Publikation des betr. Artikels in der ‚Neuen Saarbrücker Zeitung‘ — hat der Kaiser in einem Gespräch mit mir ausdrücklich den Inhalt meiner Rede in Neunkirchen, die ich demselben durch das Oberhofmarschallamt eingeschickt, gebilligt. Des Wortlautes erinnere ich mich nicht mehr, indessen war der Sinn der, daß ausdrücklich und vollinhaltlich die Neunkirchener Rede von Sr. Majestät gutgeheißen wurde. Mitte Dezember vorigen Jahres oder vielleicht auch Ende November — beim Diner des Reichskanzlers beziehungsweise auf Barby — hat Se. Majestät nochmals die fragliche Rede gutgeheißen und mich ausdrücklich ermächtigt, vor Gericht in eidlichem Zeugnis über den Inhalt der Unterredung auszusagen. Auf meine Frage, ob diese Billigung Sr. Majestät sich speziell auf den Teil meiner Rede gegen Stoecker bezöge, erwiderte Se. Majestät: ‚Erst recht!‘

Nach dieser Zeugenaussage Stumms blieb Stoecker nichts anderes übrig, als die Klage gegen Schwuchow zurückzuziehen, die in Schwuchows Hinweis auf die kaiserliche Billigung eine Beleidigung erblickt hatte. Die verhängnisvollen Folgen der kaiserlichen Worte stellten sich jedoch erst heraus, als die Beleidigungsklage gegen Stumm selbst zur Verhandlung kam. Stumm mußte darauf verzichten, den Wahrheitsbeweis für die beleidigenden Äußerungen anzutreten, da sich mittlerweile die Unzuverlässigkeit und Unglaubwürdigkeit seiner Unterlagen und seiner Gewährsmänner herausgestellt hatte. Er führte zu seiner Verteidigung lediglich an, daß er in Wahrung berechtigter Interessen gehandelt habe.

Das Amtsgericht Neunkirchen schloß sich dieser Auffassung am 2. November 1897 an und sprach ihn frei. Als aber Stoecker Berufung einlegte, wurde Stumm am 4. Juli 1898 vom Landgericht Saarbrücken zu einer Geldstrafe und zur Tragung der Kosten verurteilt. Das war natürlich zugleich eine indirekte Verurteilung des Kaisers, der in der Parteinahme für Stumm soweit gegangen war, selbst offensichtlich beleidigende Äußerungen Stumms zu billigen und sich auch nicht zurückzog, als die Sache vor den Richter kam. Hier aber hätte seine Parteinahme unter allen Umständen haltmachen müssen; denn wenn man auch den Standpunkt vertrat, daß der Kaiser zur Wahrung seiner Stellung in den politischen Kampf eintreten müsse, so weit durfte es nie kommen, daß die kaiserliche Autorität in einen politischen Beleidigungsprozeß verwickelt und von dem formalen Spruch des Richters abhängig wurde.

So war denn die Prozeßniederlage Stumms, der man unter gewöhnlichen Umständen bei einem temperamentvollen Parlamentarier kein sonderliches Gewicht beigemessen haben würde, doch eine Niederlage des Politikers, die für seine Machtstellung entscheidende Folgen haben mußte. Denn der Kaiser hatte erfahren müssen, wie gefährlich es sei, einen inmitten heftigster Kämpfe stehenden Parlamentarier zum Freunde zu haben; so trug der Verlauf des Zweikampfes Stoecker-Stumm notwendig zur Abkühlung der Freundschaft des Kaisers zu Stumm bei. Stoecker machte zudem den Versuch, seine Rehabilitierung beim Kaiser unter Berufung auf die gerichtliche Verurteilung Stumms zu erhalten. Blieb das auch ergebnislos, so war es trotzdem unverkennbar, daß die gerichtliche Rehabilitierung Stoeckers die Beziehungen des Kaisers zu Stumm wesentlich abgekühlt hatte.«[132]

Die »Ära Stumm« und das »System Stumm« ohne Zukunft

Wie man auch im ganzen und in einzelnen Punkten den Freiherrn von Stumm bewerten mag — es wird kontrovers bleiben —, dies eine dürfte unbestritten sein: Er war eine geschichtlich bedeutsame Person. Er war ein Mann, an dem man Glanz und Elend einer Epoche studieren kann.

Er erlebt die politisch-militärische Einigung Deutschlands zum Deutschen Kaiserreich unter Führung der Hohenzollern, die für ihn das angestammte und von Gott gewollte Herrscherhaus sind. Er erlebt die deutsche Armee, die ihm das Vorbild auch für eine sinnvolle und effektive Organisation industrieller Produktionsformen bleibt. Das Denken in hierarchischen Strukturen mit dem Prinzip von Befehl und Gehorsam, von einheitlicher Führung und verantwortlicher Ausführung durch die Teile des Ganzen bestimmt ihn Zeit seines Lebens. Aber der Offizier, der die Befehlsgewalt hat, ist gleichzeitig für »seine Leute« materiell und moralisch verantwortlich. Die Fürsorgepflicht für die Mannschaft gehört zum Offizier.

Nach der Reichsgründung erlebt dieser Mann den grandiosen, wenn auch durch Wirtschaftskrisen unterbrochenen, Aufstieg Deutschlands zum modernen Industriestaat. Er selbst ist ein führender Unternehmer dieser Zeit, der sich konsequent die Ergebnisse der exakten Naturwissenschaften für die Produktionstechnik zunutze macht. Technischer Fortschritt heißt die Leidenschaft, immer größere Effektivität ist das zählbare Ziel. Er gehört zu jenen Unternehmern, die das Technische und Kaufmännische eng aufeinander beziehen, um die Rentabilität des Unternehmens zu sichern und auszubauen. Technik und Ökonomie sind ihm die beiden Seiten der einen Sache des Unternehmens. Zusammengefügt und zusammengehalten werden sie durch den strategischen unternehmerischen Einzelwillen des Besitzers.

Doch ein drittes Element wird für unternehmerisches erfolgreiches Wirtschaften immer bedeutsamer: das soziale. Technik und Kapital sind Produktivkräfte, die zu ihrem Ausspielen der menschlichen Arbeitskraft, der physischen und geistigen, bedürfen. Stumm erkennt relativ früh den Zusammenhang, daß nur gutbezahlte und gutbehandelte Arbeiter zur Hergabe ihrer vollen Arbeitskraft bereit sind. Er erkennt, daß Arbeitszufriedenheit eine Voraussetzung für hohe Arbeitsproduktivität ist. Schlechte Löhne, lange Arbeitszeiten und unwürdige Arbeitsbedingungen wirken sich kontraproduktiv zum Unternehmensziel aus. Mit guten Produkten am Markt einen guten Gewinn zu machen, »Menschen nicht wie Maschinen zu behandeln« — dies gebietet schon eine unternehmerisch denkende Vernunft. In unserem Fall kommt eine bestimmte religiöse Moralität noch hinzu. Stumm ist in einer bestimmten protestantischen Tradition groß geworden, für die Arbeit und Beruf einen hohen Stellenwert gehabt haben. Daß der Mensch sich in verantwortlicher Berufserfüllung zum eigenen und gemeinsamen Nutzen als Person gewinnt und durchspielt — dies war der Hauptpunkt der praktischen Ethik auf dem Hintergrund eines allgemeinen Glaubens an Gott als Schöpfer und Erhalter der Welt. Daß die Kirche durch Unterricht, Predigt und Seelsorge diesen Gottesglauben und dieses praktische Christentum zu fördern habe, versteht sich von selbst. Weiter — oder tiefergehende religiöse Positionen oder theologische Intentionen sind weder beim jungen noch beim älteren Stumm auszumachen.

Er selbst hat häufig das duale Paar »Gewissen« und »Pflicht« gebraucht, um seine betriebliche Sozialpolitik motivational zu begründen. Es besteht kein Anlaß, dies sofort grundsätzlich zu bezweifeln. Auch ihm ist nachträglich die bona fides zuzugestehen. Und daß seine Wohlfahrtseinrichtgungen auch und entscheidend zum Unternehmenserfolg beigetragen haben, kann nicht moralisch abwertend vermerkt werden. Daß sich hier unternehmerisches Kalkül mit religiös-humanitären Motiven zu einem Erfolgsmodell verbunden haben, gereicht dem Arbeitgeber wie den Arbeitnehmern zum praktischen Vorteil. Stumm dürfte einer der ersten Unternehmer gewesen sein, der erkannt hat, daß humane und soziale Verhältnisse der beste Garant für Effektivität und Rentabilität sind. Die meisten seiner Zunftgenossen dachten und handelten noch ganz anders. Sie huldigten dem Motto: je geringer der Lohn der Arbeiter, desto größer der Gewinn der Firma. Der Markt läßt keine Sozial- und Humanpolitik zu.

Dieses fortschrittliche Element sollte bei Stumm nicht übersehen werden. Ihm ging es um eine triadische Zuordnung von Technik, Ökonomie und Sozialem als unternehmerische Führungs- und Gestaltungsaufgabe. Fortschrittlich ist er auch im Blick auf die Entwicklung der staatlichen Sozialgesetzgebung zu nennen. Noch in der Zeit der Herrschaft der Manchesterschule in Deutschland formuliert er die Notwendigkeit eines obligatorischen Versicherungssystems, um die Hauptrisiken eines Arbeitslebens (Unfall, Krankheit, Invalidität u.a.) abzumildern.

Und auch dies sollte beachtet bleiben: Stumm geht ein bewußtes, politisches, parteipolitisches Engagement ein. Er gehört nicht zu jenem deutschen Besitzbürgertum, das sich politisch abstinent hält, sondern versteht sich als mitverantwortlicher Staatsbürger. Er geht in die Arena, während viele seiner Klasse auf den Rängen sitzen bleiben. Er hat zeit seines Lebens hart gearbeitet und Unabhängigkeit und Mut bewiesen.

Dieser Mann, der zu den gestaltenden Akteuren industriekapitalistischer Dynamik und zu den ersten Konstrukteuren staatlicher Sozialgesetzgebung gehört, nimmt in den achtziger und neunziger Jahren eine Entwicklung, die nur noch in schwacher Kontinuität zu den eigenen Anfängen zu stehen scheint. Natürlich hat das Gründe. Als neue politisch-weltanschauliche Kraft entwickelt sich im Zuge der Industrialisierung und Urbanisierung die sozialdemokratische Arbeiterbewegung, die die politische und soziale Emanzipation zu ihrem Ziel erklärt. Stumm sieht in ihr die deutsche Variante der französischen revolutionären Prinzipien von 1789. Atheismus, Materialismus, Republikanismus, Demokratismus und Sozialismus sind für ihn die weltanschaulichen und politischen Kinder des Geistes der Aufklärung. In Stumm verfestigt sich die Gewißheit, daß die Zukunft Deutschlands sich an der Frage entscheidet, wer Sieger bleibt: die von Gott und der Geschichte legitimierte obrigkeitliche Tradition mit den Fundamenten der christlichen Religion oder der Geist eines säkularen Modernismus, der zum Zentrum des Denkens und Handelns den autonomen, sich selbst bestimmenden Menschen hat.

Stumm weiß sich als Kämpfer auf der Seite der durch Natur und Geschichte legitimierten Gewalten. Wie Demokratie für ihn die Auflösung ordnungspolitischer Stabilitäten mit der Tendenz zum Chaotischen bedeutet, so ist Sozialismus für ihn ein kollektives, mechanistisches Gesellschafts- und Wirtschaftsprinzip, das zu Tyrannei und Diktatur führen muß.

Stumms Entwicklung ist nur zu verstehen, wenn man sein Bewußtsein, in dramatischer Krisenzeit Hort der politischen Wahrheit und Richtigkeit zu sein, in Rechnung setzt. Gepaart ist dieses Auftragsbewußtsein mit tiefsitzender Angst, auch verlieren zu können. Diese Mischung aus Berufung und apokalyptischen Ängsten macht sein Reden und Handeln so unerbittlich, so hart und kalt. Ist die Welt erst einmal sortiert nach Freunden und Feinden, so gibt es für die letzteren nur Verfolgung und Vernichtung. Ein apokalyptisches Krisenbewußtsein legitimiert jede Gewaltanwendung gegen die identifizierten Zerstörer des Überkommenen.

Noch schärfer: Das Gewissen, das sich zur Rettung der Kultur berufen weiß, gebietet die Gewaltanwendung ohne Einschränkung. Dies ist der tiefere Grund für die Beobachtung, daß Stumm keine Skrupel gekannt hat, alle nur denkbaren Mittel einzusetzen, um »das Böse« oder »die Bösen« zu vernichten. Im ganzen Schrifttum findet sich kein Hinweis auf Selbstkritik. Er war sich seiner selbst, seiner Politik und seiner Mittelanwendung immer sicher. So scheut sein Antisozialismus auch nicht davor zurück, Sozialdemokraten auszuweisen oder in Internierungslager zu stecken. Staatliche und gesellschaftliche Gewalt gegen Andersdenkende rigoros anzuwenden, war ihm kein politisch-moralisches Problem. Gelitten hat er unter der Tatsache, daß Regierung und Parlament sich seiner undifferenzierten Gewaltstrategie nicht angeschlossen haben.

Der zweite Todfeind waren für Stumm die aufkommenden Gewerkschaften als Selbsthilfeorganisationen der Arbeiter, um die einseitige Macht der Unternehmer in Grenzen zu weisen. In der Gewerkschaftsfrage mußte Stumm von seinem Selbstverständnis als Unternehmer und Christ her eine kompromißlose Position beziehen. Weder sein Sozialmodell von Offizier und Mannschaft noch sein christlich-patriarchalisches Letztverantwortungsbewußtsein lassen es zu, sich auf partnerschaftliche Mitsprache von Arbeitern und deren Vertreter auch in einfachsten Formen einzulassen.

Die Vorstellung, Betriebsräte mit eigenen Rechten und Gewerkschaften als staatlich legitimierte Verhandlungspartei anerkennen zu müssen, wären für ihn Gründe zur Demissionierung gewesen. Der Alleinbesitzer hat die Allein- und Letztverantwortung in allen Fragen der betrieblichen Organisation und auch in der Festsetzung der Löhne. Dieser Herr-im-Hause-Standpunkt ist für Stumm die Voraussetzung, in freiwilliger Verantwortung seinen Arbeitern ein sozialer Unternehmer zu sein. Was er für die Arbeiter tut, bestimmt er selbst. Auch im Geben bleibt er der Herr.

Auch diese Position hat eine religiöse Dimension. Wohlfahrt zu betreiben, ist Ausfluß konkreter Nächstenliebe, geschieht aus Verantwortung für die Anvertrauten. Dieses personale Verhältnis zu verrechtlichen, wäre für Stumm das Ende seiner sozialen Verantwortlichkeit gewesen. Mit der ihm eigenen Konsequenz hat Stumm es im Verein mit anderen Saarindustriellen geschafft, daß der Aufstieg der Sozialdemokratie und der Gewerkschaften lange Jahre am Saarland vorbeigelaufen ist. Das »Saarländische Sozialistengesetz« von 1877 hat lange Jahrzehnte Wirkung gezeigt.

Das wäre nicht möglich gewesen, wenn zum »System Stumm« nicht noch weitere Elemente gehört hätten. Stumm hat nie verschwiegen, daß zu seiner Verantwortung als Unternehmer nicht nur die materiell-soziale gehört, sondern auch die politische, geistige und religiöse. Arbeitswelt und Wohnwelt, Produktions- und Konsumwelt, Fabrik und Familie, Politik und Religion, Firma und Schule — die ganze Wirklichkeit der arbeitenden Menschen sollte von einem einheitlichen Gestaltungsprinzip durchzogen sein. Deshalb der permanente Einfluß des Unternehmens und seines Besitzers auf alle Lebensfragen der Arbeiter und ihrer Familien. Deshalb der Einfluß auf Kommunen, Städte, Kirchengemeinden, Zeitungen, Schulen und Behörden. Das strategische Ziel war die Vernetzung aller gesellschaftlichen Einheiten, um sie vor dem Einfluß der neuzeitlichen destruktiven Kräfte zu immunisieren. Alle Fäden der Netze, die über das Saarland geworfen wurden, landeten in den Händen des »König Stumm«.

Es dürfte zu den Einmaligkeiten der neueren Politik- und Sozialgeschichte gehören, daß dieser mächtige Mann nicht von parteipolitischen Gegnern, nicht von der Sozialdemokratie und den Gewerkschaften, nicht von anderen gesellschaftlichen Machtgruppen in die Schranken gewiesen worden ist und der »Ära Stumm« ein Ende bereitet haben, sondern Stumm sich selbst durch seinen Kampf gegen die evangelisch-soziale Bewegung demontiert hat. Es kann nach Lage der zeitgenössischen Quellen kein Zweifel bestehen, daß nach anfänglichem Zögern Stumm die schärfste politische und moralische Kritik aus Kreisen der evangelischen Kirche und des freien Protestantismus bekommen hat.

Stumms Niedergang beginnt mit seinen globalen Angriffen auf die Christlich-Sozialen, die er zu potentiellen und realen Sozialdemokraten stilisiert. Seine Angriffe auf Stoecker, Weber, Naumann, Wagner und andere desavouierten ihn als politischen Analytiker. Seine denunziatorische Art, überall nur demagogischen Unrat und Gefährdungen der Ordnung zu wittern, machten ihn zur Kassandra vom Dienst. Und sein ewiger Ruf nach staatlicher Gewaltanwendung gegen alle Feinde der von ihm selbst repräsentierten Position machten ihn vollends zum Flügelmann der rechtesten Reaktion im Reichstag.

Was die Christlich-Sozialen in ihrem Schrifttum über Stumm offenlegten, war aber noch bedeutender. Es war relativ leicht, ihm eine sehr reduktionistische Auffassung vom Christentum und eine politische Funktionalisierung von Religion und Kirche nachzuweisen. Religion war ihm Einübung in politische und gesellschaftliche Untertanenschaft geworden. Daß Religion etwas mit Befreiung der Person zur Selbständigkeit und Selbsttätigkeit zu tun hat und Gewissen zur freien Mitverantwortung befreit — diese emanzipativen Potentiale von Religion waren ihm fremd. Daß Pfarrer auf seiten der Ordnungsmächte zu stehen hatten und nicht auf seiten von Reformbewegungen, war ihm eine Selbstverständlichkeit. Daß Pfarrer sich für die Forderungen der Arbeiter nach besseren Arbeitsbedingungen einsetzten, war ihm eine Grenzüberschreitung des kirchlichen Amtes. Religion war ihm Sektor, nicht Dimension. Stumm hat sich ernsthaften theologischen und sozialethischen Diskussionen, wie sie vor allem in den neunziger Jahren geführt wurden, nicht gestellt. Sein Religions- und Kirchenverständnis stagnierte in dem Maße, wie sein politisches Machterhaltungs- und Machterweiterungsinteresse eskalierte. Schließlich war nur noch er selbst es, der zu bestimmen versuchte, was Religion und Kirche, Glaube und religiöses Ethos zu sein hatten. Kein Urteil wird mehr dialogisch gewonnen, sondern herrschaftlich dekretiert.

Ein begabter und bedeutsamer Mann wird in dem Maße einsam, wie er sich offenen Gesprächssituationen entzieht und sich selbst und sein Einsichtsvermögen zur Mitte allen Geschehens macht. Sein Solipsismus zerstört ihn politisch und moralisch. Am Ende seines Lebens hat er keine Gesprächspartner mehr, nur noch Höflinge und Claqueure um sich. Er wird einsam auch in seiner Kirche. Nur noch die oberste Kirchenbehörde steht auf seiner Seite. Aber sie dürfte kaum theologische und sozialethische

Inhalte geleitet haben, sondern die Rücksicht auf das prominente Kirchenmitglied, das sich des kaiserlichen Wohlwollens durch Jahre hindurch erfreut hatte. Das Verhalten des Evangelischen Oberkirchenrats dürfte überdeutlich die Problematik des landesherrlichen Kirchenregimentes gezeigt haben.

Während im innerkirchlichen Bereich Stumm sich längst zur Randfigur gemacht hatte — das zeigt eindeutig das zeitgenössische Schrifttum zum Thema — lobt die Kirchenbehörde einen Mann, der den Entfremdungsprozeß von Kirche und Arbeiterschaft mitzuverantworten hat. Der EOK wendet sich unter dem Einfluß Stumms gegen die Personen und Gruppen in der evangelischen Pfarrerschaft und in der protestantischen Laienschaft, die sich für den Aufbau eines modernen Sozialstaates einsetzen. Die Behörde zerstört die Ansätze eines sozialen Protestantismus. Sie betreibt das Stummsche Geschäft.

Aber weder Stumm noch der EOK hatten Zukunft. Beide katapultieren sich je auf ihre Weise aus den Diskussions- und Entscheidungsprozessen in der Sozial- und Gesellschaftspolitik heraus. Stumms antidemokratischer und antisozialistischer Kampf nimmt neurotische Züge an. Seine Weigerung, Gewerkschaften als Tarifpartner anzuerkennen, führt zur ordnungspolitischen Stagnation. Der Erlaß des EOK von 1895 ist ein Rückschritt in der Sache und eine Ohrfeige für den sozialengagierten Protestantismus. Die Liaison Stumms mit dem EOK sollte der Beginn eines gemeinsamen Abstieges in die Randlage der Wilhelminischen Gesellschaft werden. Es ist das Verdienst des freien Protestantismus, die Zukunftslosigkeit des »Systems Stumm« und die Rückständigkeit wie die Kompetenzlosigkeit der obersten Kirchenbehörde aufgedeckt zu haben. Der politisch und sozialpolitisch bewußte Teil des Protestantismus hatte sich längst aus dem Stumms Bannkreis befreit, bevor auch der König und Kaiser ihm seine Protektion entziehen mußte.

Anmerkungen

1. Es gibt bislang nur eine größere Biographie über Stumm. Sie stammt von Fritz Hellwig aus dem Jahre 1936. — Die Hauptquelle für das Denken, Reden und Handeln Stumms sind 12 Bände Reden, die Dr. Alexander Tille (Band 1-10) und sein Bruder Arnim Tille (Band 11-12), versehen mit eigenen historisch-kritischen Kommentaren, 1906-1915 herausgebracht haben. Der erstere ist für die Darstellung Stumms so wichtig, daß wir ihn kurz vorstellen müssen: Dr. Alexander Tille (1866-1912) war Sohn eines evangelischen Pfarrers, studierte Literaturwissenschaft und war zehn Jahre als Lektor an der Universität in Glasgow tätig. Seine philosophische und politische Weltsicht formte sich durch die intensive Beschäftigung mit Charles Darwin, Thomas Huxley und Friedrich Nietzsche. 1895 erschien sein Buch »Von Darwin bis Nietzsche. Ein Buch Entwicklungsethik«. Zwei Jahre zuvor hatte er eine Flugschrift mit dem Titel »Volksdienst. Von einem Sozialaristokraten« herausgebracht. Tille, der aus der Kirche ausgetreten war, vertrat eine konsequente sozialdarwinistische Auslesetheorie, verschränkt mit der »Herrenmoral« Nietzsches. Politisch stand er gegen Liberalismus, Demokratismus und Sozialismus wie auch gegen christlich-humanistische Positionen.

Tille, der die englische politische und soziale Szene beobachtete, schrieb darüber Berichte für deutsche Zeitungen. Der Centralverband Deutscher Industrieller unter seinem Generalsekretär Henry Axel Bueck (1830-1916) holte ihn als stellvertretenden Geschäftsführer nach Berlin. Nach dem Tode von Stumm konnte dessen Frau Ida mit Hilfe der Vermittlung von Richard Vopelius Tille dafür gewinnen, die Reden des Freiherrn von Stumm herauszugeben. Zehn Bände hat er noch selbst herausgegeben und kommentieren können. Sein Bruder Arnim hat die beiden letzten Bände übernommen. Alexander Tille wird 1903 zum Syndikus der Handelskammer zu Saarbrücken berufen, wird Geschäftsführer des Vereins zur Wahrung der gemeinsamen wirtschaftlichen Interessen und der Südwestlichen Gruppe des Vereins Deutscher Eisen- und Stahlindustrieller. Im Laufe der Jahre kamen noch weitere Funktionen hinzu, so daß man sagen kann, daß der »Ära Stumm« eine »Ära Tille« für das Saargebiet folgte. 1910 hat Tille in vier Bänden sein Hauptwerk herausgebracht: Der Berufsstandpunkt des Gewerbe- und Handelsstandes. Bis zu seinem Lebensende hat er gegen alle sozialreformerischen Bewegungen im Namen seiner Theorie von der »natürlichen Dynameokratie« gekämpft. Vor allem galt seine Kritik den Kathedersozialisten und den christlich-sozialen Theologen, die er als »sentimentale Klassenmoralisten« bezeichnete. Er verstand sich selbst als Sachwalter des Stummschen Erbes und als Systematiker der politischen und ökonomischen Auffassungen seines großen Vorbildes.

Über Tille: Reichard, W.: Dem Gedächtnis Dr. Alexander Tilles. Rede zur Trauerfeier, Saarbrücken 1912; Tille, Arnim: Ein Kämpferleben — Alexander Tille 1866-1912, Gotha 1916; Kamm, O.: Alexander Tille als Wirtschaftswissenschaftler, Frankfurt a.M. 1923; Hellwig, Fritz: Alexander Tille, in: Saarländische Lebensbilder, Bd. 4, hr. von Peter Neumann, S. 155ff; Schungel, Wilfried: Alexander Tille, Husum 1980

2. Zu Steinbeiß vgl. Siebertz, Paul: Ferdinand von Steinbeiß. Ein Wegbereiter der

Wirtschaft, Stuttgart 1952

3. Vgl. das Programm der Freikonservativen Partei von 1867, in: Treue, Partei-programme S. 67 f

4. Zum Bergarbeiterstreik vgl. Köllmann/Gladen: Der Bergarbeiterstreik von 1889; zum Saarbergarbeiterstreik Mallmann, Anfänge der Bergarbeiterbewegung, S. 166 ff

5. Die Kaiserliche Botschaft vom 17.11.1881 hatte folgenden Wortlaut:
»Schon im Februar dieses Jahres haben Wir Unsere Überzeugung aussprechen lassen, daß die Heilung der sozialen Schäden nicht ausschließlich im Wege der Repression sozialdemokratischer Ausschreitungen, sondern gleichmäßig auf dem der positiven Förderung des Wohles der Arbeiter zu suchen sein werde. Wir halten es für Unsere Kaiserliche Pflicht, dem Reichstage diese Aufgabe von neuem ans Herz zu legen, und würden wir mit um so größerer Befriedigung auf alle Erfolge, mit denen Gott unsere Regierung sichtlich gesegnet hat, zurück-blicken, wenn es Uns gelänge, dereinst das Bewußtsein mitzunehmen, dem Vaterlande neue und dauernde Bürgschaften seines inneren Friedens und den Hilfsbedürftigen größere Sicherheit und Ergiebigkeit des Beistandes, auf den sie Anspruch haben, zu hinterlassen. In Unseren darauf gerichteten Bestrebun-gen sind wir der Zustimmung aller verbündeten Regierungen gewiß und ver-trauen auf die Unterstützung des Reichstags ohne Unterschied der Partei-stellungen.
In diesem Sinne wird zunächst der von den verbündeten Regierungen in der vorigen Session vorgelegte Entwurf eines Gesetzes über die Versicherung der Arbeiter gegen Betriebsunfälle mit Rücksicht auf die im Reichstag stattgehabten Verhandlungen über denselben einer Umarbeitung unterzogen, um die erneute Beratung desselben vorzubereiten. Ergänzend wird ihm eine Vorlage zur Seite treten, welche sich eine gleichmäßige Organisation des gewerblichen Kranken-kassenwesens zur Aufgabe stellt. Aber auch diejenigen, welche durch Alter oder Invalidität erwerbsunfähig werden, haben der Gesamtheit gegenüber einen begründeten Anspruch auf ein höheres Maß staatlicher Fürsorge, als es ihnen bislang hat zuteil werden können.
Für diese Fürsorge die rechten Mittel und Wege zu finden, ist eine schwierige, aber auch eine der höchsten Aufgaben jedes Gemeinwesens, welches auf den sittlichen Fundamenten des christlichen Volkslebens steht. Der engere Anschluß an die realen Kräfte dieses Volkslebens und das Zusammenfassen der letzteren in der Form korporativer Genossenschaften unter staatlichem Schutz und staat-licher Förderung, werden, wie wir hoffen, die Lösung auch von Aufgaben mög-lich machen, denen die Staatsgewalt allein in gleichem Umfange nicht gewach-sen sein würde. Immerhin aber wird auch auf diesem Wege das Ziel nicht ohne die Aufwendung erheblicher Mittel zu erreichen sein.« In: Brakelmann, Kirche, soziale Frage und Sozialismus, S. 247f

6. In diesen Jahren wurde auf unzähligen Pfarrkonferenzen und anderen kirchlichen Veranstaltungen das Thema arm und reich im Zusammenhang der umfassen-deren sog. sozialen Frage verhandelt. Als Beispiel vgl. Brakelmann, ebd. S. 80ff

7. Vgl. den Beitrag von Pfarrer von Scheven »Freiherr von Stumm und das Evangelische Wochenblatt« in: Freiherr von Stumm-Halberg und die evange-lischen Geistlichen, S. 57ff. Hier auch die Zitate aus dem Evangelischen

Wochenblatt

8. Vgl. Schneider, Christliche Gewerkschaften, S. 55ff
9. S. Stumm, Reden 8. Bd., S. 428
10. Zu Ludwig Weber vgl.Pauly, Dieter Ludwig Weber, 1881-1914 Pfarrer der Evangelischen Gemeinde Mönchengladbach. Leben und Arbeit eines evangelischen Sozialreformers, Mönchengladbach 1986
11. S. Stumm, Reden 8. Bd., S. 485
12. Vgl. die von Weber herausgegebenen »Ansprachen für Evangelische Arbeiter-, Bürger-, Volks- und Männervereine, Gütersloh 1891; ferner die »Geschichte der sittlich-religiösen und socialen Entwicklung Deutschlands in den letzten 35 Jahren«, Gütersloh 1895
13. S. Stumm, Reden 8. Bd., S. 69 f
14. Ebd., S. 82 f
15. Ebd., 12. Bd., S. 173
16. Ebd., S. 175f
17. Ebd., 8. Bd., S. 301
18. Ebd., S. 314
19. Ebd., S. 461
20. Ebd., S. 368f
21. Ebd., S. 463
22. Ebd., S. 470 und 472
23. Ebd., 9. Bd., S. 62
24. Ebd., S. 293
25. Ebd., S. 324
26. Ebd., S. 327
27. Ebd., S. 561
28. Ebd., 9. Bd., S. 513
29. Zu den verschiedenen Positionen in der bürgerlichen Sozialreformbewgung vgl. vom Bruch, Weder Kommunismus noch Kapitalismus
30. S. in: Verhandlungen der Bonner Conferenz, S. 1ff
31. S. in: Concordia Nr. 1/1871
32. S. in: Verhandlungen der Bonner Conferenz, S. 47ff
33. Vgl. Lindenlaub, Richtungskämpfe im Verein für Sozialpolitik
34. S. Stumm, Reden 8. Bd., S. 24f
35. Ebd., 12. Bd., S. 528ff
36. Ebd., 8. Bd., S. 79f
37.Ebd., S. 528
38. Ebd., S. 587
39. Ebd., S. 585f
40. Ebd., 12. Bd., S. 556
41. Vgl. Stumm, Reden 12. Bd., S. 613ff und in: 100 Jahre Neunkirchener Eisenwerk, S. 82ff
42. S. Stumm, Reden 12. Bd., S. 613ff
43. Ebd., 8. Bd., S. 590
44. Ebd., S. 477
45. Vgl. die Arbeitsordnung von 1892, in: ebd., 12. Bd., S. 599ff
46. Ebd., S. 861f

47. Ebd., S. 563f
48. Vgl. Anmerkung 42
49. Zu Stoecker vgl. seine Reden in der Aufsatzsammlung »Christlich-sozial«; über Stoecker: Oertzen, D. von: Adolf Stoecker; Frank, Hofprediger Adolf Stoecker; Brakelmann/Greschat/Jochmann, Werk und Wirkung Adolf Stoeckers
50. Zu Naumann vgl. Naumann, Werke; Heuß, Der Mann, das Werk die Zeit
51. Zu Berlepsch vgl. von Berlepsch, Hans-Jörg, »Neuer Kurs« im Kaiserreich?
52. Text in: Brakelmann, Kirche, soziale Frage, Sozialismus, S. 86ff
53. S. Verhandlungen des Ev.-sozialen Kongresses, Berlin u. Göttingen 1890ff
54. Zur Entwicklung der Ev. Arbeitervereine vgl. Hofmann, Evangelische Arbeitervereinsbewegung
55. Text in: Brakelmann, Soziale Frage, S. 189f
56. Ebd., S. 186
57. Vgl. Mallmann, Bergarbeiterbewegung S. 131 ff. 1896 gab es 17 Vereine mit 3114 Mitgliedern, vgl. die genaue Statistik in: Evangelischer Arbeiterbote Nr. 16/1896
58. S. in: Freiherr von Stumm-Halberg und die evangelischen Geistlichen S. 39; Gabel, Kämpfe und Werden, S. 52
59. In: Stumm, Reden 8. Bd., S. 80f
60. Richard Vopelius (1843-1911) war Glasfabrikant in Sulzbach, ein Vertrauter, Parteigänger und Verwandter von Stumm, Mitglied des Preußischen Abgeordnetenhauses
61. S. Freiherr von Stumm-Halberg und die ev. Geistlichen, S. 30
62. S. Gabel, Kämpfe und Werden, S. 93
63. Zum Rechtsschutzverein und Kaplan Dasbach vgl. Mallmann,, Bergarbeiterbewegung S. 120ff; 158ff; 242ff
64. S. Deutsch Evangelische Kirchenzeitung (DEKZ) Nr. 9/1895
65. Wichtig vor allem: Das soziale Programm der ev. Kirche, in: Naumann Werke, Bd. 1, S. 141ff
66. S. Saarbrücker Zeitung Nr. 299; Stumm, Reden 9. Bd., S. 98ff; Freiherr von Stumm-Halberg und die ev. Geistlichen, S. 76ff
67. Ebd., S. 79ff
68. In: Landeshauptarchiv Koblenz, R.P., Best. 403, Nr. 6875
69. Ebd. wie Anm. 68
70. In: 200 Jahre Saarbrücker Zeitung, S. 109
71. Vgl. Saam, R., Evangelische Kirche an der Saar
72. In: 200 Jahre Saarbrücker Zeitung, S. 111
73. In: Stumm, Reden 8. Bd., S. 436ff
74. Ebd., S. 470
75. Ebd., S. 480
76. Ebd., S. 485
77. In: Die Hilfe Nr. 3/1895
78. Ebd., Nr. 14/1895
79. Vgl. Kötzschke, Hermann: Offener Brief an den Herrn Reichstagsabgeordneten; ders., Mein Prozeß; P. Scheven, Der Oberkirchenrat und Pfarrer Kötzschke
80. In: Stumm, Reden 9. Bd., S. 116

81. Ebd., S. 121
82. Ebd., S. 122
83. Ebd., S. 125; es handelt sich um das Buch von Paul Goehre, Drei Monate Fabrikarbeiter
84. Ebd., S. 126
85. Das »Volk« war eine Zeitung der christlich-sozialen Richtung. Der Redakteur war Helmuth von Gerlach
86. In: Stumm, Reden 9. Bd., S. 154
87. In: Freiherr von Stumm-Halberg und die evangelischen Geistlichen, S. 5ff
88. In: Stumm, Reden 9. Bd., S. 165f
89. Ebd., S. 169
90. Text in: Brakelmann, Soziale Frage, Kirche und Sozialismus, S. 191f; zum Gesamtproblem vgl. Pollmann, Landesherrliches Kirchenregiment
91. In: Stumm, Reden 9. Bd., S. 178f
92. Text in: Brakelmann, Soziale Frage, Kirche und Sozialismus, S. 193; dieses Telegramm wird in der kirchlichen allgemeinen Publizistik stark diskutiert. Paul Goehre hat in der »Sozialen Praxis. Centralblatt für Sozialpolitik« eine besondere Interpretation gegeben, in: Nr. 39/1896 (s. Anhang, Dokument Nr. 3). Auch die Stoeckersche Deutsche Evangelische Kirchenzeitung bringt einen großen Kommentar: Nr. 21/1896 (s. Anhang, Dokument Nr. 2)
93. In: Stumm, Reden 9. Bd., S. 183f
94. S. Freiherr von Stumm-Halberg und die ev. Geistlichen S. 49
95. Ebd., S. 35f
96. In: Die Hilfe Nr. 17/1896
97. In: Ev. Arbeiterbote Nr. 39/1896
98. Ebd., Nr. 46/1896
99. Erschienen 1896 beim sozialliberalen Verleger Dr. Ruprecht in Göttingen
100. Dr. Otto von Scheven (1846-1898) war Pfarrer in Saarbrücken
101. In: Freiherr von Stumm-Halberg und die ev. Geistlichen S. 68
102. In: Landeshauptarchiv Koblenz, R.P. Best. 403, Nr. 6875. — Wie der Konflikt aus sozialliberaler Sicht gesehen wird, zeigt ein anonymer Artikel in der Christlichen Welt (ChW) 1896, Sp. 830ff; 848ff (s. Anhang, Dokument Nr. 1). Wie der Konflikt aus sozialkonservativer Sicht interpretiert wird, zeigt ein ebenfalls anonym erschienener Sonderdruck der »Neuen Westfälischen Volkszeitung«, dem Organ der christlich-konservativen Partei Minden-Ravensbergs. Er hat den Titel »Die Wolke wird verschwinden! Eine christlich-soziale Verantwortung gegenüber dem Freiherrn von Stumm-Halberg von einem alten Saarbrücker«. (S. Anhang, Dokument Nr. 4). Es ist zu vermuten, daß beide Berichte von saarländischen Pfarrern stammen. Daß sie anonym schreiben, dürfte den starken Druck, dem sie ausgesetzt waren, zeigen.
103. In: Ev. Zentralarchiv Berlin
104. In: ChW 1896, Sp. 1254
105. In: Ev. Zentralarchiv Berlin
106. In: ebd.
107. In: Stumm, Reden 9. Bd., S. 291f; »Die Hilfe« Nr. 30/1897
108. Nach Frank, Stoecker S. 268
109. In: DEKZ Nr. 33/1896

110. In: Die Hilfe Nr. 30/1897
111. Vgl. Boese, Geschichte des Vereins für Sozialpolitik
112. Wagners umfangreiches Werk »Grundlegung der Politischen Ökonomie« war gerade 1894 in 3. Auflage erschienen; wichtig für die Person: Rubner Adolph Wagner, Briefe — Dokumente
113. In: Mein Konflikt S. 1ff
114. Ebd., S. 6
115. Ebd., S. 9
116. Ebd., S. 11f
117. Ebd., S. 12f
118. In: Akademische Blätter. Verbands-Organ der Vereine Deutscher Studenten, 9. Jg., Nr. 22/1895, S. 275f; vgl. Burger, Sozialwissenschaftliche Studentenvereinigung
119. In: Mein Konflikt S. 15f
120. Ebd., S. 17
121. Ebd., S. 34f
122. Ebd., S. 47
123. In: Stumm, Reden Bd., S. 422f; Stumm bezieht sich auf eine Rede, die Wagner auf dem 1. Delegiertentag christlicher Bergarbeitervereine Deutschlands in Bochum gehalten hatte. Sein Thema: Unternehmergewinn und Arbeitslohn
124. Ebd., S. 431
125. Ebd.,S. 437f
126. Ebd., S. 440
127. Ebd.,S. 449
128. Vgl. Delbrück/Schmoller/Wagner; Über die Stummsche Herrenhausrede gegen die Kathedersozialisten; Delbrück war Herausgeber der Preußischen Jahrbücher. Seine »Politische Korrespondenz« vom 25.1.1895 gibt einen Einblick in die Denkweise des sozialpolitisch engagierten protestantischen Bildungsbürgertums (siehe Anhang, Dokument Nr. 5)
129. Ebd., S. 15
130. In: Verhandlungen der 23. Rheinischen Provinzialsynode, S. 282f
131. Ebd., S. 283ff
132. S. Hellwig, S. 548ff

Zeittafel

30. März 1836	Geburt von Carl-Ferdinand Stumm in Neunkirchen
1848-1850	Besuch der Realschule in Mainz, Eindrücke von der Revolution in Frankfurt
1850	Besuch der Realschule in Siegen, Wohnung bei der Familie von Achenbach
1852	Abitur
	Lehrling im Neunkirchener Eisenwerk
1854	Besuch von Eisenhütten in Rheinland und Westfalen
1854-1858	Studium in Bonn und Berlin: Rechts- und Staatswissenschaften und Eisenhüttenkunde; Einjährig-Freiwilliger; Reisen nach Italien und in den Orient
1. April 1858	Eintritt in die Leitung des Werkes an der Seite des Onkels Karl Böcking (Bruder der Mutter Stumms)
	— Herausgabe eines »Disziplinar-Reglement«; Verbot der Frauenarbeit
1859	Teilnahme an der Mobilmachung Preußens gegen Frankreich
1860	Heirat mit Ida Böcking (4 Töchter und 1 Sohn)
1862	Kreisdeputierter
1866	Erste Begegnung mit Bismarck
1866	Ernennung zum Kommerzienrat
1867-1871	Mitglied des Norddeutschen Reichstages für die Freikonservative Partei (= Reichspartei)
14. Oktober 1867	Rede im Reichstag des Norddeutschen Bundes: u.a. Forderung nach obligatorischen Fabrikarbeiterpensionskassen. Grundkonzept für betriebliche Sozialpolitik
1867	Wahl Stumms ins Preußische Abgeordnetenhaus
14.-15. Juni 1870	Bonner Konferenz. Vorsitzender: Prof. Erwin Nasse, Stumm im Ausschuß. Vortrag von Stumm über das Invalidenwesen der Arbeiter
1870	Teilnahme am deutsch-französischen Krieg
Herbst 1870	Alleiniger Chef der Firma Gebrüder Stumm
1.O ktober 1871	Herausgabe der »Concordia — Zeitschrift für

	die Arbeiterfrage« (1871- 1876)Redaktion: L. Nagel
6. Oktober 1872 (bzw.13.Okt.1873)	Gründung des »Vereins für Sozialpolitik« in Eisenach
	Erwin Nasse Vorsitzender von 1874-1890 Stumm als Teilnehmer der ersten Kongresse
5. Juli 1874	1. Nummer des Evangelischen Wochenbriefes (EW)
6. Juli 1877	Der Verein zur Bekämpfung der sozialdemokratischen Bewegung (Träger: private und staatliche Industrie des Saargebietes) beschließt radikales »Sozialistengesetz«
25. Mai 1879	— Gründung des »Vereins deutscher Arbeitgeber und Freunde des Arbeiterstandes« in Frankfurt/Main — Neugründung der »Concordia«, die später von der »Zentralstelle für Arbeiterwohlfahrt« übernommen wird
19. April 1880	Reichstagsrede über die Verlängerung des Sozialistengesetzes
1. November 1880	Verbot des »Neunkirchener Tagesblatts« in allen privaten und staatlichen Betrieben des Saarlandes
4. Januar 1881	Bildung eines Hirsch-Dunckerschen Gewerkvereins in Neunkirchen
12. Januar 1881	Aufhebung des Verbotes des »Neunkirchener Tagesblatts« durch Behörde
1881	Austritt der Staatsbetriebe aus dem Verein zur Bekämpfung der Sozialdemokratie auf Weisung des Ministers
21. Januar 1881	Aufruf Stumms an seine Arbeiter: Rücktritt vom politischen Leben
3. März 1881 31. März 1881	Reichstagsreden Stumms über die Vorgänge im Saargebiet
3. Juli 1881	Vortrag von Dr. Max Hirsch in Neunkirchen: »Die Arbeiterfrage und die deutschen Gewerkvereine«
5. Juli 1881	Anschlag am Werkstor bei Stumm: Warnung vor den H.-D. Gewerkvereinen. Aufruf zum Boykott von bestimmten Wirtschaften und Gewerbetreibenden
17. November 1881	»Kaiserliche Botschaft« zur staatlichen Sozialgesetzgebung

1882	Berufung ins Preußische Herrenhaus
1882	Gründung des Vereins zur Wahrung der gemeinsamen wirtschaftlichen Interessen des Saarlandes. Stumm bis zu seinem Tode 1901 Vorsitzender
1882	Gründung der Südwestlichen Gruppe des Vereins Deutscher Eisen- und Stahlindustrieller. Vorsitzender: Stumm
1883	Berufung in den Eisenbahnrat
21. Oktober 1884	Generalversammlung der beiden wirtschaftlichen Vereine des Saargebiets: Aufrechterhaltung der Beschlüsse von 1877
20. Oktober 1885	Rede vor der Zweiten ordentlichen Generalsynode der evangelischen Landeskirche Preußens über Sonntagsarbeit und Sonntagsruhe
1885	Gründung des ersten evangelischen Arbeitervereins im Saargebiet in Gersweiler
28. November 1885	Rede vor der Generalversammlung des Vereins zur Wahrung der gemeinsamen Interessen der Saarindustrie über Sonntagsarbeit und Normalarbeitszeit
1886-1901	Stumm Präsident der Handelskammer Saarbrücken
1888	Stumm Vorstandsmitglied des Rheinischen Zweigvereins des Evangelisch-Kirchlichen Hilfsvereins, Schriftführer: Lic. Ludwig Weber
28. Mai 1888	Erhebung Stumms durch Kaiser Friedrich II in den erblichen Freiherrnstand
31. Oktober 1888	Gründung eines »Zweigvereins des Evangelischen Bundes« in Saarbrücken (Vorsitzender: Sup. Zillessen)
Mai 1889	— Streik der Ruhrbergarbeiter. Kommentar von Pfr. Adolf Fauth im EW 44/1889 — Gründung eines Rechtsschutzvereins durch Kaplan Dasbach
7. Juli 1889	Rede Stumms anläßlich einer Prämienverteilung gegen ständige Arbeitervertretungen
Dezember 1889	Streik der Saarbergarbeiter
17. Dezember 1889	Entschließung der saarländischen Wirtschaftsverbände gegen ständige Arbeiterausschüsse
22. Dezember 1889	Kommentar von Pfarrer Lentze im EW zu den

	sozialen Kämpfen
12. Januar 1890	Besuch Stumms bei Bismarck in Friedrichsruh
31. Januar 1890	Ernennung des Freiherrn von Berlepsch zum Handelsminister
4. Februar 1890	Die sog. »Februarerlasse« Wilhelm II zur Fortsetzung der staatlichen Sozialpolitik
10. Februar 1890	Berufung Stumms in den Staatsrat
14. Februar 1890	Rede bei der Eröffnung des Staatsrates
Februar 1890	Erlaß der »Allgemeinen Arbeitsordnung für das Neunkirchener Eisenwerk«
20. März 1890	Entlassung Bismarcks
21. März 1890, 27. Mai 1890, 2. September 1890, 19. Juni 1891	Sitzungen der Saarländischen Wirtschaftsvereine
17. April 1890	Erlaß des EOK an die Geistlichen der ev. Landeskirche
Mai 1890	Gründung eines »Arbeiter-Rechtsschutz-Vereins« durch Maurerpolier Roll
20. September 1890	Die beiden Wirtschaftsvereine erneuern das »Saarländische Sozialistengesetz«
23. April 1891	Reichstagsrede Stumms über die Beschränkung der Vereinigungsfreiheit zum Klassenkampf
21. Juni 1891	Rede Stumms bei der Prämienverteilung an Arbeiter über Arbeiterfürsorge und Geschäftsbetrieb
19. Juli 1891	1. Verbandsfest der ev. Arbeitervereine an der Saar in Dudweiler
1891	Generalversammlung des Rheinischen Zweigvereins des ev.-kirchlichen Hilfsvereins. Reden von Stoecker über die soziale Frage. Ablehnung durch Stumm und Austritt aus dem Verein
21. August 1891	Brief von Weber an Stumm
1891	Gründung ev. Arbeitervereine in Saarbrücken und Sulzbach
10. Januar 1892	Neue Arbeiterordnung für das Neunkirchener Eisenwerk
10./12. Febr. 1892	Reden Stumms im Reichstag über die Bekämpfung der Sozialdemokratie durch Staatsbetriebe
24. April 1892	Besuch von Wilhelm II. auf dem Halberg;

	Verleihung des Roten Adlerordens zweiter Klasse an Stumm und Geschenk des Kaiserbildes (nach Lenbach) an Freifrau Ida
25. April 1892	Besuch der Neunkirchener Werke und der Wohlfahrtseinrichtungen durch den Kaiser. Prämienverteilung an verdiente Arbeiter, Rede von Stumm, Ordensverleihung an Beamte und Arbeiter durch den Kaiser
3. u. 10. Juli 1892	Artikel im »Saarbrücker Gewerbeblatt«über dieArbeiterwohlfahrtseinrichtungen bei Stumm
Jahreswende 1892/93	Streik der Saarbergleute
3. Februar 1893	Reichstagsrede Stumms über die Ziele der Sozialdemokratie
1. Oktober 1893	Albert Zühlke Chefredakteur der »Saarbrücker Zeitung«
22. Januar 1894	Rede Stumms im Reichstag über die Sozialdemokratie als Urheberin der Arbeitslosigkeit und Schwester des Anarchismus
26. August 1894	Gründung des Gewerkvereins Christlicher Bergleute in Essen
9. September 1894	— Angriffe der »Saarbrücker Gewerbezeitung«gegen die Gründung eines Christlichen Gewerkvereins der Bergleute — Kommentar zur Gründung des Christlichen Gewerkvereins im EW
4. Oktober 1894	Vortrag von Friedrich Naumann im Handwerkerverein Saarbrücken über »Notstand, Almosen und Hilfsorganisation«
14. Oktober 1894	Artikel im »Gewerbeblatt«: »Koalitionsrecht und Sozialdemokratie« (vom Sekretär der Handelskammer von der Osten)
26. Oktober 1894	Amtsantritt des Reichskanzlers Fürst Hohenlohe-Schillingsfürst
2. Dezember 1894	1. Probenummer der »Hilfe« von Friedrich Naumann
6. Dezember 1894	Einbringen der »Umsturzvorlage« im Reichstag
12./13. Dezember 1894	— Reden von Stumm; — Angriff von Wilhelm Liebknecht auf Stumm
4. Januar 1895	Beschluß der Saarländischen Industriellen gegen die evangelischen Arbeitervereine
6. Januar 1895	1. Nummer der »Hilfe«

9. Januar 1895	Reichstagsrede Stumms zur »Vorlage zur Bekämpfung des Staatsumsturzes«. Rede gegen Universitäts- und Kanzelsozialismus (gegen Naumann und die Christlich-Sozialen)
12. Januar 1895	Gegenerklärung von Lic. Weber gegen die Rede von Stumm vom 13. Dezember 1894
12. Januar 1895	Reichstagsrede Stumms zur »Vorlage zur Bekämpfung des Staatsumsturzes«
13. Januar 1895	Erklärung von Stumm in der Saarbrücker Zeitung
18. Januar 1895	Christlich-soziale Parteiversammlung in Berlin. Solidaritätsresolution für Naumann und Weber. Reden von Stoecker und Adolf Wagner
24. Januar 1895	Öffentlicher Brief von Adolf Wagner an Stumm im »Volk«
25. Januar 1895	Aufforderung von Stumm an Wagner zum Duell durch Richard Vopelius
27. Januar 1895	Erklärung Stumms über Wagners Verhalten in der »Post«
Januar 1895	Brief des Pfarrers H.R. Schäfer an Stumm: Anti-Stumm
Januar 1895	Erklärung von Sup. Zillessen
Januar 1895	Gespräch zwischen Vertrauensmänner der Ev. Arbeitervereine des Saarlandes und Richard Vopelius
3. Februar 1895	Beschluß der ev. Arbeitervereine, auf Verbreitung der »Hilfe« zu verzichten
7. Februar 1895	Reichstagsrede von Stumm gegen Klassenkampf und Arbeiterkoalitionen (gegen Naumann und Genossen)
8. Februar 1895	Wagner-Schmoller-Kommers in Berlin
10. Februar 1895	Erklärung der beiden wirtschaftlichen Vereine: Aussetzung des Beschlusses über den ev. Arbeiterverein vom 4. Januar 1895
14. Februar 1895	Erklärung Wagners an Stumm
23. Februar 1895	Kundgebung der Handelskammer Saarbrücken für Stumm
25. Februar 1895	Antwort von Stumm
26. Februar 1895	— Artikel von Max Weber in der Kreuzzeitung über die »Kampfweise des Freiherrn von Stumm«

	— Stellungnahme des Brebacher Presbyteriums zugunsten von Stumm
Februar 1895	Erklärung des Aktionskomitees des Evangelisch-sozialen Kongresses zu den Angriffen auf die Evangelisch-Sozialen
2. März 1895	Rede Stoeckers gegen Stumm im Preußischen Abgeordnetenhaus
10. März 1895	Adolph Wagner: »Mein Konflikt mit dem Großindustriellen und Reichstagsabgeordneten Freiherrn von Stumm-Halberg. Eine Streitschrift zur Abwehr von Angriffen, Beleidigungen und Verdächtigungen«
17. März 1895	Statuten für ein evangelisches Auskunftsbüro
29. März 1895	Vortrag von Adolph Wagner in Barmen: »Sozialismus, Katheder- und Staatssozialismus«
1. April 1895	Eröffnung des Evangelischen Auskunftsbüros in Saarbrücken
6. April 1895	Vortrag von Adolph Wagner im Handwerkerverein (Volksbildungsverein): »Sozialismus, Sozialdemokratie und positive soziale Reform«
7. April 1895	Vortrag mit ähnlichem Inhalt vor dem evangelischen Arbeiterverein in Dudweiler
April 1895	»Offener Brief« des Pfarrers Hermann Kötzschke an Stumm
11. Mai 1895	Scheitern der Umsturzvorlage im Reichstag
Juni 1895	Artikelserie von Pfr. Fauth im EW: »Was vom Duell zu halten ist«
22. Juni 1895	Prämienverteilung an Arbeiter durch Stumm. Rede über das Verhältnis des Arbeitgebers zur Lohnarbeiterschaft
24. Oktober 1895	Vortrag von Naumann im Saarbrücker Handwerkerverein: »Auflösung und Aufbau des Familienlebens«
1895	Gründung eines »Katholischen Berg- und Hüttenverbandes im Saarrevier«
2. November 1895	Leserbrief in der Saarbrücker Zeitung (SZ) von »mehreren Patrioten« veranlaßt durch Stumm. Beginn des sog. »Patriotenkrieges«
3. November 1895	Stellungnahme des Vorstandes des Handwerkervereins
3. November 1895	1. Brief von Stumm an den Oberpräsidenten

	Hermann Nasse in Koblenz: Beschwerde über Dr. Meyer und andere Lehrer
10. November 1895	Artikel im Saarbrücker Gewerbeblatt: »Das Ziel der christlich-sozialen Agitation im Saarrevier«
10. November 1895	Beschluß der Vertreterversammlung der Evang. Arbeitervereine über friedliches Verhältnis zwischen Arbeitern und Arbeitgebern und entschiedenen Kampf gegen die Sozialdemokratie. Vortrag von Pfr. Lentze
11./12. Nov. 1895	Abdruck des Vortrages von Lentze vom 10. November 1895
11. November 1895	Stellungnahme des Vorstandes des Handwerkervereines zum Artikel im Gewerbeblatt vom 10. November
14. November 1895	Vortrag von Frau Gnauck-Kühne: »Die soziale Lage der Frau«
19. November 1895	Vier-Stunden-Gespräch zwischen Stumm und Pfr. Lentze (Vorsitzender der Ev. Arbeitervereine an der Saar) Zeuge: Ernst Wagner
28. November 1895	10.000 Mark Angebot an die Saarbrücker Zeitung
30. November 1895	Darstellung von Lentze über sein Gespräch mit Stumm in der SZ (gegen die Meldungen der Frankfurter Zeitung vom »Scharfmacher«)
1. Dezember 1895	Brief von Stumm über sein Gespräch mit Lentze an die SZ
11./12. Dezember 1895	Reichstagsreden von Stumm: gegen August Bebel und den Anarchismus der Sozialdemokratie
12. Dezember 1895	Hauptversammlung des Handwerkervereins. Rede des Vorsitzenden Dr. Meyer
16. Dezember 1895	Erlaß des Preußischen Oberkirchenrates (EOK) betreff Beteiligung der Geistlichen an sozialpolitischen Agitationen
Dezember 1895	Artikel im Gewerbeblatt: »Bemerkenswerte Kundgebung« (der sog. Unholdenartikel)
1. Januar 1896	Gründung der Neuen Saarbrücker Zeitung (NSZ) unter Einfluß von Stumm; Chefredakteur: P. Schwuchow. Bald verbunden mit »Neuem Gewerbeblatt« (ab 16. Febr. 1896)
18. Januar 1896	Verleihung des Wilhelmsorden für soziale

	Verdienste an Frau von Stumm
9. Februar 1896	—»Wort der Abwehr« gegen den »Unholden-
	artikel« durch Pfr. Fauth in der SZ
	— Artikel des Redakteurs Alfred Zühlke in der
	Saarbrücker Zeitung
	— Erklärung von Sup. Zillessen gegen den »Un-
	holdenartikel« im EW
10. Februar 1896	Rede Stumms vor der Handelskammer
	Saarbrücken über christlichen Sozialismus und
	seine Bekämpfung im Saargebiet durch
	Neuordnung der Presse
11. Februar 1896	Artikel in der NSZ:
	»Der christliche Sozialismus und der Parteien-
	ausschuß«
18. Februar 1896	Reichstagsrede Stumms über
	Vereinigungsfreiheit und Umsturz
24. Februar 1896	Saarbrücker Pfarrkonferenz:
	Vortrag von Pfr. Lentze: »Unsere Lage«;
	Synodalbericht: Beschluß, eine »Erklärung«
	abzugeben
26. Februar 1896	Parteitag der älteren Christlich-Sozialen in
	Frankfurt/Main
28. Februar 1896	—»Erklärung« der Saarbrücker Pfarrkonferenz
	in der SZ gegen den Artikel vom 11. Februar
	1896 in der NSZ
	— Kommentar in der SZ:
	»Die Erklärung der Geistlichen«
1. März 1896	— Erneuter Angriff gegen die Geistlichen in
	der NSZ.
	— Gegenerklärung von 5 Pfarrern
3. März 1896	Erklärung von Stumm gegen Zillessen
5. März 1896	Schreiben von Sup. Zillessen
9. März 1896	Saarbrücker Pfarrkonferenz mit dem
	Rheinischen Generalsuperintendenten Dr. Baur
11. März 1896	Kurzrede von Stumm im Reichstag über die
	Kündigung von Sozialdemokraten durch
	Unternehmer
12. März 1896	Bericht von Pfr. Lentze vor Saarbrücker
	Pfarrkonferenz
16. März 1896	Bericht von Lentze an den
	Generalsuperintendenten Dr. Baur
23. März 1896	Reichstagsrede Stumms

30. März 1896	60. Geburtstag von Stumm; u.a. Empfang des Neunkirchener Presbyteriums
4. April 1896	Artikel in der SZ: »Freiherr von Stumm und seine Wahrheitsliebe«
12. April 1896	— Große Rede Stumms auf einer Wählerversammlung der Freikonservativen Partei in Neunkirchen über »Kanzelsozialismus, Kathedersozialismus, Straßensozialismus« (Überschrift nach Alexander Tille). Gegenrede von Pfr. Hülsmann — Tonhallenversammlung der Nationalliberalen Partei in Saarbrücken, u.a. Rede von Pfarrer Coerper
16. April 1896	Erklärung von Sup. Zillessen zur Rede von Stumm in Neunkirchen
19. April 1896	Rede von Pfr. Lentze auf einer Saarbrücker Wählerversammlung gegen Stumms Neunkirchener Rede. Resolution gegen die NSZ
April 1896	Klage Stoeckers gegen Stumm aufgrund der Neunkirchener Rede
20. April 1896	Protest von 31 Pfarrern gegen die Rede von Stumm
9. Mai 1896	Veröffentlichung des Kaiserlichen Telegramms (Christlich-sozial ist Unsinn) in der »Post«
15. Mai 1896	Versammlung der christlich-sozialen Partei in Berlin. Thema: Das Kaiserliche Telegramm
14. u. 20. Mai 1896	Briefe von Stumm an den Minister des Innern mit der Bitte, der SZ staatliche Aufträge zugunsten der NSZ zu entziehen
20. Mai 1896	Brief des Saarbrücker Landrates Bake an Regierungspräsident Heppe in Trier: Beschwerde über Pfarrer Lichnock
4. Juni 1896	Bescheid des Koblenzer Konsistoriums an die Saarbrücker Pfarrer
10. Juni 1896	Kreissynode Saarbrücken: Erklärung der Synode zu den Kämpfen der letzten Zeit
Juni 1896	Herausgabe der Schrift »Freiherr von Stumm-Halberg und die evangelischen Geistlichen im Saargebiet«
26. Juni 1896	Rücktritt von Hans von Berlepsch (Höhepunkt der Ära Stumm)
19. Juli 1896	Meldung der NSZ:

	Kaiser billigt die Kritik Stumms an Stoecker in der Neunkirchener Rede
25. Juli 1896	Beschwerdebrief von Stumm an das Konsistorium in Koblenz
1. August 1896	Erklärung von drei Gemeinden zugunsten Stumms in der NSZ
2. August 1896	Verbandsfest der Evangelischen Arbeitervereine an der Saar in Heiligenwald
5.-23. September1896	23. Rheinische Provinzialsynode in Neuwied, u.a. Authentische Interpretation des Erlasses des EOK vom 16. Dezember 1895, betr. die Beteiligung von Pastoren an sozialpolitischen Agitationen; Schutz der Geistlichen im Saargebiet gegen die Angriffe des Freiherrn von Stumm; Resolution über die Ev. Arbeitervereine
27. Oktober 1896	Stellungnahme der Pfarrkonferenz Saarbrücken zum Beschwerdebrief Stumms gegenüber dem Koblenzer Konsistorium, besondere Erklärungen der Pfarrer Zillessen, Lentze und von Scheven
26. November 1896	Antwort des Koblenzer Konsistoriums an Stumm
3. Dezember 1896	Reichstagsrede Stumms (u.a. über seine Stellung zu den Februarerlassen 1890)
12. Dezember 1896	Reichstagsrede Stumms (Auseinandersetzung mit Prof. Hüpeden)
18. Dezember 1896	Brief von Stumm an das Koblenzer Konsistorium
28. Dezember 1896	1. Eingabe Stumms an den EOK
7. Januar 1897	Stumm als Zeuge im Prozeß Stoecker-Schwuchow
8. Januar 1897	2. Eingabe Stumms an den EOK
13. Januar 1897	— Reichstagsrede Stumms — Rede des christlich-sozialen Professors Hüpeden aus Kassel gegen Stumm
14. Januar 1897	Reichstagsrede Stumms. Vorher Rede von Hüpeden
20. Januar 1897	Reichstagsrede Stoeckers gegen Stumm
31. Januar 1897	Rede Wagners in Bochum auf dem 1. Delegiertentag Christlicher Bergarbeitervereine Deutschlands über »Unternehmergewinn und Arbeitslohn«

4. Februar 1897	Reichstagsrede Stumms über die Höchstdauer der Arbeitszeit
6. Februar 1897	Reichstagsrede Stumms über Sozialdemokratie und politische Polizei
11. Februar 1897	Rede Stoeckers im Preußischen Abgeordnetenhaus
15. Februar 1897	Reichstagsrede Stumms über Sozialdemokratie und Heer, Sozialdemokratie und Verbrechen und Christlichen Sozialismus. Vorher Angriff von Bebel auf Stumm, ebenso hinterher
19. Februar 1897	— Reichstagsrede Stumms über die Höchstdauer der Arbeitszeit — Visitation der Synode Saarbrücken durch die Rheinische Provinzialkirche (von der Goltz)
22. März 1897	Kaiser-Wilhelms-Tag zum 100. Geburtstag von Wilhelm I. Arbeitsruhe in den Werken Stumms und Festbetrag für die Arbeiter
4. Mai 1897	— Rede des Freiherrn von Zedlitz-Neukirch im Preußischen Herrenhaus über den Kathedersozialismus — Antwort des Kultusministers Bosse
26. Mai 1897	Antwortschreiben des EOK an Stumm durch Dr. Barkhausen
28. Mai 1897	Rede von Stumm im Preußischen Herrenhaus über Kathedersozialismus und Wirtschaftswissenschaften
24. Juni 1897	Rede von Stumm im Preußischen Herrenhaus über landesgesetzliche Beschränkungder Vereinigungsfreiheit und über Kathedersozialismus
30. Juni 1897	Rede von Stumm im Preußischen Herrenhaus über Kathedersozialismus und Wirtschaftswissenschaft
2. November 1897	Freispruch Stumms im Prozeß Stoecker — Stumm durch Amtsgericht in Neunkirchen. Berufung durch Stoecker
17. Januar 1898	Reichstagsrede von Stumm
18. Januar 1898	Reichstagsrede von Stumm
24. Februar 1898	Reichstagsrede von Stumm
7. Mai 1898	Letzter Besuch Stumms bei Bismarck
31. Mai 1898	Vertrauenskundgebung Bismarcks für Stumm
24. Juni 1898	Stumm nach Stichwahl in den Reichstag gewählt

29. Juni 1898	Stumm an die Arbeiter: Boykott der »Neunkirchener Zeitung«
4. Juli 1898	Landgericht Saarbrücken verurteilt Stumm zu Geldstrafe und zur Übernahme der Kosten im Prozeß Stoecker-Stumm
30. Juli 1898	Tod Bismarcks
21. Januar 1899	Reichstagsrede Stumms
3. Mai 1899	Reichstagsrede Stumms
1. Juni 1899	Einbringen der sog. Zuchthausvorlage im Reichstag
20. November 1899	— Reichstagsrede Stumms über den Schutz der wirtschaftsfriedlichen Lohnarbeiter — Ablehnung der Zuchthausvorlage durch den Reichstag
12. Januar 1900	Reichstag nimmt Resolution von Stumm über die Witwen- und Waisenversicherung an
8. März 1901	Tod Stumms
13. März 1901	Beisetzung auf dem Friedhof im Park von Schloß Halberg. Predigt: Pfarrer Hanstein über »Selig sind die Toten, die in dem Herrn sterben, von nun an. Ja, der Geist spricht, daß sie ruhen von ihrer Arbeit, denn ihre Werke folgen ihnen nach.« In der Gedächtnispredigt in der Kirche zu Brebach Predigt von Pfarrer Hanstein: »Sei getreu bis in den Tod, so will ich dir die Krone des Lebens geben.«

1. Brief Stumms an den Regierungspräsidenten Nasse

Halberg, den 3. November 1895

Euer Excellenz halte ich mich für verpflichtet, auf die sozialistischen Agitationen des Herrn Dr. Meyer, Oberlehrers an der Saarbrücker Oberreal- oder Gewerbeschule, aufmerksam zu machen. Derselbe steht an der Spitze des sogenannten Handwerkervereins und ist bestrebt, denselben in die Naumannsche Richtung überzuführen und die Gefahr heraufzubeschwören, daß das Saargebiet, welches wir bisher gegen Centrum, Sozialdemokratie, Antisemiten und Freisinnige stets siegreich verteidigt haben, den regierungs- freundlichen Parteien schließlich verloren gehe.

....(nicht lesbar) des Handwerkervereins, welcher übrigens mit Handwerkern herzlich wenig zu tun hat, lege ich ein »Eingesandt« aus der Saarbrücker Zeitung bei, welches, wie ich weiß, von amtlicher Seite verfaßt ist. Die neueste Leistung des Dr. Meyer geht aber aus beiliegender Correspondenz mit der Neunkircher Volkszeitung hervor. Dieselbe hatte eine Ankündigung des bevorstehenden Vortrags des Pfarrer Naumann gebracht, in welcher dieser Herr als berühmter Sozialpolitiker herausgestrichen wurde. Da der Direktor des Blattes ... behauptet, in Eintracht mit mir leben zu wollen, so habe ich ihn vor Naumann gewarnt, widrigenfalls ich Stellung gegen sein Blatt nehmen müsse. An ein Verbot war dabei nicht gedacht, sondern nur an ein Entziehen der Drucksachen, Inserate u.s.w. Herr ... beging nun die Indiskretion, den Dr. Meyer von der Rücksendung seines Artikels über Naumann mich als die Veranlassung dazu anzugeben; darauf erschien nun gleichfalls in der Anlage abgedruckter Artikel im »Volk« bzw. »Vorwärts«, welcher niemand anders zum Verfasser haben kann als den vor- genannten Dr. Meyer.

Wenn Se. Majestät die Bürger dazu aufruft, sich gegen den Sozialismus zu ermannen, so kann dies nur dann Erfolg haben, wenn verhindert wird, daß mittelbare und unmittelbare Staatsbeamte dem Sozialismus Vorschub leisten. Ich weiß nicht, inwieweit die Lehrer an der Saarbrücker Gewerbe- oder Oberrealschule einer staatlichen Disziplinargewalt unterliegen. Sollte dies aber der Fall sein, so möchte ich an Eure Excellenz die ergebenste Bitte richten, Remedur eintreten zu lassen. Wie ich höre soll übrigens eine ganze Anzahl von Lehrern in beiden Höheren Anstalten in Saarbrücken die Ten- denzen des Dr. Meyer und denselben Vorschub leisten.

In tiefster Ehrerbietung
Euer Excellenz ganz ergebener
Freiherr von Stumm-Halberg

2. Brief Stumms an den Regierungspräsidenten Nasse

Halberg, den 30. November 1895

Euer Exzellenz,

danke ich verbindlich für die geneigte Mitteilung vom 28. dieses Monats. Die höhere Einwirkung auf die Lehrer der Saarbrücker Höheren Lehranstalten wird, wenn sie wirksam sein sollte, der sozialistischen Propaganda in Saarbrücken den Boden entziehen. Denn es stellt sich immer klarer heraus, daß die eigentlichen Triebfedern dieser Bewegung weit weniger in den Pastoren als in jenen Lehrern zu suchen sind. Allerdings beruht die Bezeichnung des Oberlehrers Dr. Meyer als dem Verfasser des Korrenzpondenzartikels über den Vortrag des Pastors Naumann auf einer Verwechslung mit einem anderen Dr. Meyer. Diese Verwechslung ist aber nicht etwa von mir ausgegangen, sondern der Direktor der Neunkirchener Volkszeitung hat in unserem Dr. Meyer wirklich den Oberlehrer Dr. Meyer erblickt. Er war dazu meines Erachtens um so mehr berechtigt, als der Oberlehrer Dr. Meyer die ganze Aktion im Handwerkerverein leitet und als die Correspondenz, wie mir versichert wird, durch den Oberlehrer Glabbach, der regelmäßiger Korrespondent des gedachten Blattes sein soll, vermittelt wurde. Ich erhielt gestern die zuverlässige Mitteilung, daß die eigentlich bewegende Kraft der ganzen Bewegung in dem Gymnasialoberlehrer Görbig zu suchen sei.

Die Art und Weise, wie Pfarrer Lentze mein Vertrauen mißbraucht hat, das ich ihm dummer Weise in einer von ihm nachgesuchten Unterredung erwiesen habe, werden Sie aus den Zeitungen ersehen haben. Die ganze Geschichte ist bis auf drei Punkte erlogen: 1) habe ich den Pfarrer Lentze gesprochen, 2) habe ich ihm den Standpunkt über sein Verhältnis zu Naumann klargemacht, und drittens habe ich ihm erzählt, daß ich zur Jagd nach Barby reisen und dort Seine Majestät den Kaiser treffen würde. Selbst hierüber.... war mit Diskretion versprochen, weil ich ihm jedes Hereinziehen Seiner Majestät in ein ...unserer Unterredung als unzumutbar bezeichnete. Der Mann behauptet jetzt freilich, die Presse habe seine Mitteilung geradezu auf den Kopf gestellt, jedenfalls aber hat er Mitteilungen und zwar unwahre Mitteilungen gemacht, die einen unglaublichen Skandal in der Presse auf meine Kosten hervorgerufen haben. Selbst die Wohlmeinendsten unter dieser christlich sozialen Gesellschaft scheinen in ihrer Aufregung geradezu verrückt zu werden. Wenn nicht energisch dagegen eingeschritten wird, wird sich diese Verrücktheit auf ganze Gemeinden

erstrecken und bei uns zunächst den Ultramontanen und dann den Sozialdemokraten zu Gute kommen.

In tiefster Verehrung Ihr ganz ergebener
Freiherr von Stumm-Halberg

3. Brief Stumms an das Konsistorium in Koblenz

Halberg, den 25. Juli 1896

Dem Königlichen Konsistorium beehre ich mich nachstehend eine
Beschwerde gegen die Saarbrücker evangelische Pfarrkonferenz einzureichen,in deren Auftrag eine Streitschrift unter dem Titel »Freiherr von
StummHalberg und die evangelischen Geistlichen im Saargebiet« erschienen ist, welche durch Preisnachlaß und auf sonstige Weise in den Arbeiterkreisen des Saarreviers verbreitet wird, um meine politische und soziale
Stellung zu untergraben.

Nicht dies bildet aber den Grund meiner Beschwerde, noch weniger die
gehässige und verletzende Sprache, deren sich jene Herren gegen mich
bedienen, denn ich bin von christlich-sozialer Seite an die schärfste Tonart
gewöhnt. Worüber ich mich dem Konsistorium gegenüber einzig und allein
beschwere, sind die zahlreichen Unwahrheiten und Entstellungen, durch
welche in der gedachten Broschüre die hiesigen Vorgänge geradezu auf den
Kopf gestellt werden.

Ich schicke voraus, daß wenn es den Anschein haben sollte, als ob ich
durch eine vor meinen Wählern am 12. April dieses Jahres gehaltene Rede
die evangelische Pfarrkonferenz zu der 3 Monate später erschienenen
Streitschrift provoziert hätte, dieser Anschein ein Augenwischer wäre. Ich
bin ganz ohne mein Zutun durch die Provokationen der unter dem Einflusse
der Pfarrkonferenz stehenden Saarbrücker Zeitung persönlich in den entbrannten Streit hineingezogen worden und meine Rede vom 12. April war
nur eine notgedrungene Verteidigung gegen die unerhörten persönlichen
Angriffe, welche u.a. die Saarbrücker Zeitung gegen mich veröffentlicht
hatte. Den Wortlaut der Rede, deren Inhalt ich Wort für Wort aufrecht erhalte, füge ich in der Anlage ergebenst bei. Ich gestatte mir nun die in der
gedachten Streitschrift enthaltenen Entstellungen und Unwahrheiten
nachstehend einzeln aufzuführen:

114

1) Schon der Titel, in welchem ich nicht der Pfarrkonferenz, sondern *den* evangelischen Geistlichen im Saargebiet gegenübergestellt werde, verrät die Tendenz, mich in einen vermeintlichen Gegensatz gegen die gesamte Synode zu bringen. Ich würde an einen Stilfehler glauben, wenn nicht auf Seite 11 der Broschüre behauptet würde, *alle* Gemeindeglieder seien den Geistlichen dankbar für ihre Stellungnahme und auf Seite 15, daß auch die Nichtunterzeichner der auf Seite 5 ff abgedruckten Erklärung die Stellungnahme derselben grundsätzlich teilen. Beides ist absolut unwahr, wie aus der Schlußbemerkung der Broschüre selbst hervorgeht, denn hier steht zu lesen:»Synode bedauert lebhaft den Riß, welchen die Kämpfe der letzten Zeit in den *evangelischen Kreisen* des Saarreviers verursacht haben.« Tatsächlich wird denn auch in fast allen Gemeinden das Vorgehen jener Deklaranten von einem erheblichen Teil der Gemeindeglieder, insbesondere von Zivil- und Militärbehörden scharf getadelt, und von den 9 oder 10 Geistlichen, welche die Erklärung nicht unterzeichnet haben, kann ich 7 namhaft machen, von denen ich positiv weiß, daß sie die Erklärung mißbilligen. Es sind dies die beiden Pfarrer Riehss (?) sowie Pfarrer Eybisch in Neunkirchen, die Pfarrer Hanstein und Vogel in Brebach Güdingen, die Pfarrer Ilse und Fenner in St. Johann Saarbrücken. Auch der Sulzbacher Pfarrer soll auf demselben Standpunkt stehen. Dagegen ist mir von glaubenswürdiger Seite versichert worden, daß eine ganze Anzahl von Geistlichen in den öffentlichen Kampf nur aus Konvenienz gegen die streitbaren Herren Zillessen,von Scheven, Lentze, Lichnack etc. eingetreten seien.

2) In dem Vorwort wird mir die Verantwortlichkeit für das Hineinziehen der Person Seiner Majestät und insbesondere für die Veröffentlichung des Allerhöchsten Telegramms zugeschoben,während es längst öffentlich konstatiert worden ist, daß ich nur auf Befehl Seiner Majestät gehandelt habe.

3) Auf Seite 19 wird behauptet, es handle sich hier um einen religiösen Kampf, also mit anderen Worten: ich kämpfe gegen die evangelische Kirche;und auf Seite 11, man setze die hiesigen Pfarrer den Christlich-Sozialen und diese wieder Bebel und Liebknecht gleich,während die Schritte, welche ich in Gemeinschaft mit den Führern der patriotischen Parteien des Saarreviers gegen die Saarbrücker Zeitung unternahm, sich lediglich gegen die christlich-sozialen Bestrebungen Naumann'scher und Stoecker'scher Richtung richteten. Erst die Erklärung der Herren vom 28. Februar hat die Saarbrücker Geistlichen auf den Kampfplatz geführt. Eine Gleichstellung selbst der Naumann und Genossen mit Bebel und Liebknecht hat übrigens

niemals stattgefunden, sondern nur die *Wirkung* ihrer Agitation ist mit der der Sozialdemokratie identifiziert worden. Ebenso unwahr ist die Behauptung (Seite 13), daß in einem Artikel der Kölnischen Zeitung, welche in das Saarbrücker Gewerbeblatt übergegangen war, die Geistlichen des Saarreviers als »Unholde« bezeichnet worden seien. Dieser Ausdruck ist lediglich auf die Naumann, Kötzschke, Wagner, Scheven und Genossen angewandt worden, was allein schon aus dem Ausdruck »im Bezirk Neunkirchen« hervorgeht, denn im Bezirk Neunkirchen haben sich die Herren Geistlichen bis auf den heutigen Tag von dem Kampf völlig fern gehalten. Freilich wird diese Interpretation, welche für jeden Unbefangenen selbstverständlich ist, auf Seite 65 ein »Fechterkunststück« genannt. Dieser beleidigende Ausdruck aber beweist nur, wie unangenehm es den Herren ist, daß ihnen ein Vorwand zu ihrem aggressiven Vorgehen entwunden ist. Ich beziehe mich in dieser Beziehung auf den betreffenden Passus meiner Rede vom 12. April.

4) Es ist unwahr, daß ich einen maßgebenden Einfluß auf die Neue Saarbrücker Zeitung ausübe. Ich habe mich in meiner Rede vom 12. April über mein Verhältnis zu diesem Blatte so klar ausgesprochen, daß es keines weiteren Zusatzes bedarf. Ebenso unwahr ist es, daß ein taktloser Artikel des Redakteurs jenes Blattes, welcher von mir öffentlich scharf getadelt wurde, als programmatisch für unser Vorgehen bezeichnet wird (Seite 14). Dieser Artikel war übrigens, wie bereits bemerkt, gegen die Geistlichen der Saarbrücker Synode gar nicht gerichtet. Es ist auch nicht richtig, daß der sittliche Charakter dieser Geistlichen oder gar ihre persönliche Ehre jemals mit meiner Billigung (Seite 16 und 17) angegriffen worden wären. Niemals habe ich meine vollste Sympathie mit dem evangelischen Pfarramt verleugnet, und ich habe meine Mißbilligung rückhaltlos ausgesprochen, als die Neue Saarbrücker Zeitung hie und da, durch ungerechte Angriffe gereizt, den evangelischen Geistlichen als solchen zu nahe getreten ist.

5) Ein Mißtrauen gegen die von evangelischen Geistlichen geleiteten Arbeitervereine ist von mir niemals zum Ausdruck gekommen. Ich habe mich lediglich gegen die Arbeitervereine Naumann'scher Richtung gewandt und allerdings behauptet »dieselben marschierten direkt in das Lager der Sozialdemokratie«. Wenn ich die Bildung evangelischer Arbeitervereine unter meinen Arbeitern nicht gewünscht habe, (verboten habe ich sie nicht) so geschah dies deshalb, weil ich dann auch katholische Arbeitervereine nicht verhindern konnte und das Hervorrufen konfessioneller Gegensätze unter *meinen* Arbeitern verhindern wollte.

Umso lebhafter unterstütze ich die auf rein sittlich-religiöser Grundlage stehenden Männer- und Jünglingsvereine. Die Ausbildung der evangelischen Arbeitervereine zu Rechtsschutzvereinen habe ich allerdings in Gemeinschaft mit den übrigen Großindustriellen des Reviers verhindert, eingedenk der Rolle, welche der sogenannte Rechtsschutzverein bei den beklagenswerten Streiks, welche wenige Jahre hinter uns liegen, gespielt hat. Die Behauptung der Broschüre, daß wir die Katholiken in dieser Beziehung anders und günstiger behandelt hätten, ist unwahr. Diese ganze Streitfrage wurde durch freundschaftliche Vereinbarung mit den Vorständen der evangelischen Arbeitervereine s. Z. geregelt, und kann ich es deshalb nur als einen Ausfluß von Kampfbegier bezeichnen, wenn diese längst beigelegte Sache in der Broschüre wieder aufgemutzt wird. Wenn in der Broschüre zum Beweis des Gegenteils auf Seite 39 ein Beschluß der wirtschaftlichen Vereinigung abgedruckt wird, so wissen die Verfasser ganz genau, daß dieser vorläufig nicht veröffentlichte Beschluß nur ein eventueller war und in Folge der eingetretenen Vereinbarung einfach gegenstandslos wurde. Es ist auch nicht wahr, daß ohne diese Vereinbarung die evangelischen Arbeitervereine unter die Beschlüsse vom 6. Juli 1877 gegen die Sozialdemokratie gefallen wären. Dies wäre lediglich hinsichtlich der »Hilfe« der Fall gewesen, wie aus dem in der Broschüre abgedruckten Protokoll deutlich hervorgeht.

Gleichfalls unwahr ist es, wenn auf Seite 40 behauptet wird, wir hätten den Anfang einer Gewerksvereinsgründung in der Errichtung des Rechtsschutzbüros erblickt oder wir wären in dieser Frage nicht genügend orientiert gewesen. Was wir befürchteten und befürchten mußten, war die Konsequenz, daß sich später aus dem Rechtsschutzbüro ein gegen die Arbeitgeber gerichteter fest geschlossener Gewerkverein *herausbilden* würde, und die Entwicklung der Dinge am Niederrhein hat uns in dieser Befürchtung völlig recht gegeben.

6) Es ist völlig unwahr, wenn auf Seite 18 behauptet wird, ich hätte den Satz aus einem Artikel des Gewerbeblattes vom November 1894: »Wer nicht in *allen Stücken* für uns ist, der ist gegen uns« ausdrücklich gebilligt. Genau das Gegenteil ist der Fall.

7) Es ist unwahr, wenn auf Seite 21 behauptet wird, die evangelischen Arbeitervereine hätten sich jeder Kundgebung gegen mich enthalten. Während ich jede Stellungnahme gegen diese Vereine als solche sorgfältig vermieden habe, ist auf dem letzten Stuttgarter Kongreß urbi et orbi durch eine Resolution verkündet worden, daß die evangelischen Arbeitervereine mein Vorgehen auf das schärfste mißbilligen. In Folge dieses Beschlusses

sind die evangelischen Arbeitervereine Scheidt und Bischmisheim, trotzdem die dortigen Pfarrer zu den Deklamanten gehören, aus dem Verband ausgetreten.

8) Auf Seite 22 wird der Schein erweckt, als ob die Wählerschaft des Kreises Saarbrücken meine in der Rede vom 12.April dargelegte Auffassung mit Unwillen zurückgewiesen habe. Es wird aber verschwiegen, daß zu dieser zum großen Teil aus jungen Leuten, welche noch kein Wahlrecht besitzen, zusammengesetzten Radauversammlung ausdrücklich nur ausgesprochene Gegner der Beschlüsse der offiziellen Vertrauensmänner-Versammlung der reichstreuen Parteien, welche 8 Tage vorher getagt hatte, eingeladen worden waren.

9) Die Behauptung der Broschüre, daß die streitbaren Geistlichen nur von religiösen, nicht aber von politischen Gesichtspunkten ausgegangen seien, ist unwahr. Die ganze Streitschrift bewegt sich auf sozialpolitischem Gebiete, so z.B. die Ausführungen auf Seite 29, wo das persönliche Verhältnis des Arbeitgebers zum Arbeiter ganz im Stile sozialistischer Auffassung als mit dem Zeitalter des Verkehrs, des allgemeinen Wahlrechts als unvereinbar bezeichnet wird.

In dem offiziellen evangelisch-sozialen Kalender für die evangelischen Arbeitervereine Deutschlands pro 1896 ist das neue Programm der christlich-sozialen Partei, welches fast nur Politik enthält, im Wortlaut abgedruckt und die evangelischen Arbeitervereine unterscheiden sich von den evangelischen Männer- und Jünglingsvereinen bekanntlich gerade dadurch, daß erstere Sozialpolitik treiben und letztere nicht. Die Verquickung der christlich-sozialen Bestrebungen der Pfarrkonferenz mit der von ihnen inspirierten Saarbrücker Zeitung, welche mit der politischen Leitung der nationalliberalen Partei in offenem Kampfe steht, ist ein weiterer Beleg für meine Behauptung. Das Evangelische Wochenblatt treibt schon seit längerer Zeit Politik und insbesondere Sozialpolitik. Außerdem wissen die Herren ganz genau, daß der Einbruch, welchen sie in das bisherige politische Kartell verübt haben, auf die Wahlen zum Vorteil der gegnerischen Parteien von erheblichem Einfluß sein muß. Auch die Zustimmung, welche die Herren bei der Frankfurter Zeitung, dem Vorwärts etc finden, kann ihnen darüber keinen Zweifel lassen, daß ihre Aktion eine wesentlich politische Wirkung hat.

10) Wenn die Broschüre auf Seite 27 von Gehorsam gegen den »oberkirchenrätlichen Erlaß« spricht, so konstatiere ich dem gegenüber, daß das Evangelische Wochenblatt, welches in der Broschüre als das offizielle Organ der Pfarrkonferenz bezeichnet wird, nur mißbilligende Äußerungen

über den letzten Erlaß des Oberkirchenrats veröffentlicht hat, dem überdies die ganze Haltung der Herren diametral widerspricht.

11) die Behauptung, daß die Einmischung der Geistlichen die Arbeiter vor Entchristlichung und sozialdemokratischer Beeinflussung schütze, ist eine völlig irrige. Nicht die eigentlich kirchlichen Kreise des Saarreviers stimmen den Herren bei, sondern es sind gerade die radikalen Elemente fortschrittlicher, antisemitischer oder sozialdemokratischer Tendenz, welche ihnen zuströmen, weil sie in ihrem Vorgehen das Mittel sehen, um meinen und meiner gleichgesinnten Freunde Einfluß zu brechen, dem wir seit 30 Jahren den Sieg der regierungsfreundlichen Elemente über die radikalen und ultramontanen Bestrebungen bei allen Wahlen verdanken. Ich will nicht näher auf die Angriffe auf mein sogenanntes patriarchalisches System eingehen und nur bemerken, daß dasselbe lediglich darin besteht, daß ich, abgesehen von der materiellen Fürsorge, meine Arbeiter auch in sittlicher Beziehung überwache und das Eindringen sozialistischer Strömungen mit Erfolg verhindere. Einen Eingriff in die kirchliche Arbeit der Geistlichen habe ich mir niemals erlaubt, vielmehr meinen Ruhm darin gesucht, stets im Einklang mit denselben den kirchlichen Bedürfnissen meiner Arbeiter gerecht zu werden. Eine Verhetzung durch geistliche Einflüsse oder ein Eindringen der letzteren zwischen mich und meine Arbeiter in rein *politischen* und *wirtschaftlichen* Fragen dulde ich allerdings nicht. Dasselbe ist aber von den *einheimischen* evangelischen Geistlichen niemals versucht worden. Die Behauptung der Broschüre, daß ich die soziale Frage wesentlich als Machtfrage behandle (Seite 62) ist eine handgreifliche Verleumdung, man müßte denn meine nicht unwesentliche Einwirkung auf die gesamte deutsche Wohlfahrtsgesetzgebung als eine Machtfrage betrachten. Die Herren von der Pfarrkonferenz wissen, daß ich das Verhältnis zu meinen Arbeitern vom christlichen und religiös-sittlichen Standpunkt aus betrachte und dieselben Herren, welche jetzt das »Kreuzige« über mich rufen, haben bis vor Jahresfrist jede Gelegenheit wahrgenommen, um mir ihre Anerkennung über das Verhältnis zu meinen Arbeiten auszusprechen. Umgekehrt würde ich weit eher berechtigt sein, den streitbaren Herren von der Pfarrkonferenz Machtgelüste unterzuschieben, denn vielfach hört man in diesen Kreisen das Wort: » Man wird unseren Wünschen erst Rechnung tragen, wenn wir eine *Macht* geworden sind.«

Unwahr ist auch, wenn die Broschüre auf Seite 28 behauptet, ich sei ein Gegner jeder Arbeiterorganisation. Schon im Jahre 1869 habe ich eine Organisation nach dem Muster der alten Knappschaftsvereine beantragt, und noch im letzten Winter habe ich im Reichstage eine solche Organisation der einseitigen Interessenvertretung des sogenannten vierten Standes gegenüber befürwortet.

12) Wenn auf Seite 31ff die Gefahren der ultramontanen Bewegung in den Vordergrund getellt werden, so vergessen die Herren, daß sie genau auf demselben Wege sich befinden wie der Kaplan Dasbach im Jahre 1890. Ihr Eintreten für die christlich-soziale Bewegung ist sogar ein viel Herausfordernderes als das der katholischen Kapläne es jemals gewesen ist. Niemals haben dieselben Bildung und Besitz angegriffen, niemals haben dieselben die sozialdemokratischen Ziele als die ihren bezeichnet, wie dies durch die Herren Naumann u. Kötzschke wiederholt geschehen ist. Der ganze Kampf mit der evangelischen Pfarrkonferenz ist aber indirekt dadurch hervorgerufen worden, daß die von ihnen protegierte Saarbrücker Zeitung und bis zu einem gewissen Grade auch das Evangelische Wochenblatt durch seine Referate, noch in letzter Zeit, offen Partei für Naumann ergriffen haben. Dies erklärt auch, weshalb ich in meiner Neunkircher Rede, welche rein sozialpolitisch gehalten war, keine Angriffe auf die Ultramontanen machte, welche ich bei Gelegenheit der periodisch wiederkehrenden Wahlen viel schärfer zu bekämpfen pflege als die Herren von der Pfarrkonferenz. Umgekehrt kann ich sagen, daß die Ultramontanen mich niemals in der gehässigen Weise beschimpft haben, wie dies durch die Christlich-Sozialen fast täglich geschieht.

13) Wenn die Herren auf seite 36 ihren lebhaften Wunsch zur Ausgleichung der Gegensätze aussprechen und auf Seite 69 sogar das Wort: »Selig sind die Sanftmütigen« für sich in Anspruch nehmen, so steht damit die Veröffentlichung der Broschüre in schreiendem Widerspruch.

14) Auf den Seiten 44 - 53 ist mein Verhältnis zum Superintendenten Zillessen ganz falsch wiedergegeben. Daß ich mit Herrn Zillessen auseinandergekommen bin, lag keineswegs in dem Umstand, daß er bei einer Kreistagswahl gegen meine Freunde und mich gestimmt hat, sondern darin, daß er mich vor dieser Wahl bei Gelegenheit eines zufälligen Zusammentreffens auf der Station Brebach erwarten ließ, daß er mit uns stimmen würde, während er hinterher das Gegenteil tat. Daß ich dies seltsame Verhalten mit der Weigerung, seinen Sohn anzustellen und mit der Abtrennung der Gemeinde Brebach in Zusammenhang brachte und noch bringe, ist erklärlich, wenn man sich die näheren Umstände ansieht, unter welchen sich diese Dinge abspielten und welche in der Broschüre entstellt wiedergegeben sind. Was den ersten Punkt anbelangt, so hat nicht Herr Zillessen bei einem gelegentlichen Besuch auf dem Halberg meinen Rat über die Anstellung und Ausbildung seines Sohnes eingeholt, sondern er

hat durch den Bauunternehmer... in St. Arnual wiederholt die Bitte an meinen Schwager, den Kommerzienrat Rud. Böcking zur Halbergerhütte gelangen lassen, seinen Sohn auf unserem dortigen Büro anzustellen. Als dies abgelehnt wurde, trat dieser Sohn in das Büro des Kommerzienrats Röchling ein, zu dessen Gunsten dann die Aktion des Herrn Zillessen bei der Kreistagswahl stattfand und zwar so, daß sich Herr Zillessen mit oder ohne seinen Wunsch direkt gegen meinen genannten Schwager als Kandidat aufstellen ließ. Was den zweiten Punkt anlangt, so bestreite ich aufs entschiedenste, daß Herr Zillessen die Abtrennung der Gemeinde Brebach von St. Arnual befördert habe. Die Akten des Konsistoriums und insbesondere die Erinnerungen des Herrn Oberkonsistorialrats Kuttig, der meine Bestrebungen damals wesentlich unterstützte, dürften darüber Aufschluß geben. Von dem Projekt einer Verbindung mit Scheidt ist mir absolut nichts erinnerlich, ein solches konnte aber auch gar nicht ernstlich in Frage kommen, teils weil dann die Abtrennung der unvermögenden Gemeinden Güdingen und Bübingen von St. Arnual wegen der dadurch entstehenden Kosten in unabsehbare Ferne gerückt worden wäre, teils weil wir für den Fall der Trennung nicht darauf verzichtet hätten, einen Pfarrer nach Brebach zu bekommen. Auch ist es nicht wahr, daß die Beendigung der Erziehung meiner Neffen durch den Pfarrer Hanstein das Motiv zu meinem Verlangen abgab, Brebach von St. Arnual getrennt zu sehen. Das war nur ein zufälliges Zusammentreffen. Mein Motiv bestand neben dem allgemeinen kirchlichen Bedürfnisse auch darin, daß wir in den Predigten des Herrn Zillessen keine Erbauung zu finden vermochten, und daß derselbe die Seelsorge bei Kranken und Sterbenden in Brebach so gut wie gar nicht ausübte. Ich habe mich darüber sowohl bei dem verstorbenen Herrn Generalsuperintendenten Nieden als bei dem jetzigen Herrn Generalsuperintendenten s. Z. beklagt, was vermutlich zur Kenntnis des Herrn Zillessen gekommen ist. Der Kirchenbesuch in St. Arnual läßt auch heute noch alles zu wünschen übrig. Eine Abhilfe für die Predigt hatte ich damals darin gefunden, daß ich Herrn Pfarrer Fenner in Saarbrücken bewog, alle 14 Tage den Gottesdienst in meiner Brebacher Kirche abzuhalten, für die Seelsorge aber war es mir naturgemäß nicht gelungen, einen Ersatz zu finden. Die mir auf Seite 52 und 53 in den Mund gelegten Äußerungen nach dem Verlauf der für meine Freunde ungünstigen Kreistagswahl, z.B. »c'est la guerre« sind völlig unwahr und beruhen auf dem gewöhnlichsten Klatsch. Wollte ich diesem Wert beilegen, so könnte ich ebensogut anführen, daß mir damals berichtet wurde, Herr Zillessen habe in Bezug darauf, daß das Los dreimal zu Gunsten unserer Gegner entschieden hatte, geäußert »das sei ein *Gottesurteil*« . Wenn der Schlußpassus der Zillesschen Erörterungen auf Seite 53 mir einen Widerspruch zwischen meinen früheren Bestrebungen für die Kreistagswahl in Saarbrücken und meiner jetzigen Erklärung imputiert, daß ich mich um die Verhältnisse des Saarbrücker Kreises nicht im geringsten bekümmere, so wird hier geflissentlich übersehen, daß es sich im ersten Fall um eine *vergangene* Zeit handelt, während deren ich dem Reichstag *nicht* angehörte, während ich im vergangenen Winter fast 7 Monate im Reichstag zu Berlin tätig war. Überdies kann man sehr wohl eine Überarbeit übernehmen, wenn man daraus erspießliche Resultate erwartet, während man sie ablehnt, wenn man sich in eine einflußlose Minorität versetzt fühlt. Diese Minorität wäre zwar nicht auf mich allein beschränkt geblieben, denn die Behauptung auf Seite 52 » auch bei den Wahlen der Vertreter der Gemeinde sei die Partei Stumm nicht durchgedrungen« ist wiederum unwahr.

In Malstadt-Burbach z.B. sind ausschließlich Vertreter der mir freundlich gesinnten Richtung gewählt worden. Die ganze in der Broschüre geschilderte Episode der Saarbrücker Kreistagswahl ist übrigens eine interessante Illustration zu der von den Blättern, welche der Pfarrkonferenz nahe stehen, kolportierten völlig aus der Luft gegriffenen Behauptung, als übte ich im Kreise Saarbrücken einen unerträglichen Einfluß aus. Wie feindlich Herr Zillessen gegen mich gesinnt ist, geht auch aus seiner zwar bestrittenen, aber durch zeugeneidliche Aussagen zu beweisenden Äußerung hervor, der Bürgermeister von Brebach werde » geschwenkt« , wenn er nicht meine Interessen vertrete. Wenn Herr Zillessen statt meines Namens die Halberger oder Brebacher Hütte genannt hat, so ist dies völlig irrelevant und lediglich ein » Fechterkunststück« , um in der Sprache der Broschüre zu reden. Das mir untergeschobene System der » brutalen Gewalt« — eine aus dem sozialdemokratischen Arsenal entnommene Beschimpfung — ist ein weiterer Beweis für die blinde Feindschaft des Herrn Zillessen, welcher sehr wohl weiß, daß dies System die Neunkirchener Gemeindevertretung wie das Neunkircher Presbyterium nicht abgehalten hat, mir zu meinem 60.ten Geburtstage am 30. März dieses Jahres die wärmste Anerkennung für mein Wirken in und für die bürgerliche wie kirchliche Neunkircher Gemeinde durch besondere Deputationen aussprechen zu lassen.

15) Auf Seite 55 behauptet der Pfarrer Lentze, daß *er* die mit mir stattgehabte Unterredung nicht herbeigeführt habe, sie sei durch eine dritte Person vermittelt und er sei dann zu mir » hinberufen worden«, um mir Aufschlüsse zu geben. Diese Darstellung ist völlig unwahr. Der Glasfabrikant Ernst Wagner hat mir die Bitte des Pfarrers Lentze mitgeteilt, mir Aufschlüsse

über das Verhalten der Herren, welche damals noch nicht im offenen Kampfe mit uns standen, persönlich geben zu dürfen, um dadurch eine Verständigung herbeizuführen. Diesem von Herrn Lentze ausdrücklich ausgesprochenem Wunsche habe ich zu meinem nachträglich großen Bedauern nachgegeben, denn wie ich mich schon bei der Unterredung selbst überzeugte, war Herr Lentze trotz seiner Aufzeichnungen nicht imstande, einen einzigen der von mir ausgesprochenen Gedanken richtig aufzufassen. Herr Wagner hat mir in einem gestern erhaltenen Brief bestätigt, daß seine Vermittlung nur auf ausdrücklichen Wunsch des Herrn Lentze eingetreten sei, den er zuerst seiner Mutter und später auch ihm selbst ausgesprochen habe. Wenn Herr Lentze sich auf Seite 57 darüber beklagt, daß ich ihm den von ihm selbst zugegebenen unerhörten Wortbruch als Christ vergeben und ihn trotzdem in meiner Neunkircher Rede vom 12. April nachträglich angegriffen hätte, so beruht dies letztere darauf, daß Herr Lentze *nach* erfolgter Verzeihung wieder in aggressiver Weise auf dem Kampfplatz erschienen war. Gegen die auf derselben Seite erfolgte Gleichstellung des Lentze'schen Wortbruches mit meiner Veröffentlichung eines an mich gerichteten Briefes muß ich entschieden Verwahrung einlegen, denn einmal ist Wortbruch und Indiskretion nicht dasselbe, und dann hat mich Herr Lentze zur Veröffentlichung seines Briefes dadurch *gezwungen*, daß er nicht loyal genug war, meiner Aufforderung zu entsprechen, die Behauptung der » Hilfe« von den » Scharfmachern« öffentlich zurückzuweisen. Ich war deshalb außerstande, den Beweis von der Lügenhaftigkeit der mir in den Mund gelegten Äußerung auf anderem Wege als durch Veröffentlichung des Lentze'schen Briefes zu führen.

16) Auf Seite 63 ff ist meine Korrespondenz mit dem Pfarrer von Scheven über das Duell ganz falsch wiedergegeben. Ich habe dem Pfarrer von Scheven nicht vom » duellfreundlichen« Standpunkt aus geschrieben, sondern mich lediglich gegen die Bezeichnung *»gemeiner Raufbold«* gewandt und in meinem Briefe ausdrücklich anerkannt, daß ein Geistlicher das Duell unter allen Umständen bekämpfen müsse. Die auf Seite 64 aufgezählten von mir erhobenen Vorwürfe richten sich ausschließlich gegen die Bezeichnung eines Mannes, welcher in Ausführung der von Seiner Majestät erlassenen militärischen Vorschriften zu einer Herausforderung schreitet, als gemeinen Raufbold. Diesen Ausdruck mußte ich umso mehr auf mich beziehen, als damals meine Duellangelegenheit mit Professor Wagner in aller Munde war. Die Insinuation, als habe ich mir die Veröffentlichung der Korrespondenz aus besonders »naheliegenden Gründen« verbeten, muß ich zurückweisen.

Ich vertrete den Inhalt jenes Briefes heute noch auch öffentlich. Damals stand ich aber mit Herrn von Scheven noch nicht auf dem Kriegsfuße und schrieb im Stile flüchtig, *nur deshalb* schien mir eine Veröffentlichung unerwünscht. Die auf derselben Seite der Broschüre abgedruckte spätere Rektifikation war durchaus keine Ehrenrettung für mich, denn darin ist nur von der Gefahr der Preisgabe eines Lebensberufes die Rede, was für mich natürlich nicht zutrifft. Die Behauptung auf Seite 64, daß ich in Folge der Duellartikel das Evangelische Wochenblatt für mein Haus abbestellt hätte, ist eine Unwahrheit. Ich halte dasselbe nach wie vor, wenn ich es auch nicht mehr zu lesen pflege. Daß ich ein Blatt freilich meinen Arbeitern nicht mehr in die Hände spiele, welches mich einen gemeinen Raufbold nennt und mich neuerdings sogar persönlich durch Verbreitung unwahrer Tatsachen verleumdet, wird mir gewiß niemand verdenken.

17) Die Boykottierung des früheren Druckers des Evangelischen Wochenblattes Ohle in Neunkirchen ist auf Seite 66 ff völlig entstellt beleuchtet. Herr Ohle hat mir noch kürzlich ausdrücklich versichert, daß er den Abdruck des erwähnten Artikels, welchen ich in meiner Rede vom 12. April genügend beleuchtet zu haben glaube, *nicht* »einzig und allein aus der Furcht vor der Ungnade des Freiherrn v. Stumm« verweigert habe, sondern er habe Herrn von Scheven gebeten, die darin enthaltenen Beschimpfungen zu streichen, dann sei er gern bereit, den Artikel zu drucken. Wenn in der Broschüre das Gegenteil dadurch bewiesen werden soll, daß die Saarbrücker Zeitung wegen der später erfolgten Aufnahme desselben Artikels nicht wegen Injurien verklagt worden sei, so ist das geradezu lächerlich, denn man klagt nicht wegen jeder in der Presse enthaltenen Injurie. Ich möchte dem Kgl. Konsistorium empfehlen, sich den Wortlaut jenes Artikels vorlegen zu lassen.

18) Auf Seite 73 wird die Behauptung aufgetellt, Herr Kommerzienrat Haldy in St. Johann sei vor der Berufung des Professors Wagner von einem Vorstandsmitglied gefragt worden, ob er es für » ratsam« halte, diesen Schritt zu tun, und diese Frage sei bejaht worden. Herr Kommerzienrat Haldy schreibt mir darüber unter dem 21. dieses Monats folgendes: »Dieser Passus, den ich gestern erst zu Gesicht bekam, entspricht durchaus nicht der Wahrheit und ist, indem meine Person gegen Sie ausgespielt wird, tendentiös und perfid. Ich bin niemals seitens des Vorstandes des Handwerkervereins um eine Äußerung darüber angegangen worden, ob es opportun sei oder nicht, den Professor Wagner für einen Vortrag einzuladen. Lediglich der Schlossermeister Reutker, der für mich arbeitet, redete mich beim Vorübergehen an seiner Werkstätte an, ob ich etwas dabei fände,

wenn Professor Wagner im Handwerkerverein einen Vortrag halte, in dem nur Sachliches und nicht der leiseste Angriff auf Personen vorgebracht werden dürfe. Darauf antwortete ich, daß ich nichts dabei fände.« Eine gelegentliche negative Äußerung wird also in der Broschüre in eine positive Billigung verdreht und ist dieser Vorgang typisch für die ganze Broschüre. Das Versprechen, daß Professor Wagner sich rein objektiv verhalten werde, ist übrigens nur formell gehalten worden, denn derselbe soll am folgenden Tage in Dudweiler unter der Ägide des Pfarrers Coerper in einer Arbeiterversammlung seinen Gefühlen gegen mich freien Lauf gelassen haben. Wollte ich mich auf eine Polemik gegen die in der Broschüre enthaltenen sonstigen Ausführungen und Schlußfolgerungen einlassen, so würde ich meine Darlegung noch sehr viel weiter ausdehnen müssen. Ich beschränke mich aber auf das bereits Gesagte, weil ich fern davon bin, das Kgl. Konsistorium zum Schutze gegen die *sachlichen* Angriffe der Saarbrücker Pfarrkonferenz anzurufen. Ebensowenig beklage ich mich über die tendenziöse Abfassung der Broschüre, welche abgerissene Sätze aus meiner Rede oder aus der Neuen Saarbrücker Zeitung abdruckt, während sie das, was *ihr* paßt, in vollem Wortlaut reproduziert. Dagegen werde ich mich mit meinen Freunden selbst zu schützen wissen. Das Einzige, was ich mir erbitte, ist eine Einwirkung der Kgl. Behörde dahin, daß die streitbaren Herren in der Saarbrücker Synode den Kampf wenigstens mit den Waffen der *Wahrheit* führen. In meinem Prozesse gegen Pfarrer Kötzschke in Sangerhausen hat das Gericht ausdrücklich anerkannt, daß in dessen Broschüre »lügenhafte Verdächtigungen und grobe Unwahrheiten« enthalten seien. Wenn ich auch diese Ausdrücke nicht ohne weiteres auf die Broschüre der Saarbrücker Pfarrkonferenz anwenden will und es für möglich halte, daß die eingetretene leidenschaftliche Erregung jene Herren dazu gebracht hat, daß sie das, was sie schrieben, für wahr und richtig halten, so erscheint es mir doch äußerst bedenklich, wenn evangelische Geistliche öffentliche Behauptungen aufstellen, welche auch nur objektiv unwahr sind. Wie ich in meiner Rede vom 12. April bereits ausgesprochen habe, treiben sie durch eine solche Polemik die Besitzenden aus der Kirche und die Besitzlosen in die Arme radikaler Bestrebungen. Jedenfalls aber schädigen sie dadurch auf das Erheblichste die uns allen gemeinsame teure evangelische Kirche. Ich bin mir bewußt, daß meine sozialpolitische Auffassung, welche sich in den maßgebenden Kreisen unverhohlener Anerkennung erfreut, auf großen christlich-sittlichen Prinzipien beruht, wofür ich das Zeugnis hervorragender geistlicher Autoritäten zitieren kann. Niemals ist meine Auffassung im Widerspruch mit den Interessen der evangelischen Kirche getreten. Ich vertrete diese Auffassung nunmehr konsequent im öffentlichen Leben seit fast 30 Jahren und weise auf die Früchte hin, welche dieselbe in meinem eigenen Wirkungskreise gezeitigt hat. Wenn evangelische Geistliche anderer Ansicht sind, so sollten sie dieselbe in christlicher Liebe und ohne Haß bekämpfen, nicht aber zum Ergötzen aller Feinde der Religion, der Monarchie und der Gesellschaftsordnung einen Mann öffentlich beschimpfen und verleumden, welcher in seinen Bestrebungen die Zustimmung wahrlich nicht der Schlechtesten der Nation in steigendem Maße findet.

In tiefster Verehrung verharre ich
als dem Kgl. Konsistorium
ganz ergebener
gez. Frh. v. Stumm-Halberg

4. Brief des Konsistoriums an Stumm

Koblenz, den 26. November 1896

Euer Hochwohlgeboren haben unter dem 25. Juli d. J. bei uns Beschwerde darüber geführt, daß die im Auftrage der Saarbrücker evangelischen Pfarrkonferenz herausgegebene Broschüre »Freiherr von Stumm-Halberg und die evangelischen Geistlichen im Saargebiet« zahlreiche Entstellungen und Unwahrheiten enthalte und unter der bestimmten Erklärung, daß es nicht Ihre Absicht sei, gegen »die tendenziöse Abfassung und die verletzende und gehässige Sprache« oder auch gegen die sachlichen Angriffe der Broschüre unsern Schutz anzurufen, unsere Einwirkung in dieser Angelegenheit lediglich dahin nachgesucht, daß die betreffenden Geistlichen wenigstens mit den Waffen der Wahrheit kämpften. Indem wir angesichts dieser Ihrer Erklärung die uns gestellte Aufgabe im wesentlichen nur darin haben erblicken können, die tatsächlichen Angaben der in Rede stehenden Broschüre an der Hand der Beschwerde auf ihre Richtigkeit zu prüfen und speziell festzustellen, ob und inwieweit dieselben die in der Beschwerdeschrift bezeichneten Unrichtigkeiten bzw. Unwahrheiten oder Entstellungen enthalten, haben wir zunächst behufs möglichster Klarstellung des Sachverhalts den Inhalt der Beschwerdeschrift zur Kenntnis der Mitglieder der

126

Pfarrkonferenz gebracht und deren eingehende Erklärung über denselben erfordert.

Nachdem nunmehr diese Erklärung, welche durch die Tagung der Provinzialsynode eine Verzögerung erfahren hat, unter dem 27. Oktober d.J. bei uns eingegangen ist, nehmen wir hierdurch Veranlassung Ew. Hochwohlgeboren unter abschriftlicher Mitteilung des für die Beurteilung der Sache in Betracht kommenden Inhalts derselben sowie der besonderen Erklärungen des Superintendenten Zillessen zu Nr. 14, des Pfarrers Lentze zu Nr. 15 und des Pfarrers von Scheven zu Nr. 16 u. 17 der Beschwerde folgendes ergebenst zu erwidern. Im allgemeinen glauben wir — soweit wir die der Beschwerde zu Grunde liegenden, unserer Beurteilung sich vielfach völlig entziehenden Vorgänge und Verhältnisse überhaupt zu überblicken vermögen — unsere Auffassung dahin aussprechen zu müssen, daß wir den Beweis dafür, daß die fragliche Broschüre an den in Betracht kommenden Stellen *Unwahrheiten* oder *Entstellungen* enthalte, nach Lage der Sache nicht für geführt erachten. Verschiedene Beschwerdepunkte, bei welchen ein dahin zielender Vorwurf erhoben worden ist, dürfen nach den eingehenden Erklärungen der Geistlichen als berechtigt oder auf einer mißverständlichen Auffassung der betreffenden Stellen der Broschüre beruhend gelten, während bei der verhältnismäßig geringen Zahl derjenigen Punkte, bei welchen noch dessen weiter unten mitgeteilten Ergebnisse der die Beschwerdepunkte im einzelnen betreffenden Prüfung eine tatsächliche Unrichtigkeit objektiv als vorhanden zu erachten ist, diese letztere nach Lage der Sache nur auf einen Irrtum zurückzuführen und die bona fides der Geistlichen nicht zu bezweifeln sein dürfte.

Bei einer größeren Zahl von Beschwerdepunkten aber haben wir den Vorwurf der Unwahrheit oder Entstellung deshalb nicht für begründet erachten können, weil es sich bei den betreffenden Stellen der Broschüre überhaupt nicht um *tatsächliche Behauptungen*, sondern um Urteile und Auffassungen handelt, welche, wie kaum zu bezweifeln, den Ausdruck der subjektiven Überzeugung der Geistlichen bilden und deshalb selbst da, wo sie etwa nicht zutreffen sollten, den Vorwurf der Unwahrheit im Sinne einer bewußten Wahrheitswidrigkeit oder der Entstellung jedenfalls nicht begründen können. Dies vorausgeschickt bemerken wir nunmehr in Betreff der angegebenen Beschwerdepunkte das Folgende.

Zu Nr. 1 der Beschwerde: a. Dem gegen den Titel der Broschüre und speziell gegen die Worte: »Die evangelischen Geistlichen« sich richtenden Vorwurf vermögen wir, abgesehen davon, daß wir überhaupt statt der persönlichen Gegenüberstellung der streitenden Teile die Wahl eines *sachlich* gehaltenen Titels für wünschenswert gehalten hätten, eine gewisse Berechtigung insofern nicht abzusprechen, als tatsächlich nicht alle evangelischen Geistlichen der Synode Saarbrücken, sondern nur die große Mehrzahl derselben in einen Gegensatz zu Ew. Hochwohlgeboren getreten sind, die Annahme der Geistlichen aber, daß durch den Zusatz »herausgegeben im Auftrage der Saarbrücker evangelischen Pfarrkonferenz« eine mißverständliche Auffassung ausgeschlossen werde, nicht als zutreffend zu erachten sein dürfte. Unseres Erachtens dürfte es sich jedoch bei diesem Punkte nur um eine Inkorrektheit des Ausdrucks, nicht aber um eine tendenziöse Absicht der Verfasser der Broschüre handeln.

b. Der beanstandete Passus in dem Berichte des Pfarrers Lentze Seite 11 der Broschüre (*alle* Gemeindeglieder seien den Geistlichen für ihre Stellungnahme dankbar) stellt, wie in der Gegenschrift richtig ausgeführt ist, eine Behauptung des Berichterstatters überhaupt nicht dar, gibt vielmehr nur eine in dem Briefe eines Gemeindegliedes enthaltene Äußerung wieder.

c. Gegenüber der gegen den Passus S. 15 der Broschüre sich richtenden Beschwerde wird in der Entgegnung der Geistlichen zutreffend darauf hingewiesen, daß a.a.O. nicht von *allen* Nichtunterzeichnern die Rede sei, sondern nur behauptet werde, daß dieselben »*meistens*« die fast einhellige Stellungnahme »der Synode« grundsätzlich teilten. Ob und inwieweit diese letztere Behauptung — welche insofern jedenfalls einer formellen Berichtigung bedarf, als die Erklärung der Geistlichen vom 28. Februar d.J. eine Kundgebung »der Synode« überhaupt nicht bildete — im übrigen richtig oder unrichtig ist, entzieht sich unserer Beurteilung, und wir erachten es unter den obwaltenden Verhältnissen auch nicht für angezeigt, durch eine Befragung der betreffenden Geistlichen unsere Ermittlungen hierüber zu veranlassen.

Zu Nr. 2: Die im Vorwort der Broschüre erfolgte Erwähnung der als bedauerlich bezeichneten Tatsache der Hereinziehung der Person Sr. Majestät in der Rede vom 12. April d.J. und der demnächstigen Veröffentlichung des Allerhöchsten Telegramms erscheint uns auch den Ausführungen der Beschwerdeschrift gegenüber nicht geeignet, den Vorwurf der Unwahrheit oder Entstellung zu begründen. Auch dürfte in der Entgegnung der Geistlichen nicht mit Unrecht darauf hingewiesen sein, daß in der gedachten Rede des Befehls Sr. Majestät zur Veröffentlichung des Telegramms keine Erwähnung geschieht, sondern nur ausgesprochen wird, daß Ew. Hochwohlgeboren das Telegramm »nicht unter dem Siegel der Verschwiegenheit« mitgeteilt worden sei, Sie aber Bedenken trügen, dasselbe im Wortlaut zu veröffentlichen.

Zu Nr. 3: a. daß mit der Behauptung Seite 10 der Broschüre, es handle sich im letzten Grunde um einen religiösen Kampf, nicht beabsichtigt worden ist gegen *Ew. Hochwohlgeboren* den Vorwurf eines Kampfes gegen die evangelische Kirche zu erheben, wird von den Geistlichen auf das Bestimmteste behauptet, und es dürfte angesichts der in den betreffenden Ausführungen wiederholt enthaltenen ausdrücklichen Anerkennung ihrer kirchlichen und religiösen Gesinnung die Aufrichtigkeit dieser Versicherung nicht zu bezweifeln sein. Ebenso aber wird

b. die in dem Berichte des Pfarrers Lentze S. 11 der Broschüre vorkommende Äußerung,»man« setze die hiesigen Pfarrer den Christlich Sozialen und diese wieder Bebel und Liebknecht gleich, nach den Erklärungen der Geistlichen gleichfalls nicht als gegen die Person von Ew. Hochwohlgeboren gerichtet anzusehen sein.

Im übrigen dürfte auch hier nicht zu bezweifeln sein, daß die Geistlichen die hier anscheinend ins Auge gefaßten Angriffe in der Presse auch als gegen sich gerichtet betrachtet und deshalb die fragliche Äußerung jedenfalls in gutem Glauben getan haben.

c. Ob die Auffassung S. 13 der Broschüre, daß der in Rede stehende Artikel der Kölnischen Zeitung bzw. des Gewerbeblatts die *Saarbrücker Geistlichen* im Auge gehabt habe, richtig ist oder nicht, glauben wir dahin gestellt sein lassen zu sollen, da unseres Erachtens nicht daran zu zweifeln ist, daß die Mitglieder der Pfarrkonferenz denselben tatsächlich auf sich bezogen haben und deshalb auch hier der Vorwurf der Unwahrheit und Entstellung nicht gegen sie zu erheben sein wird. Andererseits aber wollen wir nicht unbemerkt lassen, daß wir schon mit Rücksicht darauf, daß Ew. Hochwohlgeboren nach dem uns vorliegenden Abdruck Ihrer Rede vom 12. April d.J. den Passus aus dem betreffenden Artikel der Kölnischen Zeitung *einschließlich der Worte »im Bezirk Neunkirchen«* ausdrücklich mitgeteilt hatten, in dem unmittelbar darauf erfolgten Hinweise auf die Geistlichen »in Neunkirchen« (statt »im Bezirk Neunkirchen«) ein Verfahren, welches als »Fechterkunststück« bezeichnet werden könnte, nicht zu erblicken vermögen.

Zu Nr. 4: Seite 13 der Broschüre ist, wie in der Entgegnung der Geistlichen richtig geltend gemacht wird, nicht behauptet, daß Ew. Hochwohlgeboren auf die Neue Saarbrücker Zeitung einen maßgebenden Einfluß ausübten, sondern nur, daß die genannte Zeitung unter ihrem maßgebenden Einfluß gegründet worden sei. Inwieweit das Letztere richtig ist, entzieht sich unserer Beurteilung. Die an den angeführten Stellen S. 16 und 17 der Broschüre sich findende Behauptung, daß der sittliche Charakter und die persönliche Ehre der Geistlichen des Saarreviers angegriffen werde, dürfte auf die Person von Ew. Hochwohlgeboren nicht zu beziehen sein. Wenn endlich in der Broschüre der die Erklärung vom 28. Februar d.J. veranlassende Artikel der Neuen Saarbrücker Zeitung als »programmatisch« für das Vorgehen gegen die Geistlichen bezeichnet ist, so handelt es sich hierbei nicht um eine tatsächliche Behauptung, deren Unrichtigkeit eventuell den Vorwurf der Unwahrheit begründen könnte, sondern im wesentlichen um ein Urteil, welches, wie wir nicht bezweifeln, den Ausdruck der wirklichen Überzeugung der Geistlichen darstellt, im übrigen aber sich unserer Entscheidung entzieht.

Zu Nr. 5: Die bei diesem Punkte in Betracht kommenden Vorgänge und Verhältnisse entziehen sich durchweg unserer Kenntnis und bei dem unter den beiderseitigen Behauptungen obwaltenden Widerspruch auch unserer Beurteilung.

Zu Nr. 6 gestatten wir uns zunächst auf die tatsächliche Bemerkung in der Gegenschrift der Geistlichen aufmerksam zu machen, wonach an der angeführten Stelle Seite 18 der Broschüre behauptet ist, daß Ew. Hochwohlgeboren nicht etwa bloß den Schlußsatz »Wer nicht in allen Stücken für uns ist, der ist gegen uns« , sondern den ganzen aus dem fraglichen Artikel des Gewerbeblatts entnommenen Satz — und auch dieser nur dem Inhalte nach — ausdrücklich gebilligt hätten. Da die Geistlichen versichern, daß sie zu dieser ihrer Behauptung durch einen ihnen zugegangenen Bericht veranlaßt worden seien, dürfte es sich auch hier nur um eine irrtümliche, nicht aber um eine als unwahr zu bezeichnende Angabe handeln.

Zu Nr. 7: Gegenüber der gegen die Behauptung der Geistlichen S. 21 der Broschüre, daß sie den Weg einer Kundgebung der Arbeitervereine mit vollem Bedacht vermieden hätten, sich richtenden Rüge erlauben wir uns auf die Erklärung in der Gegenschrift der Geistlichen, daß die evangelischen Arbeitervereine des Saarreviers sich tatsächlich jeder Kundgebung enthalten hätten und daß die auf dem Stuttgarter Kongreß gefaßte Resolution von den Delegierten des Saarlandes nicht veranlaßt worden sei, zu verweisen.

Zu Nr. 8: Zu einem Urteil über den Charakter der Wählerversammlung vom 19. April d.J. und die darauf bezüglichen einander widersprechenden Behauptungen beider Teile sehen wir uns nicht imstande. Wir bemerken jedoch, daß, wie aus einem uns vorgelegten Ausschnitt aus der betreffenden Nummer der Saarbrücker Zeitung erhellt, in der Einladung zu der gedachten Versammlung diese letztere als eine »allgemeine Wählerversammlung der Mittelparteien« bezeichnet und ausdrücklich »zum Zweck der offenen

Aussprache in freier Rede und Gegenrede« an alle Wähler, insbesondere auch »an die Herren Abgeordneten« gerichtet war.

Zu Nr. 9: Die in der Broschüre enthaltene Behauptung, daß die Geistlichen nur von religiösen und kirchlichen, nicht aber von politischen Gesichtspunkten ausgegangen seien, vermögen wir bei dem Mangel bestimmter Tatsachen, welche diese ihre Versicherung als unrichtig erscheinen lassen, für unglaubwürdig nicht zu erachten. Da sich die Geistlichen unter anderem auf unsere unter dem 4. Juni d.J. an sie ergangenen Verfügung beziehen, bemerken wir in dieser Beziehung, daß wir in unserem gedachten Bescheide zwar die Veröffentlichung der Erklärung vom 28. Februar d.J. durch die Saarbrücker Zeitung nicht gebilligt, in dieser Kundgebung jedoch eine agitatorische oder durch politische Beweggründe veranlaßte Maßnahme nicht erblickt haben, und daß wir speziell bezüglich der von den Geistlichen in den evangelischen Arbeitervereinen des Saarreviers geübten Tätigkeit zu unserer Befriedigung haben konstatieren dürfen, daß bisher keinerlei Tatsachen ermittelt worden seien, welche den Vorwurf einer sozialpolitischen Agitation gegen die Geistlichen begründen könnten.

Zu Nr. 10: Die in der Broschüre zum Ausdruck gelangte Annahme der Geistlichen, daß sie in ihrer Haltung dem Erlasse des Evangelischen Oberkirchenrats vom 16. Dezember v.J. gehorsam geblieben seien, dürfte sich als eine tatsächliche Behauptung überhaupt nicht charakterisieren und den Vorwurf der Unwahrheit oder Entstellung schon deshalb nicht begründen, weil sie, wie wohl kaum zu bezweifeln ist, der auf seiten der Geistlichen bestehenden Auffassung des gedachten Erlasses entspricht und somit den Ausdruck ihrer subjektiven Überzeugung bildet. Um die Unrichtigkeit dieser Auffassung darzutun, würde es der Bezeichnung bestimmter Tatsachen und Beweismittel bedürfen, welche ein Zuwiderhandeln gegen den Erlaß des Evangelischen Oberkirchenrats ersichtlich machen würden.

Zu Nr. 11: Die von Ew. Hochwohlgeboren als unrichtig bezeichnete Auffassung der Broschüre, daß die Einmischung der Geistlichen die Arbeiter vor der sozialdemokratischen Beeinflussung und vor Entchristlichung schütze, ist gleichfalls nicht als eine tatsächliche Behauptung, sondern als ein Urteil zu erachten, dessen innere Berechtigung wir übrigens um so weniger in Zweifel ziehen möchten, als dasselbe der in den weitesten kirchlichen Kreisen und speziell auch in der rheinischen Provinzialsynode herrschenden Auffassung entspricht. Wir setzen hierbei allerdings voraus, daß sich die Tätigkeit der Geistlichen in den Arbeitervereinen in den richtigen Grenzen bewegt, wie sie speziell für die evangelischen Arbeitervereine des

Saargebiets in den seinerzeit unter den Beteiligten vereinbarten programmatischen Normen fixiert sind.

Was die gerügte Behauptung Seite 62 der Broschüre anlangt, so machen wir darauf aufmerksam, daß an der betreffenden Stelle nur behauptet ist, daß für Ew. Hochwohlgeboren die soziale Frage »wesentlich« eine Machtfrage sei. Auch dürfte nach den Erklärungen der Geistlichen anzunehmen sein, daß dieselben mit der gedachten Behauptung einen nicht unwesentlich anderen Sinn verbunden haben als den, welchen die Beschwerde damit verbindet, und daß sie insbesondere nicht haben bestreiten wollen, daß Ew. Hochwohlgeboren bei Ihrer Auffassung der sozialen Frage wesentlich auch von christlichen Gesichtspunkten ausgehe.

Zu Nr. 12: Die hier in Betracht kommenden Ausführungen S. 31 der Broschüre, in welchem zur Begründung der Notwendigkeit der evangelisch kirchlichen Tätigkeit in den Arbeitervereinen auf die Gefahr der ultramontanen Bewegung hingewiesen wurde, werden als in der Überzeugung der Geistlichen entsprechendes Urteil aufzufassen und unter den Gesichtspunkt unwahrer Tatsachen oder Entstellungen umso weniger zu bringen sein, als die bezügliche Auffassung im allgemeinen der sachlichen Begründung kaum entbehren dürfte. Daß die Geistlichen mit ihrem Auftreten nicht für Naumann und Kötzschke haben eintreten wollen, glauben wir bestimmt annehmen zu dürfen.

Zu Nr. 13: Wenn Seite 36 der Broschüre der Wunsch nach Ausgleichung der Gegensätze ausgedrückt und Seite 69 der Spruch »Selig sind die Sanftmütigen« zitiert wird, so glauben wir, an der Aufrichtigkeit der Versicherung, daß es den Geistlichen in der Tat um den Frieden zu tun gewesen sei, nicht zweifeln zu dürfen, wenn wir auch der Auffassung nicht zuzustimmen vermögen, daß die Veröffentlichung der vorliegenden Broschüre sich als das *geeignete Mittel* zur Wiederherstellung des Friedens dargestellt habe.

Zu Nr. 14: Ob und inwieweit die Ihr Verhältnis zu dem Superintendenten Zillessen betreffenden Angaben Seite 44-53 der Broschüre richtig oder unrichtig dargestellt sind, entzieht sich — abgesehen von dem nachstehend erörterten Punkte betreffend die Abtrennung Brebachs von St. Arnual — unserer Beurteilung, da die beiderseitigen Behauptungen vielfach schroff einander gegenüber stehen und die Möglichkeit einer näheren Feststellung des Sachverhalts ausgeschlossen erscheint. Was die Abtrennung der Gemeinde Brebach betrifft, so ist dieselbe inhalts unserer Akten S. 50 und 51 der Broschüre im wesentlichen zutreffend geschildert. Aus denselben erhellt insbesondere, daß der Superintendent Zillessen sich bereits unter dem 10. Oktober 1877 in einem von uns erforderten Gutachten für die

Abtrennung Brebachs von St. Arnual und eine Verbindung des desselben mit Güdingen-Bübingen erklärt hat und zwar unter dem Hinweise darauf, daß Ew. Hochwohlgeboren inzwischen ein Schloß auf dem Halberg erbaut hätten und ganz dorthin überzusiedeln gedächten, und daß derselbe auch in den Jahren 1884 und 1885 — unter der Voraussetzung, daß St. Arnual für den Ausfall entschädigt werden müsse — diesen Standpunkt vertreten hat, nachdem er in einem früheren Berichte auch auf die Eventualität einer Verbindung Brebachs mit Scheidt hingewiesen hatte.

Inwiefern im übrigen die Annahme der Broschüre zutrifft, daß Ew. Hochwohlgeboren anfänglich weniger Interesse für die Abtrennung Brebachs gezeigt und erst durch den Wunsch, den Pfarrer Hanstein in die daselbst zu begründende Pfarrstelle zu berufen, zur Förderung dieses Projektes bestimmt worden seien, entzieht sich unserer Beurteilung, doch möchten wir nicht unbemerkt lassen, daß schon in einem in unseren Akten befindlichen Schreiben des Superintendenten Zillessen an den Konsistorialrat Kuttig vom 17. April 1885 sich — neben Erweisung der Tatsache, daß es ihm (Zillessen) gelungen sei, Ew. Hochwohlgeboren von der Grundlosigkeit des Verdachts zu überzeugen, daß er (Zillessen) gegen eine Abtrennung Brebachs sei und daß er Ew. Hochwohlgeboren bei den betreffenden Verhandlungen absichtlich übergangen habe — auch bereits die Mitteilung findet, daß Ew. Hochwohlgeboren bei einer Unterredung mit ihm (Zillessen) zugestanden hätten, daß Sie an der Abtretung Brebachs früher kein Interesse gehabt hätten —.

Was endlich die in der Beschwerdeschrift zum Beweise für die feindliche Gesinnung des Superintendenten Zillessen wiederholt geltend gemachte Behauptung betrifft, daß derselbe in einer Versammlung zu St. Arnual öffentlich erklärt habe, daß der Bürgermeister von Brebach einfach »geschwenkt werde«, wenn er den Interessen der Brebacher zuwider handle, so bedarf es keiner Begründung, daß eine solche Äußerung, sofern sie gefallen sein sollte, als durchaus unangemessen zu bezeichnen sein würde. Gegenüber der wiederholten Versicherung des Superintendenten Zillessen aber, daß er den fraglichen Ausdruck nicht gebraucht habe und bei der Unmöglichkeit, eine Feststellung des wirklichen Sachverhaltes anders als auf dem nur im gerichtlichen Verfahren gangbaren Wege einer eidlichen Zeugenvernehmung herbeizuführen, können wir jedoch diesen Punkt nur als unaufgeklärt betrachten.

Zu Nr. 16: Die Behauptung der Broschüre, daß Ew. Hochwohlgeboren das Evangelische Wochenblatt in Folge des sogenannten Duellartikels auch für Ihr Haus abgeschafft hätten, hat sich zwar nach der von Ihnen gegebenen

Erklärung als tatsächlich unrichtig erwiesen, wird aber nach Lage der Sache nun als eine irrtümliche und nicht als eine unwahre Behauptung anzusehen sein. Im übrigen glauben wir bei Berücksichtigung der Tatsache, daß nach den Erklärungen des Pfarrers von Scheven der in dem fraglichen Artikel enthaltene auch unseres Erachtens nicht zu billigende Satz: »Das Duell müsse mindestens dem Verbrechen des gemeinen Raufbolds gleich behandelt werden, der im Rausch zum Messer greift, um seine Differenzen auszutragen« sich nur als die wiedergegebene Äußerung eines Duellgegners darstellt, der Versicherung Glauben schenken müssen, daß mit diesem Zitat eine Beziehung auf Ihre Person nicht beabsichtigt worden sei. Wir hätten jedoch in Anbetracht der obwaltenden besonderen Umstände gewünscht, daß, wenn irgend möglich, die von dem Pfarrer von Scheven demnächst in Folge Ihres bezüglichen Schreibens im Evangelischen Wochenblatte veranlaßte Rektifizierung auch diesen Punkt mit berücksichtigt hätte.

Zu Nr. 17 und 18: Eine Entscheidung über den bei diesen Beschwerdepunkten in den beiderseitigen Behauptungen hervortretenden Widerspruch vermögen wir von hier aus nicht zu treffen, da sich die betreffenden Verhältnisse unserer Kenntnis und Beurteilung entziehen und eine förmliche Feststellung des Sachverhalts ausgeschlossen erscheint. Der Vorwurf der Entstellung oder der Unwahrheit scheint uns aber auch hier nicht begründet.

Indem wir im Vorstehenden hinsichtlich der einzelnen Beschwerdepunkte unsere Auffassung der Sache ausgesprochen haben, soweit wir dazu nach Lage der Verhältnisse im Stande waren oder mit Rücksicht auf die der Beschwerde gegebene Beschränkung eine Veranlassung dazu vorlag, glauben wir schließlich angesichts der in den bisherigen Erklärungen und Kundgebungen beider Teile vielfach hervortretenden scharfen und verletzenden Form nicht unterlassen zu dürfen, unserem schmerzlichen Bedauern darüber Ausdruck zu geben, daß der bestehende Konflikt diese Schärfe erlangt hat. Wir beklagen dies um so lebhafter, als die durch das schroffe Betonen der vorhandenen Gegensätze augenscheinlich hervorgerufene persönliche Verstimmung, wie wir annehmen dürfen, am meisten dazu beiträgt, die unseres Erachtens sonst sehr wohl mögliche Verständigung beider Teile zu erschweren, in der gegenwärtigen Zeit aber ein enges Zusammenschließen aller derer, die, wie im vorliegenden Falle, auf gemeinsamen Grunde stehen und für die religiösen und kirchlichen Interessen einzutreten gleichmäßig bereit sind, mehr als je zuvor dringend geboten erscheint. Nachdem daher schon die Provinzialsynode in ihrer letzten Tagung Veranlassung genommen hat, an beide Teile die ernste Mahnung zu richten, die Hand zum Frieden zu bieten, glauben wir uns dieser Aufforderung auch unsererseits mit dem dringenden Wunsch anschließen zu müssen, daß dieselbe noch jetzt Beherzigung finden und durch beiderseitiges Nachgeben einem Streit ein Ende gemacht werden möchte, der offenbar nur den gemeinsamen Gegnern zum Vorteil gereichen kann.

gez. Grundschöttel

5. Brief Stumms an das Konsistorium

Berlin, 18. Dezember 1896

Dem Königlichen Konsistorium beehre ich mich anliegend eine Zeitungsnummer zu überreichen, aus welcher hervorgeht, in welcher Weise die beiden Preßorgane, welche den Streit der Saarbrücker Pfarrkonferenz gegen mich in erster Linie führen — die Frankfurter und die Saarbrücker Zeitung —, den Erlaß des Königlichen Konsistoriums an mich vom 26. November mißbrauchen. Wenn ich diesen Bescheid auch als tief bedauerlich betrachte, so erscheint mir sein Inhalt und insbesondere seine Tendenz doch durch jene Artikel völlig entstellt. Bevor ich mich selbst an die Öffentlichkeit wende und zur Herstellung des Vertrauens in meine angegriffene Wahrheitsliebe den Erlaß vor dem Forum der Öffentlichkeit beleuchte, gestatte ich mir die ergebene Anfrage, ob das Königliche Konsistorium es nicht für geboten erachtet, seinerseits eine Berichtigung zu veröffentlichen, welche mich von dem Hereinziehen des Erlasses in die Öffentlichkeit entbinden würde. Wie wenig die Saarbrücker Pfarrkonferenz zum Frieden geneigt ist, möge das Königliche Konsistorium u.a. aus der Veröffentlichung des Inhaltes des Erlasses ersehen. Die Behörde hat dieselbe sicherlich nicht veranlaßt, ich ebensowenig; so bleibt also zur Erklärung der Veröffentlichung nur die Indiskretion der Saarbrücker Pfarrkonferenz. Es ist dieselbe Gesinnung, welche als Antwort auf die Mahnung der Provinzialsynode die Berufung des Herrn Stoecker nach Saarbrücken und dessen provokatorische Glorifizierung in dem Evangelischen Wochenblatte hervorrief.

Auf den Inhalt der geneigten Verfügung vom 26. November werde ich mir die Ehre geben zurückzukommen, sobald ich nach Hause zurückgekehrt sein werde. Hier habe ich nicht das nötige Material zur Hand, auch lassen mir meine parlamentarischen Pflichten nicht die nötige Zeit.

In tiefster Verehrung des Königlichen Konsistoriums
ganz ergeben
gez. Frhr. v. Stumm-Halberg.

6. Brief Stumms an den Evangelischen Oberkirchenrat

Halberg, den 28. Dezember 1896

Dem Evangelischen Oberkirchenrat sehe ich mich genötigt um Unterstützung gegen die von der Saarbrücker Pfarrkonferenz gegen mich veröffentlichten Unwahrheiten und Entstellungen ergebenst anzurufen. Ich hatte mich dieserhalb unter dem 25. Juli dieses Jahres an das Königliche Konsistorium in Koblenz gewandt und von demselben unter dem 26. November ds. J. beiliegende Antwort erhalten, bei welcher ich mich aber nicht beruhigen kann. Ich gestatte mir deshalb nachstehend die einzelnen Punkte des Konsistorialerlasses, gegen welche ich Verwahrung einlegen muß, kurz zu beleuchten und beziehe mich in Bezug auf meine Beschwerde gegen die Pfarrkonferenz selbst auf die gegenwärtiger Eingabe beigefügte frühere Beschwerdeschrift an das Konsistorium.

Wenn das Konsistorium an die Spitze seiner Entscheidung den Satz hinstellt, daß es mir nicht gelungen sei, den von mir angeklagten Geistlichen eine mala fides nachzuweisen, so hat diese Behörde meine Erklärung am Schlusse meiner Beschwerdeschrift übersehen, wonach ich es für möglich erachte, daß die Herren das, was sie in der Broschüre schrieben, für wahr und richtig hielten, aber hinzugefügt habe, meines Erachtens dürften evangelische Geistliche nicht öffentlich Behauptungen aufstellen, welche auch nur *objektiv* unwahr seien. Ein Unterschied zwischen »Irrtum« und »objektiver Unwahrheit«, wie ihn das Konsistorium konstatiert, ist mir unverständlich. Zudem konzidiert mir das Königliche Konsistorium den Nachweis eines Irrtums oder eines Mißverständnisses nur in sehr wenigen Fällen, während ich denselben im wesentlichen für alle von mir aufgeführten 18 Punkte aufrecht erhalte. Zu diesem Behuf gestatte ich mir die Entscheidung des Konsistoriums betreff der einzelnen Punkte nachstehend zu beleuchten.

ad Nr. 1.: a. Das Konsistorium hat bei der Verneinung einer aus der Wahl des Titels zu folgenden tendenziösen Absicht, also einer Entstellung, übersehen, daß die Broschüre durch ganz Deutschland verbreitet worden ist und daß die den hiesigen Verhältnissen ferner stehenden Kreise dadurch zu der Annahme verleitet werden *mußten*, es handele sich um einen Kampf der *gesamten* Saarbrücker Synode gegen mich.

b. Wenn Pfarrer Lentze auch nur einem Berichterstatter die Behauptung in den Mund legt, alle Gemeindeglieder seien den Geistlichen für ihre Stellungnahme dankbar, so hat er sich dieselbe doch durch ihre Benutzung zu eigen gemacht. Er bleibt dafür verantwortlich, solange er den Berichterstatter als Eideshelfer zitiert, ohne ihn zu desavouieren.

c. Nachdem ich die betreffenden Geistlichen mit Namen genannt habe, würde es dem Konsistorium ein leichtes gewesen sein festzustellen, daß die Stellungnahme der Synode oder vielmehr der Geistlichen der Synode weder eine »fast einhellige« war noch daß die Nichtunterzeichner jene Stellungnahme »meistens« geteilt hätten. Solange das Konsistorium dies nicht konstatiert hat, ist es meines Erachtens nicht berechtigt, den von mir der Broschüre in diesem Punkt gemachten Vorwurf der Unwahrheit zurückzuweisen. Ein Zusammenfassen der sub a, b und c erörterten Punkte läßt überdies erkennen, daß es der Pfarrkonferenz darum zu tun war, durch die Borschüre in weiten Kreisen den Schein zu erwecken, als ob die sämtlichen Geistlichen der Saarbrücker Synode mit der gesamten öffentlichen Meinung auf der Seite der Pfarrkonferenz gegen mich stünden. Die Unwahrheit einer solchen Darstellung wird implizite durch das Kgl. Konsistorium selbst anerkannt, ohne aber die Konsequenzen daraus zu ziehen.

ad Nr. 2: Hier wird der Schwerpunkt auf den Umstand gelegt, daß ich in meiner Rede vom 12. April von dem Befehl Seiner Majestät zur Veröffentlichung des in Rede stehenden Telegramms keine Erwähnung getan habe. Damals war dieser Befehl noch gar nicht ergangen, wohl aber ist später und zwar vor Publikation der Broschüre in der gesamten deutschen Presse konstatiert worden, daß ich auf Befehl Seiner Majestät gehandelt habe. Liegt also in dem mir gemachten Vorwurf der Indiskretion keine Entstellung, so liegt in dem Wort »bedauerlich« ein direkter Vorwurf gegen Seine Majestät, was mir noch weit gravierender erscheint.

ad Nr. 3: a. Da die Broschüre, wie schon der Titel andeutet, ausdrücklich gegen mich gerichtet ist, so trifft mich auch der in der Broschüre erhobene

Vorwurf des Kampfes gegen die evangelische Kirche, sowie der der Gleichstellung der Herren von der Pfarrkonferenz mit Bebel und Liebknecht. Niemand und sicherlich nicht die den hiesigen Verhältnissen entfernter stehenden Kreise könnten unter dem »man« der Broschüre jemand anderes verstehen als mich. Die in der Broschüre gelegentlich vorkommende Anerkennung früherer kirchlicher Bestrebungen von mir erinnern lebhaft an die bekannte Rede des Antonius in Julius Caesar von Shakespeare.

ad Nr. 4.: Ob auf Seite 13 behauptet wird, daß ich auf die Neue Saarbrücker Zeitung einen maßgebenden Einfluß *ausübe* oder ob sie unter meinem maßgebenden Einfluß *gegründet* sei, ist eine reine Formfrage. Aus den ganzen Ausführungen der Broschüre geht hervor, daß mir die Verantwortlichkeit für die Haltung der Neuen Saarbrücker Zeitung untergeschoben wird, obwohl ich mich in meiner beiliegenden Rede vom 12. April deutlich über mein Verhältnis zu diesem Blatt ausgesprochen hatte. Unverständlich ist mir die Auffassung des Kgl. Konsistoriums, daß die Behauptung der Broschüre, der auch von mir desavouierte Artikel der Neuen Saarbrücker Zeitung sei *programmatisch*, keine tatsächliche sei, sondern nur ein Urteil.

ad Nr. 5.: Wenn das Konsistorium erklärt, die hier in Betracht kommenden Vorgänge entzögen sich seinem Urteil, so meine ich, daß eine Aufsichtsbehörde verpflichtet wäre, sich über die Wahrheit oder Unwahrheit der gegen mich von den ihrer Aufsicht unterstellten Geistlichen öffentlich erhobenen Vorwürfe durch eingehende Ermittlungen zu überzeugen.

ad Nr. 6.: Wenn hier nur ein »Irrtum« der Geistlichen vorliegt, so richtet sich ja, wie bereits erwähnt, meine ganze Anklage gegen dieselben dahin, daß sie solche Irrtümer vor ganz Deutschland öffentlich aufgestellt haben, ohne sie auf ihre Richtigkeit zu prüfen.

ad Nr. 7.: Tatsache ist, daß die Vertreter der evangelischen Arbeitervereine an der Saar an dem Mißtrauensvotum des Stuttgarter Kongresses gegen mich teilgenommen haben. Dadurch, daß sie jenes Mißtrauensvotum nicht »veranlaßt« hätten, ist die Unwahrheit der in der Broschüre enthaltenen Behauptung, die evangelischen Arbeitervereine an der Saar hätten eine Kundgebung gegen mich vermieden, nicht aus der Welt geschafft.

ad Nr. 8.: Es ist möglich, daß speziell zu der Versammlung am 19. April die Einladung nicht ausdrücklich auf Gegner der bisherigen Führer der Mittelparteien lautete. Niemand aber hat vorausgesetzt, daß unsere Freunde dort erscheinen würden. Die erste von den Anhängern der Pfarrkonferenz veranstaltete Protestversammlung fand am 8. März statt und *hierzu* sind ausdrücklich nur unsere Gegner eingeladen worden, wie aus anliegendem

Zeitungsausschnitt der Saarbrücker Zeitung hervorgeht. Am 12. April fand dann die *allgemeine* Wählerversammlung statt, in welcher die Abgeordneten des Wahlkreises Rechenschaft ablegten und welche für diese durchaus befriedigend verlief, obwohl die Herren von der Pfarrkonferenz alles aufboten, um Störungen hervorzurufen. Um gegen diese allgemeine Wählerversammlung, nicht aber um gegen meine Neunkirchener Rede zu demonstrieren, haben dann die Herren von der Pfarrkonferenz die Versammlung vom 19. April veranlaßt. Wenn die Abgeordneten des Wahlkreises, welche am 12. April bereits erschienen waren, wirklich zu dieser späteren Versammlung eingeladen worden sein sollten, so könnte das nur als Hohn aufgefaßt werden. Denn die Versammlung vom 19. April war eine *einseitige* Protestversammlung gegen die *offizielle* Versammlung vom 12. April. Am 19. April befanden sich unter den 8 Rednern allein 4 Geistliche der Pfarrkonferenz und der von denselben direkt beeinflußte Redakteur der Saarländischen Zeitung. In der Sache halte ich deshalb meine Behauptung völlig aufrecht, daß die in der Broschüre aus dem Verlauf der Versammlung vom 19. April gezogene Folgerung, »die Bevölkerung stehe in seltener Einmütigkeit hinter der Pfarrkonferenz und protestiere gegen meine Neunkirchener Rede«, auf Unwahrheit beruht.

ad Nr. 9.: Ganz unverständlich ist es mir, wenn das Kgl. Konsistorium in der Broschüre keine sozialpolitischen Gesichtspunkte erblickt hat. Ich bitte in dieser Beziehung nur einen Blick auf Seite 29 der Broschüre zu werfen und zu erwägen, daß in dem Umschlag der Broschüre die Naummannschen Schriften sowie sonstige rein sozialpolitische Abhandlungen empfohlen und dadurch in Arbeiterkreisen verbreitet wurden. Daß der Vorwärts und die Frankfurter Zeitung aus der Broschüre Kapital schlagen würden, mußten die Herren überdies voraussehen.

ad Nr. 10.: Ob die Haltung der Broschüre den in dem Erlasse des Oberkirchenrats empfohlenen Grundsätzen entspricht, möchte ich dem Urteil dieser Hohen Behörde selbst anheimstellen.

ad. Nr. 11.: Daß das Programm der evangelischen Arbeitervereine, wie es offiziell aufgestellt und in der letzten Rheinischen Provinzialsynode verlesen wurde, nichts Bedenkliches enthält, habe ich niemals bestritten. Ich behaupte aber, daß die Haltung der Saarbrücker Pfarrkonferenz und insbesondere die von ihr veröffentlichte Broschüre mit diesem Programm in diametralem Gegensatz steht. Was die Machtfrage und die Behauptung der Geistlichen anbelangt, daß sie nicht bestreiten wollten, ich stünde in der Beurteilung der sozialen Frage auf christlichem Standpunkt, so widerspricht dem fast der ganze Inhalt der Broschüre und noch deutlicher die zahlreichen Angriffe in kirchlichen Blättern, welchen ich auf Grund der Broschüre fortwährend ausgesetzt bin.

ad Nr. 12.: Daß die Geistlichen mit ihrem Auftreten nicht für Naumann und Kötzschcke hätten eintreten wollen, ist abermals eine irrtümliche Auffassung des Kgl. Konsistoriums. Niemals haben dieselben sich gegen diese Herren gewandt, sie haben dieselben vielmehr mit Material versehen, wenn sie sich auch gewiß nicht völlig mit ihnen identifizierten. Naumann, Frau Gnauck und ähnliche Agitatoren haben im Handwerkerverein, zu dessen Verteidiger sich die Broschüre ausdrücklich aufwirft, Vorträge gehalten, mit beiden sind die Herren in lebhaften Verkehr getreten und Naumann hat bei einem dieser Herren sogar gewohnt. Zudem ist aus der Heranziehung von Naumann in die hiesige Gegend der ganze Streit der Pfarrkonferenz mit mir entstanden.

ad Nr. 13.: Wenn das Kgl. Konsistorium nur zugibt, daß die Veröffentlichung der *Broschüre* mit dem Wort »Selig sind die Sanftmütigen« nicht vereinbar sei, so mache ich darauf aufmerksam, daß auch sonst die Pfarrkonferenz diesem Worte entschieden zuwider gehandelt hat. Als die Provinzialsynode beschloß, keine Stellung zu dem entbrannten Streit zu nehmen, sondern nach beiden Seiten hin zum Frieden zu mahnen, da begrüßte ich diesen Beschluß mit Freuden und erklärte mich zur Versöhnung bereit. Was tat demgegenüber die Pfarrkonferenz? Sie berief den ehemaligen Hofprediger Stöcker, mit dem ich im Prozeß liege, glorifizierte ihn im Evangelischen Wochenblatt und entfachte dadurch den Streit aufs neue.

ad Nr. 14.: Indem ich meinen Behauptungen über Herrn Zillessen vollständig aufrecht erhalte, will ich den Evangelischen Oberkirchenrat nicht mit Einzelheiten belästigen. Ich beschränke mich darauf, eine Abschrift des Berichts beizufügen, welchen der Bürgermeister Fritsch über die in Frage stehende Äußerung des Superintendenten an seine vorgesetzte Behörde erstattet hat.

ad Nr. 16.: Hier hat das Kgl. Konsistorium einen wenn auch sehr eingeschränkten Tadel gegen den Pfarrer von Scheven ausgesprochen, immerhin aber angenommen, daß der »gemeine Raufbold« sich nicht auf mich bezogen habe. Die Leser des Artikels indessen mußten annehmen, daß derselbe sich auf mich beziehe, denn — wie ich wiederhole — in jenem Moment war meine Duellangelegenheit mit Professor Wagner in aller Munde, was dem Pfarrer von Scheven sehr wohl bekannt war.

ad 15, 17 u. 18.: Das Konsistorium hat es abgelehnt, auf diese Punkte, welche für die Beurteilung der objektiven Wahrheit der Broschüre von besonderem Werte sind, näher einzugehen. Ich spreche deshalb den dringenden Wunsch aus, daß durch Vernehmung der von mir genannten Zeugen die volle Wahrheit und damit die Frage klargestellt werde, ob und inwieweit sich die Broschüre von derselben entfernt hat.

Wenn schließlich das Kgl. Konsistorium beide Teile zum Frieden ermahnt hat, so wird dies bei der streitbaren Saarbrücker Pfarrkonferenz ebenso wenig Erfolg haben wie dies nach der Ermahnung der Rheinischen Provinzialsynode der Fall war. Im Gegenteil werden sich die Herren jetzt in ihrer Kampflust um so gesicherter fühlen, nachdem ihre vorgesetzte Behörde mir in allen wesentlichen Punkten meiner Beschwerde Unrecht gegeben hat. Durch die gewiß nicht von mir veranlaßte Veröffentlichung dieser Entscheidung, noch dazu in entstellter Weise, bin auch ich auf den Weg der Öffentlichkeit gedrängt worden. Auf diesem Wege werde ich u.a., den in der Broschüre aufgezählten Zustimmungserklärungen die zahlreichen Beweise von Zustimmung und Sympathien gegenüberstellen, welche mir von Geistlichen und Vereinen zugegangen sind. Bevor ich an die Öffentlichkeit appelliere, halte ich mich indessen für verpflichtet, zunächst die Entscheidung des Evangelischen Oberkirchenrats abzuwarten.

In tiefster Verehrung
Frhr. Stumm von Halberg

Von wie irrtümlichen Auffassungen das Kgl. Konsistorium sich in seiner Entscheidung leiten ließ, geht auch aus beifolgenden beiden Nummern des offiziellen Organs der Saarbrücker Pfarrkonferenz des Evangelischen Wochenblatts hervor. Hier steht auf Seite 190 das unter Teilnahme der Vertreter der Saarbrücker evangelischen Arbeitervereine gegen mich gerichtete Tadelsvotum abgedruckt, während auf Seite 189 die im wesentlichen völlige Übereinstimmung mit Naumann konstatiert wird. »Wir sind einig«, heißt es da. Auch der andere Artikel über die Stuttgarter Tage (Seite 196 u. ff), welche von einem Vertreter der evangelischen Arbeitervereine herrührt, der gleichzeitig Mitglied der Saarbrücker Pfarrkonferenz ist, ... eine fast begeisterte Verehrung für Naumann. Wie kann das Konsistorium demgegenüber behaupten (ad. Nr. 12), daß die betreffenden Geistlichen nicht für Naumann hätten eintreten wollen oder daß die Saarbrücker evangelischen Arbeitervereine ad Nr. 7) jede Kundgebung gegen mich vermieden hätten? Diese beiden Anlagen erbitte ich mir ganz ergebenst zurück.

7. Brief Stumms an den Evangelischen Oberkirchenrat

Halberg, den 8. Januar 1897

Dem Evangelischen Oberkirchenrat beehre ich mich, in Ergänzung meiner Berufung vom 26. Dezember vorigen Jahres einen zweiten Erlaß des Königlichen Konsistoriums zu Koblenz nebst 2 Nummern der Saarbrücker Zeitung einzureichen.

Als um die Mitte Dezember völlig entstellte Mitteilungen über die Antwort des Konsistoriums auf meine Beschwerde vom 25. Juli in der Presse erschienen waren, welche nur von dem Königlichen Konsistorium unterstellten Personen herrühren konnten, richtete ich an diese Behörde die Bitte, eine Richtigstellung dieser falschen Berichterstattung herbeiführen zu wollen. Das Königliche Konsistorium hat, wie aus der Anlage hervorgeht, diese Richtigstellung abgelehnt, indem dasselbe behauptet, daß einmal meine Wahrheitsliebe nicht infrage gestellt sei und andererseits der von der Pfarrkonferenz verfaßte Artikel der »Saarbrücker Zeitung« sich in sachlicher Form bewege. Was den ersten Punkt anlangt, so kann niemand die beiden Artikel der »Saarbrücker Zeitung«, welche das ausgesprochene Organ der Pfarrkonferenz ist, anders verstehen, als daß das Konsistorium die Unwahrheit der von mir gegen die Pfarrkonferenz erhobenen Beschwerdepunkte konstatiert habe, denn es wird völlig verschwiegen, daß das Konsistorium an die Spitze seiner Entscheidung den Satz, welcher auch bei einzelnen Punkten wiederkehrt, gestellt hat, daß die der Beschwerde zugrunde liegenden Vorgänge und Verhältnisse sich vielfach seiner Beurteilung völlig entziehen. Ebenso wird der mehrfach gegen Mitglieder der Pfarrkonferenz ausgesprochene Tadel des Konsistoriums in jenen Zeitungsartikeln ignoriert, so daß vielleicht in der *Form*, sicherlich aber nicht nach dem *Inhalt* von einer Sachlichkeit in dem von der Pfarrkonferenz verfaßten Artikel der Saarbrücker Zeitung die Rede sein kann. Ich habe mich deshalb gezwungen gesehen, den Erlaß des Konsistoriums vom 4. Januar d. Js. selbst zu veröffentlichen und hoffe, daß eine objektive Klarstellung der ganzen Sachlage durch den Evangelischen Oberkirchenrat mich der Verpflichtung entheben wird, auch den Erlaß des Konsistoriums vom 26. November vorigen Jahres öffentlich zu kritisieren. Zuletzt genanntem Erlasse gestatte ich mir nachträglich noch folgendes hervorzuheben:

Zu Nr. 11 des Konsistorialerlasses: Wenn auch auf Seite 62 der Broschüre nur behauptet wird, daß ich die soziale Frage »*wesentlich*« als eine Machtfrage behandle, so wird mir auf Seite 29, vierte. Zeile, ausdrücklich untergeschoben, es handle sich bei mir in dieser Beziehung um eine *reine* Machtfrage. Wie das Konsistorium dazu kommt, einen Wert darauf zu legen, ob diese völlig unwahre Behauptung auf Seite 29 oder auf Seite 62 steht, ist mir völlig unbegreiflich. Hier handelt es sich sogar um eine *bewußte* Unwahrheit der Broschüre, denn die Verfasser wissen ganz genau, daß ich die gesamte Arbeiterversicherung, die Sonntagsruhe etc. zuerst im Reichstage eingebracht habe und größtenteils vorher schon auf meinen Werken durchgeführt hatte.

Bei derselben Nummer wird von dem Konsistorium ausgeführt, daß die Tätigkeit der Geistlichen in den Arbeitervereinen, soweit sie den vereinbarten Normen entspreche, nur gebilligt werden könne; es widerspricht aber sowohl die von der Pfarrkonferenz veröffentlichte Broschüre als noch mehr die Verbreitung derselben unter der hiesigen Arbeiterbevölkerung und die im Evangelischen Wochenblatt für dieselbe gemachte Reklame diesen Normen auf das flagranteste nicht bloß, weil die Arbeiter durch die der Broschüre beigehefteten Annoncen auf die Schriften von Naumann und ähnlichen Agitatoren aufmerksam gemacht werden, sondern weil die Unwahrheiten und Entstellungen, welche in jener Broschüre gegen mich geschleudert werden, nur zu sehr dazu geeignet und bestimmt sind, die Arbeitgeber des hiesigen Bezirks, an deren Spitze ich in sozialpolitischer und wirtschaftlicher Beziehung stehe, in den Augen ihrer Arbeiter herabzusetzen. Überdies hat noch vor kurzem ein Mitglied der Pfarrkonferenz, welches Mitarbeiter des Evangelischen Wochenblatts ist, einem hochgestellten Beamten gegenüber die Äußerung getan: »Meine Brüder und ich, wir sind Sozialisten bis auf die Knochen.«

Ich spreche zum Schlusse nochmals die Überzeugung aus, daß wenn die kirchliche Behörde fortfährt, die Herren von der Pfarrkonferenz in ihren Angriffen, wie sie in der Broschüre enthalten sind, zu schützen und diese Angriffe selbst da zu beschönigen, wo sie dieselben nicht zu rechtfertigen vermag, der hier entbrannte Kampf im Gegensatz zu den Ermahnungen der rheinischen Provinzialkirche und des Konsistoriums selbst auf das äußerste verschärft und die entstandene Kluft unüberbrückbar werden muß.

In tiefster Verehrung verharre ich dem Evangelischen Oberkirchenrat ganz ergebener

Freiherr von Stumm-Halberg

Anhang

Dokument 1

Freiherr von Stumm und die evangelischen Geistlichen an der Saar

Bei Beurteilung des Streites zwischen dem Freiherrn von Stumm-Halberg und den evangelischen Geistlichen an der Saar gilt es von vornherein einen leicht möglichen Grundirrtum zu vermeiden. Der Freiherr ist bekanntlich der rabiateste Gegner der christlich-sozialen Partei und aller christlich-sozialen Politik. Da dürfte für manchen, der die Verhältnisse an der Saar nicht näher kennt, die Annahme nicht allzufern liegen, daß sich die Geistlichen als Anhänger der christlich-sozialen Partei zusammengetan hätten, um ein öffentliches Wort zu Gunsten der Partei und christlich-sozialen Politik auszusprechen und damit zugleich den Kampf gegen den Todfeind des christlichen Sozialismus aufzunehmen. Man wird um so eher geneigt sein, dies zu glauben, als tatsächlich die Christlich-Sozialen im Reiche aus dem Streite an der Saar Vorteil ziehen und Vorteil ziehen können. Dennoch wäre nichts verkehrter als diese Meinung. Die Geistlichen huldigen zwar einem christlich-sozialen Denken, wie es in den bekannten Erlassen Kaiser Wilhelms I. und Wilhelms II. zum Ausdruck gelangt ist, haben auch mancherlei nähere oder entferntere Beziehungen zu den Hauptführern der Christlich-Sozialen, sie haben aber niemals irgendwelche christlich-soziale Politik getrieben im Sinne von Stoecker, Weber und Naumann. Es begreift sich leicht, daß sie darum auch nicht in die Versuchung kommen konnten, geschlossen auf die große politische Bühne Deutschlands zu treten. Wenn dennoch ihr Auftreten politische Kreise aufs höchste interessierte und noch interessiert, so kann das nicht Wunder nehmen bei der Tatsache, daß Freiherr von Stumm gegenwärtig für die innere Politik in Deutschland die Führerrolle übernommen hat. Wir leben in der Ära Stumm.

Daß sich die Geistlichen bei ihrem Vorgehen nicht von christlich-sozialer Politik leiten ließen, geht schon aus dem Umstande hervor, daß der Streit der Geistlichen mit dem Freiherrn von Stumm nur ein Teil einer ganz allgemeinen Bewegung im Saargebiet ist, die sich gegen Stumms System der brutalen Gewalt richtet. Leider müssen wir es uns versagen, in diesem Blatte ausführlich auf diese allgemeine Erhebung gegen Stumm einzugehen. Zum Beweise, daß eine solche besteht, verweisen wir auf die Tatsache, daß in Saarbrücken mehrere Volksversammlungen stattgefunden haben, in denen man einmütig die schärfsten Resolutionen gegen Stumm und das der Saarbevölkerung auferlegte Joch faßte. Wir verweisen ferner zur Bekräftigung unserer Behauptung auf den sechsten Abschnitt der Broschüre der Geistlichen und ganz besonders auf die sechs Artikel der Frankfurter Zeitung über »die politischen und wirtschaftlichen Zustände im Saargebiet«, welche Artikel nächstens auch in Broschürenform erscheinen sollen. Durch sie wird auch dem blödesten Auge erkennbar werden, daß es hier einmal zu einer allgemeinen Auflehnung gegen Stumm kommen mußte und daß die Auflehnung gerechtfertigt ist. Man kann der politischen Richtung der Frankfurter Zeitung noch so ablehnend gegenüberstehen, das allgemeine Urteil der eingeweihten Kreise geht dahin, daß die Frankfurter Zeitung nach sorgfältig angestellten Untersuchungen die Wahrheit berichtet hat, und daß sie selbst in den Fällen, die sich unserer Kontrolle entziehen, den Eindruck einer wahrheitsgetreuen Darstellung macht. Es gebührt ihr dafür der Dank aller Freunde der Wahrheit und Rechtlichkeit. Beachtenswert ist, daß die Stummsche »Post« einen Anlauf gemacht hat, die Artikel der Frankfurter Zeitung zu widerlegen, daß sie aber unter sorgfältiger Vermeidung einer näheren Berücksichtigung des vorgelegten Materials über allgemeine Lobeserhebungen Stumms nicht hinausgekommen ist. Ja, sie stellte schließlich die versuchte Widerlegung ganz ein und zwar gerade an dem brennendsten Punkte, als es sich für die Post darum handelte, zu den beiden Nummern der Artikelreihe »Sichtbare und unsichtbare Einflüsse Stumms« und »Ein Kapitel von der Wahrhaftigkeit« Stellung zu nehmen. Die hiesige Stummsche Zeitung, in weiteren Kreisen unter dem vielsagenden Namen »Schleifstein« bekannt, stammelte in tödlicher Verlegenheit, man könne das Material der Frankfurter Zeitung getrost sich selbst überlassen. Es ist bedauerlich, daß keins von den großen Blättern, die sich zu den besonders königstreu und kirchlich gesinnten zählen, eine ähnliche Untersuchung über die Verhältnisse im »Königreich Stumm« angestellt hat.

Inwiefern die Geistlichen in die allgemeine Bewegung gegen Stumm hineingezogen wurden, und welches Interesse sie bei ihrem Vorgehen vertraten, das wird man klar erkennen, wenn wir jetzt Ursache und Veranlassung zu dem Streit der Geistlichen mit Stumm darstellen.

Ursache war, um es gleich kurz zu bezeichnen, der von Tag zu Tag stärker werdende Widerspruch der Geistlichen gegen das von Stumm erfundene und rücksichtslos gehandhabte System der brutalen Gewalt. Über dieses System, das in Deutschland als »patriarchalisch« gefeiert wird, das aber seinem Wesen nach ein despotisches ist, wollen wir zunächst reden.

Unsere heutige Wirtschaftsordnung bringt es mit sich, daß oft viele tausend Menschen von einem einzigen Manne in hohem Grade abhängig sind.

Wir wüßten nicht, was vom ethischen und christlichen Standpunkt aus gegen ein solches Verhältnis an sich einzuwenden wäre. Über- und Unterordnung muß sein, und wir möchten sogar behaupten, daß wenigstens der deutsche evangelische Christ in gewisser Weise für ein solches Verhältnis voreingenommen sein kann. Hat es doch zu viel Ähnlichkeit mit dem Verhältnis des Vaters zu seinen Familienangehörigen und mit dem Verhältnis des Fürsten zu seinem Volke. Es ist auch gar nicht zu leugnen, daß bei diesem Verhältnis zwischen dem kapitalistischen, großindustriellen Arbeitgeber und seinen Arbeitnehmern sich eine Reihe von ethischen Beziehungen entwickeln können und vielfach auch wirklich entwickeln, die dies Verhältnis dem christlichen Empfinden sehr sympathisch erscheinen lassen. Die Abhängigkeit bildet ein äußerst wirksames Mittel zur Handhabung von Zucht und Ordnung und damit auch zur Gewöhnung an diese beiden in allen menschlichen Verhältnissen so notwendigen Dinge. Wer einen Gott der Ordnung verkündet, wird solches gewiß nicht mit Unlust begrüßen. Autorität und Disziplin können aber noch auf das schönste umkleidet sein mit den Gefühlen der Dankbarkeit und Verehrung, die von den Untergebenen dem Haupte entgegengebracht werden. Das Bewußtsein großer Verantwortlichkeit kann das Haupt zu angestrengter Aufmerksamkeit auf die Lage der Arbeiter veranlassen. Teilnahme und Wohlwollen,bis zur tätigen Fürsorge gesteigert, wird sich unter Umständen daran anschließen. Kurz, das Verhältnis zwischen dem Arbeitgeber und dem Arbeitnehmer, wie wir es jetzt durchschnittlich in der Großindustrie haben, — wir wollen es der Kürze halber trotz allen zu machenden Einschränkungen fernerhin immer das absolutistische nennen — kann sich zu einem schönen christlichen gestalten. Dann wird das an sich absolutistische System zum patriarchalischen, und zwar durch Verdienst des Industrieherrn. Daß sich in dem System Stumm solche patriarchalischen Züge finden, ist gewiß und soll von uns nicht geleugnet werden. Die Stummsche Presse pflegt dafür zu sorgen, daß sie von der großen Öffentlichkeit weder übersehen werden noch in Vergessenheit geraten. Die »Saarabier« haben freilich daneben auch andere Züge des Systems Stumm kennen gelernt.

Das absolutistische System kann sich nämlich auch zu einem nichts weniger als patriarchalischen entwickeln. Wir wollen nichts davon reden, wie es zum Ausbeutersystem werden kann. Es ist noch ein Drittes möglich, das noch mehr den direkten Gegensatz zum Patriarchalismus bildet. Einem Manne, von dem Tausende und Abertausende materiell abhängig sind, ohne sich dieser Abhängigkeit erwehren zu können, steht eine ungeheure Macht zu Gebote, die er auch in wenig christlichem Sinne gebrauchen kann. Nicht nur die Masse, die direkt von ihm abhängig ist, muß unter Umständen wollen, wie er will, und ginge es auch gegen das Gewissen — mit eben dieser Masse macht er auch wieder indirekt eine große Zahl anderer ebenso abhängig, die Gewerbetreibenden, die Wirte, Handwerker, Geschäftsleute aller Art, die in ihrem Erwerbe auf die Arbeiter des Industrieherrn angewiesen sind. Auch diese müssen um des lieben Brotes willen unter Umständen die eigne Meinung unterdrücken und dem Gewissen Schweigen gebieten. Denn wird einer von diesen durch den Industrieherrn geboykottet — und dies Verhängnis schwebt an der Saar drohend über dem Haupte eines jeden —, so ist seine Existenz in den meisten Fällen vernichtet. Damit ist es aber noch nicht genug. Auch kommunale Körperschaften sind leicht in volle Abhängigkeit zu bringen (die Wahlen!), ja staatliche und selbst kirchliche Beamte können zu einer Willfährigkeit gebracht werden, die sich von direkter Abhängigkeit kaum unterscheidet. Wie gar Wahlen zum Reichstag und Landtag gemacht werden können, darüber brauchen wir kein Wort zu verlieren. Gebraucht nun ein Industriekönig seine weitreichende, fast absolute Macht in diesem Sinne, gebraucht er sie so, daß durch Schroffheiten Kränkungen verursacht werden, für die eine Genugtuung in keiner Form zu holen ist, daß bestimmte Befehle oder unter der Hand ausgegebene Parolen viele zu einem Handeln gegen die eigene Überzeugung führen, daß kommunale Körperschaften nicht dem, was sie für das Beste des Gemeinwohls halten, sondern etwas anderm nachgehen zu müssen scheinen, daß die Obrigkeit nicht dem Volke, die kirchlichen Vertreter nicht der Kirche zu dienen scheinen, daß Abgeordnete mehr für das heimische System als für ihre eigentlichen Obliegenheiten Sorge zu tragen scheinen, dann ist das absolutistische System zum rücksichtslos despotischen geworden durch Schuld des Industrieherrn. Dann hört für christliches Empfinden alle Sympathie auf. So nun liegt der Fall in dem Streite der evangelischen Geistlichen an der Saar mit Freiherrn von Stumm.

Daß Leute, die vom Freiherrn von Stumm abhängig sind, in welcher Lebensstellung sie sich auch befinden mögen, gezwungen werden, Handlungen zu begehen, die gegen die Stimme ihres Gewissens sind, daß ferner kommunale Körperschaften, Staatsbeamte und Obrigkeiten, soweit sie mit dem Stummschen System zu schaffen haben, eine Willfährigkeit zeigen, die von der großen Menge kaum von Abhängigkeit unterschieden werden kann, braucht uns nach den eingehenden Darlegungen, die die Frankfurter Zeitung gegeben hat, hier nicht weiter zu beschäftigen. Uns geht hier nur an, daß durch das Stummsche System auch eine Vergewaltigung kirchlicher Interessen stattgefunden hat und noch stattfindet. Charakteristisch ist in dieser Hinsicht, was der Freiherr einem Ehrenmann und korrekten Geistlichen, der das Vertrauen einer ganzen Synode genießt, Herrn Superintendenten Zillessen, zu bieten wagt. Sagt er doch, daß er den Superintendenten »auf Seiten einer Koalition« sähe, »der sich alle destruktiven Elemente angeschlossen haben«, und daß er ihn, »solange er (Zillessen) sich in einem Lager befinde, das er (Stumm) als ein politisch und sozial in hohem Maße verderbliches bekämpfen werde, auch in diesen Kampf einbeziehen müsse.« Dabei bestand das ganze Vergehen des Superintendenten darin, daß er pflichtgemäß das Interesse des ihm anvertrauten St. Arnualer Stiftes wahrgenommen hatte und dabei zufällig in Gesellschaft eines Konkurrenten von Stumm und eines Königlichen Landrats geraten war. Letzteres »destruktive« Element mußte denn auch bald genug den Kreis verlassen.

Höchst belehrend über das System Stumm ist ein Fall, den der Reichsbote zum erstenmal öffentlich zur Sprache gebracht hat, und den die Geistlichen aus Schonung in der Broschüre nicht erwähnt haben. Nachdem Stumm auf dem Halberg die Parole »Zusammenschluß aller Ordnungsparteien, kein Streit zwischen den Konfessionen« ausgegeben hatte, förderten Verwandte und Untergebene Stumms folgendes Unikum zu Tage. Sie schrieben dem Brebacher Pfarrer mittels des Presbyteriums ein Tadelsvotum ins Protokollbuch, weil er am Reformationsfeste davor gewarnt hatte, sich von den Netzen der Ultramontanen umgarnen zu lassen. Unter dem System Stumm werden die Leute an allzu genaue Befolgung einer ausgegebenen Parole gewöhnt.

Ohne die Leidensgeschichte des Neunkircher Evangelischen Wochenblattes und der Evangelischen Arbeitervereine bei Gründung eines Auskunftsbüros, die zu den charakteristischsten Partien der Broschüre gehört, hier noch einmal zu rekapitulieren, fügen wir noch ein Beispiel aus der allerneusten Zeit an, das sich den älteren Vorgängen würdig anreiht und darum ebenfalls beweiskräftig ist.

In einem Dorfe, das im Banne des Halbergs liegt, spielten sich folgende Unterredungen ab. Der Pfarrer: Sie wollen auch eine Erklärung unterzeichnen, die sich gegen unsre Broschüre richtet? Der Presbyter: Jawohl, Herr Pfarrer. Der Pfarrer: Haben Sie unsre Erklärung vom 28. Februar gelesen? Der Presbyter: Nein! Der Pfarrer: Haben Sie unsern Protest gelesen gegen die Äußerungen Stumms in Neunkirchen? Der Presbyter: Nein! Der Pfarrer: Und Sie unterzeichnen doch? Der Presbyter: Herr Pfarrer, wir müssen. — Eine andre Unterredung. Der Pfarrer: Auch Sie wollen eine Erklärung unterschreiben, die sich gegen die Broschüre richtet? Haben Sie überlegt, ob Sie damit im kirchlichen Interesse handeln, haben Sie überlegt, ob dies im Einklang steht mit Ihrem Gelöbnis als Presbyter? Der Presbyter: Herr Pfarrer, wir müssen. — Wir wollen dahingestellt sein lassen, ob Stumm das selbst angeordnet hat, uns genügt, daß unter dem patriarchalischen System des Freiherrn von Stumm solche Dinge möglich sind. Indirekt machen wir Stumm voll verantwortlich dafür. Sein Brot verliert eben niemand gern, und Stumm hat die Bevölkerung an den Gedanken gewöhnt, daß man sein Brot verliert, wenn man nicht in allen Stücken für ihn ist.

Was gab nun die Veranlassung dazu, daß der allmählich mit Notwendigkeit gegen das System Stumm sich herausbildende Gegensatz der dortigen Geistlichen für alle Welt sichtbar wurde?

Der Saarbrücker »Verein für Volksbildung«, nach seinem Ursprung auch »Handwerkerverein« genannt, hatte in den Wintern 1894/95 und 1895/96 unter etwa fünfzig Rednern aller Parteien und beider Konfessionen auch drei Christlich-Soziale sprechen lassen, nämlich Professor Wagner aus Berlin und Frau Gnauck-Kühne je einmal, Naumann zweimal. Hieraus folgerte Stumm einen »Einbruch der Christlich-Sozialen ins Saargebiet«, in dem die evangelischen Geistlichen ohnehin schon zu sozial wirkten (Evangelische Arbeitervereine, Auskunftsbüros). Nicht diese Folgerung ist der Verwunderung wert, wohl aber das, was geschah, nachdem Stumm an gehöriger Stelle die nötigen Anweisungen erteilt hatte. Fabrikanten legten sich mit ihrem Patriotismus an den Laden und begannen patriotische, vaterlandsliebende Männer zu verdächtigen und des Mangels an Patriotismus zu beschuldigen (vgl. Kölnische Zeitung 728). Bürgermeister und Landrat wurden rege und stellten sich auf Stumms Seite. Nationalliberale Abgeordnete boten im Namen des Liberalismus die Hand dazu, eine Zeitung totschlagen zu helfen, die andrer Meinung war als Stumm, die den Handwerkerverein in Schutz nahm und nach dem indirekten Zeugnis der Kölnischen Zeitung sich in nationalliberalem Sinne richtig verhalten hat. Eine neue Zeitung wurde gegründet, die Stumm nach eignem Geständnis mit ins Leben rufen helfen, und die er auch wieder nach eigner Aussage nicht ins Leben gerufen hat, für die Stumm nach eigner Aussage Geld hergibt, und über die er wieder nach eigner Aussage keine Macht hat; eine Zeitung, die Stumm nach eigner Aussage nach den wüstesten Ausfällen auf die Geistlichen allen Behörden (!!) empfohlen hat, für deren Ausfälle er aber abermals nach eigner Aussage nicht verantwortlich ist.

Nun, diese neue Zeitung brachte am 11. Februar 1896 einen Artikel, der mindestens gegen einen Bruchteil der Geistlichen an der Saar mit gerichtet war und eine solche Definition des wahren Christentums gab nebst einer

Schilderung der Christlich-Sozialen, daß die Geistlichen eine Erklärung glaubten abgeben zu müssen.

Durch diese Erklärung vom 28. Februar d. J. wurde der Gegensatz zwischen ihnen und dem Freiherrn von Stumm für alle Welt offenbar. Fragen wir, ob die Geistlichen wirklich berechtigt, vielleicht sogar in die Notwendigkeit versetzt waren, eine Erklärung abzugeben.

An dem Artikel der Neuen Saarbrücker Zeitung, auf den hin die Geistlichen ihre Erklärung abgaben, muß vor allen Dingen der programmatische Charakter, die Allgemeinheit der Sprache und die ungeheuerliche Schilderung der Christlich-Sozialen beachtet werden, wodurch sich auch die gemäßigt denkenden Christlich-Sozialen verdammt sehen mußten.

In dem Artikel wurde ausgeführt, das wahre Christentum habe mit dieser Welt nichts zu schaffen. Es schwebe als ein leuchtendes Gestirn hoch über allem Irdischen und biete für irdische Not, Schmerz und Leid die ewige Seligkeit. Die Christlich-Sozialen dagegen verfolgten eine Richtung, der keine Spur von Christentum inne wohne, priesen »das Gewaltmittel des revolutionären Totschlags.«

Bedenkt man, daß die Geistlichen bis dahin immer mit der Partei zusammengegangen waren, die in ihrem neu geschaffenen Organ solche Dinge verkünden ließ, dann begreift sich ohne weiteres, daß die Geistlichen für die Öffentlichkeit keinen Zweifel darüber obwalten lassen durften, ob sie noch mitgingen. Sie waren eine Erklärung ihrer Gemeinde, ihren Arbeitern, sich selbst, dem kirchlichen Interesse durchaus schuldig. Durften die Geistlichen es darauf ankommen lassen, daß von einer für die Arbeiter autoritativen Seite her die Führer der christlich-sozialen Bewegung in den abschreckendsten Farben geschildert wurden, da doch die mannigfaltigsten Interessen und Arbeiten auf kirchlichem und sozialem Gebiete die Saargeistlichen besonders mit Stoecker und Lizentiat Weber verbanden? Kann man es den evangelischen Geistlichen an der Saar verdenken, wenn sie für Kollegen in der Ferne eintraten, gegen die die ungerechtesten Beschuldigungen erhoben wurden? Jedenfalls mußten sich die Geistlichen mit denjenigen Kollegen im eignen Bezirk solidarisch fühlen, die in jener Polemik mitgetroffen werden sollten. Es macht dem an der Saar herrschenden Ehrgefühl und Korpsgeist alle Ehre, wenn die Geistlichen so geschlossen und entschieden für die so schwer verdächtigten Kollegen eintraten.

Auch die Rücksicht auf das Neunkircher Evangelische Wochenblatt sprach mit. Dieses hat sich niemals gescheut, die Verdienste Stoeckers und Webers anzuerkennen. Sollten die Geistlichen, die Eigentümer und Leiter des Blattes sind, es ruhig hingehen lassen, daß ihre Gemeinden jetzt durch

das Stummsche Organ erfuhren, das Wochenblatt habe sich jenen christlich-sozialen Revolutionären angeschlossen, die »nur im Ruin alles Bestehenden ihr Genüge finden können«? Die Ausführungen der Neuen Saarbrücker Zeitung waren derart, daß die Geistlichen und zwar nicht etwa bloß
die jüngeren, sondern die große Mehrzahl aufs ärgste bloßgestellt waren
vor ihren Gemeinden und Arbeitern, wenn sie nichts zu antworten gewußt
hätten. Durchschlagend war aber für die meisten jene einseitige Definition
des Christentums, die unmöglich unwidersprochen bleiben konnte. Man
bedenke einmal, welche Freude Sozialdemokraten und Ultramontanen diese
von Stumm und seinem Anhange in der neuen Zeitung programmatisch ab-
gegebene Definition des »echten« Christentums bereiten mußte. Wie
machte diese es den Sozialdemokraten so leicht, auf die Anhänger des
treuen Sohnes der Kirche und die Geistlichen, die das ruhig hinnahmen,
Hohn und Spott zu gießen! Und die Ultramontanen konnten nun mit Recht
sagen: kommt, ihr Arbeiter, zu uns, die Evangelischen kennen nur ein
Christentum, das den Elenden als Entschädigung für ihre Not die Seligkeit
im Jenseits verheißt! Für Auswärtige sei hier endlich noch hervorgehoben,
daß die Bevölkerung an der Saar in dem Vorgehen Stumms in der neuen
Zeitung den Versuch erblickte, die evangelischen Geistlichen mit bekannter
Schroffheit mundtot zu machen. Sie sollen nur tun und sagen dürfen, was
keinen Anstoß gab. Was konnte aber bei Stumm nicht alles Anstoß erregen? Die Geistlichen waren es ihrer Ehre, ihrem Amte schuldig, sich als
solche hinzustellen, denen man derlei nicht bieten dürfe.

Wir wollen diesen Abschnitt hiermit beschließen; wir haben nur skiz-
ziert, wo wir Bände hätten reden können. Schließlich muß einer doch selbst
im Saargebiet die Wirkung des Stummschen Systems am eigenen Leibe
gespürt haben, um recht beurteilen zu können, ob die Geistlichen gut taten,
sich in einer öffentlichen Erklärung zu verteidigen. Warum aber geschah
dies in einer politischen Zeitung und nicht in dem Evangelischen Wochenblatt, dem Organe der Geistlichen? Weil die Geistlichen über ihr eignes
Organ nicht mehr gebieten konnten vermöge der durch Stumms System der
brutalen Gewalt herbeigeführten Weigerung des Druckers, etwas zu druk-
ken, was gegen Stumm und sein System ging. Die Geistlichen hatten Beweis dafür.

Aber warum nach der Erklärung noch die Broschüre? Man wird der Erklärung der Geistlichen vom 28. Februar nachrühmen dürfen, daß niemand
für eigne und kirchliche Interessen milder und ruhiger eintreten kann. Sie
sagen nur, was wahres Christentum ist und decken sich damit vor ihren
Arbeitern gegen leicht eintretende sozialdemokratische und ultramontane

Verhöhnung. Sie gestehen die Berechtigung einer Bekämpfung der Christlich-Sozialen jedem zu, der diese für gefährlich hält, nehmen aber die
Christlich-Sozialen gegen ganz ungerechte, ungeheuerliche Angriffe in
Schutz und wahren damit die Ehre der Kirche, die Ehre von Kollegen und
ihre eigne Ehre. Auf gegnerischer Seite hätte man sich sagen müssen: nun,
die Geistlichen glauben, für die Interessen ihres Standes und ihrer Kirche
eintreten zu müssen; sie haben das in ruhiger, würdiger und milder Form
getan; antworten wir ihnen ebenso, dann ist die Sache abgetan. Und bei der
friedfertigen Stimmung der Geistlichen, die notorisch ist, wäre die Sache
wirklich abgetan gewesen! Aber die Gegner dachten anders. Die Geistlichen haben den Mund nicht aufzutun, wenn »König Stumm« in Aktion
getreten ist und mit ihm Kapitalismus und Großindustrie! Die Neue Saarbrücker Zeitung antwortete mit Keulenschlägen. Was alles den Geistlichen
schuld gab, das lese man Seite 16 der Broschüre nach:

Sie haben bewußt etwas behauptet, was mit der Wirklichkeit in Widerspruch steht, also einfache Lüge; ihre Taktik ist der Ausdruck einer unauf-
richtigen, zum offenen, ehrlichen Kampfe unfähigen Gesinnung; sie stehen
zu sehr im Banne der Menschenfurcht, sind moralisch zu schwach, zu mut-
los, um die volle Konsequenz ihres Tuns und Treibens zu überschauen; sie
treiben geistige, um nicht zu sagen geistliche Falschmünzerei; sie erheben
Anklagen mit heuchlerischen Gebärden und so weiter. Von der Sprache,
die das Blatt beinahe täglich führt, nur eine Probe: »Die alte Saarbrücker
Zeitung hat völlig im Fahrwasser jener unklaren Geister geschwommen,
die mit hohlen Phrasen, mit verworrenen sozialpolitischen Problemen und
mit salbungsvoller, hier übelangebrachter Gottesfürchtigkeit in eine der
Jurisdiktion der Kirche entzogene Frage hineinzupfuschen. Die sozialen
Reformen sind ihnen zu Kopf gestiegen; statt von der Kanzel herab Gottes
Wort rein und unverfälscht zu predigen, statt die Tröstungen des Glaubens
in Hütten und Paläste zu tragen, verlassen sie die Gotteshäuser, mengen
sich unter die mit Gott und Welt zerfallene Masse, bescheinigen sie das
unchristliche Laster der Selbstsucht, schärfen sie den aufschäumenden
Klassenhaß, nähren den schlimmen Massenhaß, wo doch leuchtender
Friede von ihnen verkündet werden sollte. Das sind unsre »Christlich-Sozialen«. Die sozialreformerischen Lehren des neuen Thomas Münzer, des
Pfarrers Naumann, sind »sozialrevolutionär« und die Christlich-Sozialen,
die das Christentum in lärmende Bier- und Rauchdebatten hineinzerren,
bilden eine weit ernstere, schwerere Gefahr als die Sozialdemokraten.«

Der Superintendent insbesondere wird von der Neuen Saarbrücker Zeitung behandelt wie ein Schulknabe. Eine ganze Anzahl beleidigender

Unwahrheiten wird öffentlich über ihn verbreitet. Eingesandte Berichtigungen haben den Erfolg, zu neuen Verdrehungen Anlaß zu geben. So geht es fort fast Tag für Tag. Den Hauptschlag aber führte Stumm selbst in seiner berühmt gewordenen Neunkircher Rede, die die Stummsche Saar- und Blieszeitung mit den Worten ankündigt: Freiherr von Stumm werde in den Osterferien über die Geistlichen »zu Gericht sitzen.« Auswärts hat seine Berufung auf den Kaiser das größte Aufsehen hervorgerufen, im Saartal selbst war man nicht weniger erstaunt über seine rücksichtslose, Unwahrheiten nicht scheuende Bekämpfung eines so allgemein geachteten Mannes wie des Superintendenten Zillessen in St. Arnual. Zu allem Überfluß drückte er der Neuen Saarbrücker Zeitung mit einer kleinen Reserve seine volle Sympathie aus und empfahl das Blatt allen Behörden und Privaten.

Sollten die Geistlichen das alles ruhig hinnehmen? Dann würde es im Saargebiet heißen: Seht da, auch die Geistlichen sind jetzt in Unterwürfigkeit gebracht.»Rüttelt nur an euren Ketten, dieser Mann ist euch zu stark.« Die Ultramontanen hoffen immer noch, daß es zuletzt doch noch so kommen werde. Die katholische Kirche wird dann noch leuchtender dastehen als die alleinige Hüterin von Freiheit und Recht. Schon jetzt ist ihre Stellung an der einstmals protestantischen Saar so stark, daß vielleicht die nächsten Reichstagswahlen bereits zu Gunsten des Zentrums ausfallen. Man wird sich dafür bei Herrn von Stumm zu bedanken haben. Aber das konfessionelle Moment, das überall in Rheinland eine im Osten kaum begreifliche Rolle spielt, außer Acht gelassen: dürfen die Geistlichen die schweren Beschuldigungen auf sich sitzen lassen? Zwar der Behörde könnte man intime Aufklärung geben. Aber die Geistlichen haben den Beweis dafür in den Händen, daß man sie an hohen Stellen nichtkirchlicher Art für politische Frondeurs hält; die Stummsche Presse hat in der Beziehung ihre Schuldigkeit getan. Fragend schauen die Kollegen von ganz Deutschland auf die Kollegen an der Saar. Da beschließen die Geistlichen, in einer Broschüre das Material über den Streit der großen Öffentlichkeit zu übergeben. Verdenke es ihnen, wer will. Das Verhalten Stumms und seiner Presse zwang sie zu diesem Vorgehen. Und die ganze Zurückhaltung, welche die Geistlichen bei Veröffentlichung dieser Urkundensammlung geübt haben, würde man erst dann zu würdigen in der Lage sein, wenn sie, der Not gehorchend, nicht dem eignen Trieb, einen letzten vollgültigen Beweis für die Notwendigkeit ihres Schrittes erbringen müßten — durch Publikation des Materials, das vorerst noch in ihren Mappen ruht:

Aber noch eine andere Frage wird aufgeworfen und nicht nur im Saargebiet: Durften die Geistlichen es wirklich darauf ankommen lassen, bei noch so gerechter Sache, mit einem Manne wie Stumm in einen so schroffen Gegensatz vor ganz Deutschland zu gelangen? Stumm genießt doch das Vertrauen der Regierung im höchsten Maße; mußten sich die Geistlichen nicht sagen, daß ein Konflikt mit Stumm gewissermaßen auch einen Konflikt mit der Regierung bedeute? Geistliche sind doch nicht dazu da, der Regierung Schwierigkeiten zu bereiten! Stumm ist eine Säule der bestehenden Ordnung, der tatkräftigste Bekämpfer aller umstürzlerischen Bewegungen. Mit einem solchen Manne sollen Geistliche doch wahrhaftig nicht anbinden. Sind die Ordnungsparteien nicht schon zerklüftet genug, daß gerade sie jetzt einen Keil hineintreiben? Und endlich: ein Geistlicher, und wäre er auch der rabiateste Naumannianer, müßte doch einsehen, daß ein Mann, der wie Stumm durch Fleiß, Talent und Energie große industrielle Werke schafft, in einem ganz einzigen Sinne ein Brotgeber genannt zu werden verdient; ein Geistlicher müßte doch wissen, daß ein Volk alle Ursache hat Gott zu danken, wenn ihm viele solche Männer in seiner Mitte erstehen. Kurz: die Geistlichen hätten Stumm schonen sollen.

Es müßte genügen zu erwidern, daß die Geistlichen nicht angegriffen, sondern sich verteidigt haben und dies in der friedlichsten Weise.

Aber auch das darf nicht verschwiegen werden, daß Stumm durchaus nicht die Person ist, um auf absolute Schonung Anspruch zu haben. Es ist im Saargebiet mit Händen zu greifen, daß dieser Vorkämpfer gegen den Umsturz in Wirklichkeit mehr als irgend eine andre Person oder Macht eine Stimmung weckt, die den Sozialdemokraten und Umstürzlern in die Hände arbeitet. So war es auf die Dauer für die Geistlichen — um der Religion, Sitte und Ordnung willen — ganz unvermeidlich, in offene Gegnerschaft zu diesem Manne zu geraten.

Beleuchten wir die Moral, die Stumm im Kampfe mit Gegnern befolgt.

1. Er scheut sich keinen Augenblick, seine Gegner, gleichgültig, welcher Streitpunkt vorliegt, mit destruktiven staatsgefährlichen, revolutionären Elementen in einen Topf zu werfen.

Es ist ihm vielmehr ein geläufiger Kunstgriff, im politischen Kampf wahrhaft national gesinnte, aber selbständige Bürger zu Christlich-Sozialen, zu Vaterlandsfeinden und revoltierenden Frondeurs zu stempeln und sie brandmarken zu lassen (Kölnische Zeitung 728).

BeweiseL: Als Pfarrer Lentze im Jahre 1889 in einem ganz unschuldigen Artikel des Evangelischen Wochenblattes in harmloser Weise von der »Gleichberechtigung des vierten Standes« sprach — ein Ausdruck, der auch in den Februar-Erlassen des Kaisers wiederkehrt —, da gab Stumm dem Drucker des Blattes »unter Erhebung der Anklage gegen den Artikel auf Staatsgefährlichkeit... zur ernstlichen Überlegung anheim, ob er als Verleger des »Amtlichen Kreisblattes« den Druck des Evangelischen Wochenblatts noch ferner besorgen könne. Gleichzeitig verbot Freiherr von Stumm die weitere Verteilung des Evangelischen Wochenblatts in seinen Wohlfahrtsanstalten.« (Seite 61 der Broschüre)

Als »destruktiv« und sozial verderblich wurden bekämpft nicht nur, wie oben berührt, Superintendent Zillessen, sondern gleichzeitig mit ihm ein Landrat, der jetzt im Osten des Vaterlandes fern von der Saar Regierungspräsident ist und ein Großindustrieller. Ein Landrat, ein Großindustrieller und ein Superintendent als Elemente des Umsturzes denunziert — das charakterisiert die Taktik Stumms zur Genüge!

Wegen eines Artikels gegen das Duell im Wochenblatte nimmt Stumm gegen dessen Herausgeber entschlossen den Kampf in bewußter Weise auf: »in der Überzeugung, sich dadurch ein Verdienst um Thron und Altar zu erwerben.« Der Superintendent ist der erwählte Leiter der Synode, Pfarrer Lentze ist Vorsitzender der Pfarrkonferenz, Pfarrer von Scheven ist Redakteur des Wochenblatts, des Organs der Geistlichen, — alle drei, Vertrauensmänner der Geistlichen, werden von Stumm als destruktiv, staatsgefährlich, rebellisch gebrandmarkt.

Einem »königstreuen« Geistlichen werde er die Depesche des Kaisers vorlegen, sagte der Freiherr in der Neunkirchner Rede. Damit sind implicite die »Deklaranten«, über dreißig an der Zahl, der Untreue gegen den König geziehen.

2. Irren ist menschlich, und wenn dem vielbeschäftigten Freiherrn von Stumm in seinen Aktionen einmal eine Ungenauigkeit oder ein Irrtum unterliefe, so müßte man das verzeihlich finden, bei ihm ebenso gut wie bei jedem andern Menschen. Aber das Übermaß beleidigender, mit Hartnäkkigkeit festgehaltener Unwahrheiten, auch wo Aufklärung möglich war und wirklich gegeben worden ist, hat dahin geführt, daß man im Saargebiet an die Wahrhaftigkeit des Freiherrn kaum mehr glauben kann.

Beweise: Obwohl das Evangelische Wochenblatt weder direkt noch indirekt den Freiherrn einen gemeinen Raufbold in dem Duellartikel genannt hat, wie sich jeder, auch der Freiherr, aus der Lektüre des Artikels überzeugen kann; obwohl ihm die bündigste Aufklärung darüber gegeben worden; obwohl ihm bewiesen worden, daß der Artikel vor seiner Duellauffäre mit Professor Wagner geschrieben wurde, hat Freiherr von Stumm die Stirn, in der weit verbreiteten Kölnischen Zeitung die Geistlichen des Wochenblatts zu beschuldigen, sie hätten ihn einen gemeinen Raufbold genannt.

Superintendent Zillessen hatte gelegentlich einer Bürgerversammlung, in der es sich um die Eingemeindung von St. Arnual nach Saarbrücken handelte, wobei auch das Verhältnis von Brebach und Arnual besprochen wurde, die Äußerung getan: der Bürgermeister von Brebach, sei er wer er wolle, müsse immer auf die Verhältnisse der Brebacher Hütte Rücksicht nehmen. Er hatte von Verhältnissen, von Sachen gesprochen und hatte dabei etwas ganz Selbstverständliches gesagt, etwas, wovon der Bürgermeister selbst in öffentlichen Versammlungen dem Superintendenten gegenüber erklärt hat: es sei ganz selbstverständlich. Dem Freiherrn wird aber als Wortlaut der Äußerung des Superintendenten hinterbracht, der Bürgermeister von Brebach »werde geschwenkt, sobald er der Halberger Hütte nicht zu Willen sei.« Deshalb erfolgt nun ein maßloser Angriff auf den Superintendenten. Vergebens gibt dieser die bestimmtesten Erklärungen ab, daß er die Äußerung so nicht getan habe. Der Freiherr beruft sich auf den Gendarmen. Das Wort des Gendarmen in Ehren — aber für den Superintendenten treten andere völlig einwandfreie Zeugen auf, solche, die imstande sind, eine Rede richtig aufzufassen. Der Freiherr ist vollkommen in der Lage, sich darüber Gewißheit verschaffen zu können. Er aber bleibt bei seiner irrigen Überzeugung, gleichviel ob er den Superintendenten dadurch zum Lügner macht.

Die angekündigte Broschüre der Frankfurter Zeitung wird weiteres Material zur Genüge an die Öffentlichkeit bringen, das unser Urteil erhärtet. Was aber von Stumm gilt, das gilt noch viel mehr von seiner Presse, insbesondre der Post und der Neuen Saarbrücker Zeitung (vulgo Schleifstein).

3. Die Art, wie Freiherr von Stumm gegen den Superintendenten Zillessen vorgegangen ist, liefert ein trauriges Beispiel dafür, wie der Freiherr sich bemüht, einen Gegner, dem er sachlich nicht gewachsen ist, auf andre Weise zu vernichten. Er sucht den Superintendenten der Rachsucht zu zeihen, ist bestrebt, ihn vor Behörden und großem Publikum als schlechten Geistlichen, wenig treuen Seelsorger, minderwertigen Prediger und so weiter darzustellen. Es ist empörend, daß ein Mann in der Stellung Stumms vor ganz Deutschland so von einem Geistlichen reden kann, der viermal von seinen Amtsgenossen zum Superintendenten gewählt und wiedergewählt worden ist, also durch volle achtzehn Jahre das Vertrauen der Pfarrer, der Gemeinden und der Regierung gerechtfertigt hat. Das nennt sich patriotisch, staatserhaltend, die Autorität stützend, kirchlich? Man kann von Zillessen sagen: er ist die Korrektheit selber. Die Geistlichen wissen, was sie an ihm haben. Wenn sie sich freuen, daß sie alle einig sind trotz

Verschiedenheit der theologischen und kirchlichen Richtung, so wissen sie, daß sie das ihrem Superintendenten zu verdanken haben. In dieser Hinsicht sind die Zustände in der Synode Saarbrücken einfach mustergültig — durch Verdienst des Superintendenten. Diesen allgemein verehrten Mann als seiner Stellung unwürdig an den Pranger zu stellen, ist Herrn von Stumm eine Kleinigkeit.

Trotz alledem und alledem: wäre Herr von Stumm eine untergeordnete Persönlichkeit, die Geistlichen könnten alles ruhig an sich abgleiten lassen; nun aber hat sein Wort nicht nur für das Saargebiet, sondern auch für Deutschland eine große Bedeutung. Viele schwören auf ihn. Darum: muß wirklich noch einmal Antwort auf die Frage gegeben werden, ob die Geistlichen sich wehren durften.

Gegenwärtig herrscht eine fieberhafte Tätigkeit auf Seiten Stumms und seiner Anhänger zu seiner Rehabilitierung. Uns geht hier nichts an die Organisation eines Wahlvereins, die Vorbereitung einer öffentlichen Versammlung, in der Stumm reden soll und andre Dinge mehr, die in kirchlicher Hinsicht wenig interessieren können. Nur Zweierlei muß unsere Aufmerksamkeit erregen: 1. die öffentlichen Erklärungen in einigen kirchlichen Gemeinden zu Gunsten Stumms und zu Ungunsten der Geistlichen, 2. die Beschwerdeschrift des Freiherrn an das Konsistorium.

In bemerkenswerter Weise hat der Reichsbote schon wiederholt jene Erklärungen auf ihren wahren Wert zurückgeführt. Es ist vor allem zu beachten, daß solche Erklärungen zu Ungunsten der Geistlichen nur in solchen Gemeinden zustande gekommen sind, deren Bewohner mehr oder weniger von Stumm abhängig sind. Die Unterredung zwischen Pfarrer und Presbytern, die wir in voriger Nummer mitteilten, sagt genug. In einer anderen Gemeinde erklärten Presbyter dem Pfarer, sie ständen ganz auf Seiten der Geistlichen: sie unterzeichneten aber doch und baten um Entschuldigung dafür! In einem dritten Dorfe war das Gerücht ausgesprengt, die Brebacher Hütte würde geschlossen, falls man nicht unterzeichnete. Flugs unterzeichneten auch solche, die auf der Hütte selbst nicht arbeiten. In einem vierten Dorfe unterzeichneten gute Freunde des Pfarrers eine Erklärung wider die Broschüre. Als der Pfarrer lächelnd frage: warum sie unterzeichnet hätten? ward ihm die Antwort: »Ja, Herr Pfarrer, ging denn das wider Sie? Wir haben ja gar nicht gewußt, was wir unterzeichneten; uns wurde nur gesagt, wir sollten unterschreiben.« Ich unterschreibe, sagte ein Wirt, sonst kann ich mein Bier allein trinken. Ich unterschreibe, sagte ein Bäcker, sonst kann ich mein Brot allein essen. Man sieht, es sind nicht etwa Stummsche Arbeiter, die unterschrieben hätten, nein bewahre, es sind »unabhängige« Leute. Endlich! sagte mit Befriedigung tief aufatmend die Norddeutsche Allgemeine Zeitung, als ihr die erste derartige Erklärung vor Augen kam! Man weiß nicht, soll man darüber lachen oder weinen. Es war noch dazu die Erklärung von Brebach, in der Presbyterium und Repräsentation amtlich in tiefster Unschuld zweifellose Unrichtigkeiten behaupten. Es ist nämlich keineswegs der sehnlichste Wunsch von Brebach gewesen, von Arnual getrennt zu werden; daran konnte Brebach gar nicht denken. Es war aber der sehnlichste Wunsch des Freiherrn, sich eine Privatkirche für Privatgottesdienst zu erbauen, zu dem die Gemeinde Brebach gnädigst zugelassen werden sollte. Mit dem Ausrufe: O wunderbare Früchte des »patriarchalischen« Systems, wenden wir uns von dieser Erklärungsmache ab, es Freiherrn von Stumm und seiner Presse und auch der Norddeutschen Allgemeinen überlassend, damit Staat zu machen und diese Erklärungen gegen die Broschüre der Geistlichen auszuspielen. Die Geistlichen verstehen nun einmal nicht das kirchliche Interesse wahrzunehmen und für Gewissensfreiheit einzutreten.

Aber weiter: Stumm hat dem Königlichen Konsistorium eine Beschwerdeschrift gegen die Geistlichen überreicht, in der er nur achtzehn Unwahrheiten, wie man hört, den Geistlichen vorwirft. Es ist Hundert gegen Eins zu wetten, daß dann Freiherr von Stumm in seiner Schrift mindestens achtzehnmal »unwahr« ist. Und weil dem so ist, weil die Broschüre der Geistlichen in allen Punkten unwiderlegbar ist, so ist schon eine Ansicht ausgesprochen worden, der wir hier — diesmal Stumm verteidigend — durchaus widersprechen müssen. Man hat gemeint: vor den Gerichten könne Stumm mit seinen Beschwerden gegen die Geistlichen nicht bestehen, ebenso wenig vor der Öffentlichkeit, da es den Geistlichen ein Leichtes sei, ihn öffentlich der Unwahrheit zu überführen. Darum habe sich Stumm an eine königliche Behörde gewandt, in der Erwartung, daß diese ihm einen Gefallen erzeigen werde, den ihm Gericht und Öffentlichkeit schlechterdings nicht erzeigen könnten. Um eine solche Meinung zu verstehen, muß man sich erinnern, daß im Saargebiet die Meinung herrscht, königliche Behörden zeigten sich dem Freiherrn von Stumm bis zur Abhängigkeit willfährig. Sicher ist, daß im Saargebiet Beamte, ganz gleich, welcher Kategorie sie angehören, annehmen, sie würden Schwierigkeiten mit ihrer Behörde haben, falls sie mit Stumm in Konflikt gerieten. Woher dieser Glaube? Vestigia terrent. Die Saarbevölkerung hat des öftern Gewaltakte anschauen müssen, bei denen auch Behörden nicht unbeteiligt waren. Und die Saarbevölkerung wird die Frage nicht los, weshalb doch ein Landrat oder dieser und jener Beamte aus dem Kreise verschwinden muß, wenn er als Gegner des Privatmanns Stumm bekannt wird. So kommt man zu der Ansicht, eine königliche Behörde werde um so eher geneigt sein, Stumm mit möglichst freundlichen Augen anzusehen, als der König sich offen auf Stumms Seite gestellt habe und traut Herrn von Stumm zu, daß er selber in dieser Richtung bestimmte Erwartungen hegt.

Wir gehen weder so weit in unserm Mißtrauen gegen Stumm, noch denken wir so über die hier in Betracht kommende Behörde. Das Konsistorium ist zwar ein Königliches, aber ist doch zugleich kirchliche Instanz und steht auf dem starken Grunde rheinischer Traditionen. Es steht ganz anders da, als die im Streite an der Saar schwer beschuldigten Schul-, Eisenbahn- und Bergbehörden, denen nachgesagt worden ist, sie hätten sich Stumms Interessen allzu willfährig erwiesen zum Schaden nationalgesinnter, vaterlandsliebender, aber selbständiger Bürger. Wer annimmt, daß Stumm in der oben dargelegten Absicht dem Konsistorium eine Beschwerdeschrift überreicht habe, der vindiziert ihm damit eine sehr große Geringschätzung der genannten Behörde. Und wir haben Grund, Stumm einer solchen Spekulation unfähig zu achten: er ist einfach an das Konsistorium gegangen, weil er auf diesem Wege den Widerstand der ihm unbotmäßigen Geistlichkeit am gründlichsten zu brechen hofft.

Daß aber das Konsistorium unmöglich Stumm Recht geben kann, ist für jeden Eingeweihten gewiß. Der Inhalt der Beschwerdeschrift ist durch die Frankfurter Zeitung zum Teil wenigstens bekannt geworden. Nachdem die Stummsche Saar- und Blieszeitung die Frankfurter Zeitung betreffs ihrer Veröffentlichung nur ganz allgemein der Unwahrheit beschuldigt hat, ist es für jeden Kenner der Verhältnisse an der Saar positiv gewiß, daß die Frankfurter Zeitung die Wahrheit berichtet. Ein allgemeines Dementi von Stumm oder seiner Presse herrührend hat sich bisher zu häufig als zuverlässige Quittung für die angeblich zurückgewiesenen Behauptungen erwiesen. Steht es aber so, daß die Frankfurter Zeitung recht berichtet, so wird Stumm eine schwere Enttäuschung erleben.

Es ist unglaublich, was Stumm dem Konsistorium zumutet! Es soll sich betreffs des Kaisertelegramms auf seine Seite stellen, ebenso betreffs des Duellartikels im Evangelischen Wochenblatt, natürlich mit einigen Reserven. Amüsant ist, daß das Konsistorium aus dem Umschlag der Broschüre entnehmen soll, daß die Geistlichen Politik treiben und Anhänger der christlich-sozialen Partei sind. Auf dem Umschlag hat nämlich die Verlagsbuchhandlung Schriften von Naumann u. a. angezeigt. Das Konsistorium wird aber um so eher geneigt sein zu glauben, die Geistlichen an der Saar hätten sich in schlechte Gesellschaft begeben, als auch Uhlhorns Schriften in dieser Empfehlung von Verlagsartikeln mit aufgeführt werden. Sind Stumms Argumente alle von der Art, so dürfte die Antwort dem Konsistorium nicht allzu schwierig werden.

Nun, binnen kurzem muß sich entscheiden, ob und inwieweit die Kirchenbehörde ihre Geistlichen gegen die Macht des Freiherrn von Stumm zu schützen vermag.

In: Christliche Welt 1896, Sp. 830 ff; 848 ff

Dokument 2

Politische Pastoren

Als am Ende des vorigen Jahres der Erlaß des Evangelischen Oberkirchenrats gegen die soziale Tätigkeit der Pfarrer erschien, wurde von kundiger Seite behauptet, daß der Kaiser selbst das Vorgehen der Kirchenbehörde veranlaßt oder doch hervorgerufen habe. Das Telegramm Seiner Majestät bestätigt diese Behauptung. Nur greift es viel weiter, als irgend jemand hätte denken können. Indem es klar ausspricht, daß die Politik die Geistlichen gar nichts angehe, weist es ihnen eine Stellung an, die sie trotz der größten Ehrerbietung gegen ihren Monarchen nicht annehmen können. Fürst Bismarck in seiner berüchtigten Äußerung über die Landpastoren meinte doch nur, daß sie von der Politik nichts verständen. Aber daß das politische und sozialpolitische Leben die Pfarrer nichts angehe, ist jetzt wohl zum erstenmal gesagt. Wenn diese Anschauung buchstäblich zur Geltung käme, würde sie die evangelischen Geistlichen als Staatsbürger untergeordneter Art erscheinen lassen. Und da von vornherein klar ist, daß weder katholische Priester noch jüdische Rabbiner oder irgend ein Geistlicher der anderen Denominationen sich jener Auffassung beugen werden, so hätte die Äußerung des Kaisers für die Landeskirche eine besonders schwere Bedeutung.

Vielleicht hat — so meinen einige — das Telegramm nur eine gewisse Art von politischen Pastoren verurteilen wollen, die durch sozialpolitische Agitation das geistliche Wirken ersetzen und statt des Evangeliums soziale Reform predigen. Dann wäre es begreiflich. Aber solche Pastoren gibt es kaum; und selbst wenn sie da wären, ließe sich nicht aufrecht erhalten, daß sie die Politik nichts anginge. Wir haben unter den jüngeren Geistlichen, die unter dem Einfluß einer unbesonnenen sozialen Anschauung stehen, solche gefunden, welche das soziale Moment für das kirchliche Leben überschätzen; aber wir kennen keine Richtung unter ihnen, die über dem politischen Treiben die Pflichten des Amtes verletzen will. Vielmehr sind gerade unter diesen zielbewußten »sozialistischen Pastoren« viele, die es mit Predigt und Seelsorge sehr ernst nehmen, die auch, weil sie an ihren Gemeinden soziale Teilnahme fühlen, den herrschenden Stumpfsinn und die tödliche Gleichgültigkeit zu durchbrechen angefangen haben. Überhaupt kann man nicht sagen, daß der politisch wirkenden Pastoren viele seien. Gegenüber der Menge solcher, die sich um das öffentliche Leben zu wenig kümmern, sollte man die kleine Anzahl, welche vielleicht des Guten zuviel tut, dulden. Man muß sie warnen und belehren; aber man sollte sie nicht bloß abschrecken. Auch da gilt es: Verdirb es nicht, es ist ein Segen darin. Das Telegramm weist auf die Pflege der Seelen und der Nächstenliebe hin. Aber es ist wirklich so, daß der Trieb der Seelsorge an den entkirchlichten arbeitenden Klassen und die Liebe zu ihnen bei dem mancherlei Schweren, das sie zu tragen haben, die Geistlichen auf die soziale Bahn gebracht hat. Alles in allem genommen ist das Telegramm in seinem Ursprung wie in seiner Tragweite nicht einmal durchsichtig. Als eine gelegentliche, unmutige Äußerung, im Gespräch mit Stumm und Gesinnungsgenossen gehalten, könnte man es noch verstehen. Aber als eine kaiserliche Willensmeinung, mit ausdrücklicher Genehmigung in die Öffentlichkeit gebracht, bleibt es ein Rätsel. Und es läßt sich nicht durchführen. Die Geistlichen müssen doch als Bürger wählen. Landpastoren könnten doch nicht eine sozialdemokratische Agitation in ihrem Dorfe dulden, ohne derselben entgegenzutreten. Man fragt sich immer von neuem: Wer sind nur die Ratgeber, die dem Monarchen ein so irriges Bild der Lage zeichnen, daß sein Telegramm möglich geworden ist?

Bei uns in Deutschland sind politische Parteien dermaßen mit religiösen Richtungen verquickt, daß sie auf die Stellung ihrer Anhänger zu Kirche und Christentum den stärksten Einfluß ausüben. Die Sozialdemokratie ist eine Feindin Gottes, der Fortschritt ein Feind der Kirche, der Nationalliberalismus ein Feind des Bekenntnisses, der Freikonservatismus ebenso wie der Liberalismus ein Feind der kirchlichen Selbständigkeit. Wie soll bei diesem Zustande der Dinge der Geistliche die Politik links liegenlassen? Er würde nicht einmal der persönlichen Seelsorge gewachsen sein, wenn er der Meinung wäre, daß ihn die Politik nichts anginge. Es würde ihm das Verständnis für gewisse Erscheinungen des Unglaubens fehlen, und die Forderung des Herrn, daß ein Christ die Zeichen der Zeit beurteilen muß, unerfüllt bleiben. Außerdem aber kommen von Zeit zu Zeit politische

Katastrophen, die ohne das energische und lebendige Mitwirken der Geistlichen nicht zu beschwören sind. Im Jahre 1848 haben königstreue Pfarrer an vielen Orten den Sieg des revolutionären Gedankens verhindert. In der Konfliktzeit waren es monarchisch gesinnte Prediger, welche die Liebe zu dem von einem törichten Liberalismus mißverstandenen König aufrecht erhielten. Anno 1887 gab die offizielle Presse den Geistlichen ausdrücklich den Rat, sie sollten für das Septennat eintreten. Ein Pfarrer hat damals die Gelegenheit benutzt, seine Landgemeinde von der demokratischen Presse zu reinigen und auch für das geistliche Leben derselben viel erreicht. Und heute? Wenn die Sozialdemokratie bei den Reichstagswahlen auf das Land kommt, wer soll ihr dann entgegentreten, wenn nicht die Pastoren? Oder meint man, daß die Lehrer dies schwere Stück politischer Arbeit übernehmen könnten? Haben die Lehrer, so möchten wir fragen, das Recht politischer Tätigkeit, das man den Pfarrern abspricht? So drängen sich Fragen von allen Seiten auf und erwarten ihre Beantwortung. Werden sie nicht gelöst, so muß die innere Trennung von dem Staatskirchentum, die an sich schon in der Luft liegt, noch wachsen. Denn eins ist gewiß, daß die Geistlichen die ihnen jetzt zugedachte capitis deminutio nicht anerkennen dürfen. Sie haben genau so sehr wie andere Stände und unter dem Gesichtspunkt ihres Amtes noch mehr die Pflicht, sich um das öffentliche Leben, das politische wie das soziale, zu kümmern. Tun sie es nicht, so werden sie unfähig, ihres Amtes zu walten. Sie dürfen also das Recht, sich um Politik zu kümmern, das eines der unveräußerlichen staatsbürgerlichen Rechte ist, gar nicht aufgeben. — Selbstverständlich hat die kirchliche Obrigkeit die volle Befugnis, die politische Haltung der Geistlichen zu beaufsichtigen und in gewissen Grenzen zu regeln. Aber es könnte das niemals auf der Grundlage des Telegramms geschehen. Vielleicht wird der Evangelische Oberkirchenrat nicht umhin können, die große Beunruhigung, welche in der evangelischen Kirche entstanden ist und entstehen mußte, zum Anlaß nehmen, um Seine Majestät zu bitten, daß ein Erlaß das Telegramm erläutere, die Wahrheit an das Licht stelle und Mißverständnisse beseitige. Geschieht das nicht, so befürchten wir für das kirchliche und für das öffentliche Leben überhaupt ernste Gefahren. Die Gegenwart fordert mehr als jede andere Zeit das ernste, freudige Wirken der Kirche und ihrer Diener. Das Telegramm würde, wenn es in seinem Wortlaut gelten sollte, diese Freudigkeit stören.

In: Deutsche Evangelische Kirchenzeitung Nr. 21/1896

Dokument 3

Das Telegramm des Kaisers und die Christlich-Sozialen

Die christlich-soziale Bewegung befindet sich schon seit längerem in einer ernsten Krisis. Innerhalb ihrer drängen drei einander entgegenstehende Prinzipe auf endgültige Aussprache, Klärung und Versöhnung; von außen mehren sich seit Monaten die Vorwürfe und Angriffe, die schon seit Jahren ihr niemals fehlten. Großindustrielle und Großgrundbesitzer, politische Parteien und Kirchenregimente sind in ihrer Verurteilung einig. Nun sind alle Angriffe auf sie durch das kaiserliche Telegramm gleichsam in einen zusammengefaßt und als ein wuchtiger Hieb auf sie niedergesaust, um sie zu zerschmettern. Diejenigen, die ihr angehören, befinden sich in ernstester Notwehr. Sie müssen fechten, wenn sie Männer bleiben wollen, nicht um die Gegner in gleicher Weise zu treffen, sondern um ihre Sache zu schirmen.

Das Telegramm beginnt mit einem Angriff auf Stoecker. Es wirft ihn als abgetanen Mann einfach zum politischen alten Eisen. Das hat Stoecker nicht verdient. Gewiß hat er seine Fehler, die man ihm, dem Prediger, meist doppelt aufs Kerbholz schneidet. Aber er hat doch auch seine Verdienste und Vorzüge: Begeisterung für die soziale Reform, Treue gegen den Kaiser, Liebe zu den kleinen Leuten, Mut und Beredsamkeit. Er hat auch längst noch nicht politisch geendet. Nicht mehr Hofprediger, Konservativer- und Antisemitenführer, nur noch Christlich-Sozialer wird er in Zukunft alle seine glänzenden Gaben daran setzen, aus den Christlich-Sozialen eine starke Partei nach seinem Wunsch und Willen zu schaffen.

Aber Stoecker ist nicht die Hauptsache in dem kaiserlichen Telegramm. Es richtet sich nicht gegen ihn allein, sondern gegen alle politischen Pastoren. Sie alle sind ein »Unding«. Nun hat es politische Pastoren schon lange vor Stoecker gegeben. Sie standen aber alle mit verschwindenden Ausnahmen auf seiten der sog. staatserhaltenden Parteien. Namentlich im neuen Deutschen Reich war das Regel. Sie standen im Bunde mit Besitz und Bildung. Sie schrieben und sprachen für die Vertreter dieser Volksschichten; sie legten ihre amtliche Autorität für sie in die Waage; sie predigten, zum Teil sehr unbewußt, für deren Ideale. Gegen sie ist jedoch weder von kirchlichen Behörden noch sonst von wem je eingeschritten worden. Nur das Volk der kleinen Leute murrte und erhob Einspruch, indem es ihnen allen sein Vertrauen entzog. Das schmerzte einige der »Jüngsten« unter den Pastoren und denen, die es werden wollten. Sie sahen, daß das Volk recht hatte. Und weil sie es liebten mit aller Kraft ihrer Seele, stellten sie sich auf seine Seite, wurden sie im Namen des Christentums in ihrer Weise Anwälte ihrer Sache auch vor der sozialen politischen Öffentlichkeit. So entstanden die politischen Pastoren mit stark proletarischen Neigungen. Und Stoecker war ihnen die Brücke zu ihrer Position gewesen. Es leuchtete ein, daß diese proletarisch gerichteten politischen Pastoren unter diesen Umständen auftreten mußten. Sie sind einfach die Verkörperung des Rückschlages gegen das Verhalten der staatserhaltenden unter ihren Amtsbrüdern. Sie sind also, geschichtlich angesehen, kein Unding, sondern eine Notwendigkeit und zugleich ein Segen gewesen, denn sie haben heute schon einen Umschwung in der Gesinnung der evangelischen Geistlichen erreicht. Die Mehrzahl unter ihnen folgt nicht mehr so harmlos wie einst den Vertretern von Bildung und Besitz, sondern ist über Erwarten schnell unparteiisch und selbst der Sozialdemokratie gegenüber in ihrem Verhalten gerecht und objektiv geworden.

Damit aber ist eine gänzlich neue Situation geschaffen. Und es entsteht nun die Frage, ob auch in Zukunft unter dieser geänderten Situation »politische« Pastoren, gleichviel welcherlei Farbe, wünschenswert und existenzberechtigt sind. Der Kaiser bestreitet es. Und ich bin geneigt, ihm hierin Recht zu geben. Wenigstens in folgendem Sinne. Unser politisches Leben erschöpft sich in wirtschaftlichen Interessenskämpfen. Alles, was an ihm nicht danach aussieht, ist heutzutage Nebensache. Das wirtschaftliche Interesse der in einer Partei vertretenen sozialen Schicht ist alles, das Interesse anderer, das Wohl und Wehe des gemeinsamen Ganzen ist nichts oder fast nichts. Was hat unter diesen Umständen der Geistliche für ein Interesse daran, einer von diesen Parteien besonders zu dienen? Er ist nicht Großindustrieller, Grundbesitzer, Kaufmann, Handwerker, Arbeiter. Er findet bei keiner dieser Gruppen, was ihn politisch befriedigen könnte.

Und umgekehrt findet keine dieser Gruppen in ihm einen Vertreter und Vorkämpfer ihrer Sache nach den innersten Wünschen ihres Herzens. Auch wenn der Geistliche sich noch so völlig einer dieser Parteien verschwören wollte, er würde ihr nichts gänzlich nach Willen tun. Er bleibt kraft seiner Bildung und seines Berufs stets noch zu sehr Ethiker, zu rücksichtsvoll auch gegen Menschen aus anderen Schichten, deren Interessen-Berechtigung sein Billigkeitssinn niemals ganz wird leugnen können; und er wird durch solche Rücksicht an der allein erwünschten und allein auch erfolgreichen Verfolgung der Sonderinteressen einer einzelnen Schicht gehindert. Damit wird er dieser selber eher hinderlich als förderlich und für sie je länger desto mehr unbrauchbar. Darum schieben die konservativen Parteien heutzutage die Pastoren auch mehr und mehr als unnütz danklos zur Seite; und aus demselben Grunde hat die Interessenvertretung der Industriearbeiterschaft, die Sozialdemokratie, stets mißtrauisch und höhnisch auf jede pastorale Mitarbeit verzichtet.

Mit einem solchen ausschließlich und einseitigen Eintreten für eine bestimmte Partei und bestimmte soziale Interessensschicht würde sich der Geistliche übrigens auch in seinem Amte innerlich und darum dauernd unmöglich machen. Er steht von Berufswegen auf einer höheren Warte als der einer politischen Partei. Er hat Menschen zu dienen, nicht politischen und sozialen Mächten. Der Mensch als lebensvolle Einheit, mit seinem persönlichen Glück und Unglück, seinem Streben, Suchen, Zweifeln, seinen körperlichen und seelischen Nöten, seinem ganzen in Empfindungen und Wollen auf- und niedergehenden Innern ist sein Arbeitsgebiet. Wo immer es möglich ist, da hat er ihm zu dienen mit Rat, Trost, geistigem wie gemütlichem Meinungsaustausch. Jedes Glied seiner Gemeinde hat als zunächst religiöse Persönlichkeit Anrecht auf seine religiöse und ethische Dienstleistung, mag dieses Gemeindeglied einer sozialen Schicht angehören, welcher es will. Ja, es muß des evangelischen Geistlichen höchster Wunsch und Ehrgeiz sein, daß möglichst viele, ja alle Gemeindeglieder von diesem Anrecht Gebrauch machen. Die aber verhindert er einfach, wenn er ein ausgeprägt politischer Charakter, das heißt in unseren Tagen mehr oder weniger Führer in Klassenkämpfen ist. Denn er vernichtet das persönliche Vertrauen aller derjenigen, die er als Parteiführer im Interesse seiner Partei rücksichtslos bekämpfen muß. Er verrät also sein Amt und seine Pflicht, anstatt ihm zu dienen, anstatt sie zu erfüllen.

Er tut das in diesem Falle auch noch in einer anderen Beziehung. Neben der sozialen Frage, in mannigfacher Berührung mit ihr, steht gleich riesengroß die religiöse, wenigstens vor den protestantischen Menschen unserer Zeit. Auch sie muß Antwort erhalten. Denn der Mensch lebt nicht vom Brot allein. Keiner ist mit zur Antwort berufener als der Geistliche. Geht er aber daran, so braucht er dazu seine ganze Kraft. Es bedarf dazu der Beherrschung aller modernen Wissenschaft, der Naturwissenschaft und der materialistischen Philosophie vor allem. Dann aber hat er weder Zeit noch Kraft noch Neigung genug, auch noch an dem sozialen Problem herum zu dilettieren. Und darum, aus allen diesen Gründen, ist es meine unmaßgebliche Meinung: es ist für die Zukunft nicht wünschenswert, daß ein Geistlicher Vorkämpfer und Führer einer Partei, eben ein politischer Pastor in dem so verstandenen, jetzt eingeführten Sinne ist.

Mit diesen Darlegungen wird nun aber dem evangelischen Geistlichen durchaus nicht jede politische und soziale Tätigkeit überhaupt versagt, wie das der Kaiser in seinem Telegramm zu tun für richtig befunden hat. Auch der Geistliche ist und bleibt deutscher Staatsbürger. Und es ist nicht nur sein Recht, sondern auch seine Pflicht, eine nach protestantischen Begriffen sittliche und religiöse Pflicht, als solcher sich politisch zu orientieren, zu einem Urteil über die öffentlichen Dinge zu gelangen, und dieses Urteil gelegentlich offen und kraftvoll auch zu betätigen. Niemand, auch der Kaiser nicht, darf ihn daran hindern. Und wenn er gegenwärtig auf das eine Recht, Führer in den gegenwärtigen politischen Kämpfen zu sein, verzichtet, aus den vorhin angeführten Gründen, um nicht »politischer« Pastor zu werden, so ist das sein eigener freier Wille; ein Opfer, das er in weiser Selbstbeschränkung seinem eigenartigen Berufe bringt, das ihm aber niemand, auch der preußisch-evangelische Oberkirchenrat nicht und auch der Kaiser nicht, aufzwingen darf.

Schon um anderer Stände willen, die, wie der seinige irgendwieweit einer Disziplinargewalt von Behörden und noch höheren Instanzen unterworfen sind, darf er sich einen solchen Verzicht von außen her, von fremden Machtgrößen nicht auferlegen lassen. Sonst trifft eines Tages auch diese anderen Stände und Berufskategorien eine gleiche Beschränkung ihrer staatsbürgerlichen Rechte. Er kämpft hierin einen Prinzipienkampf, der weit über die Kreise seiner Berufsgenossen hinaus von Bedeutung ist. Und auch darum muß er feststehen, bis gesiegt ist, bis der Satz allgemeinste Anerkennung gefunden hat, daß niemand ein Recht hat, den Geistlichen zum Verzicht auf irgend eines seiner politischen Rechte zu zwingen und daß, wenn er verzichtet, dies die Tat seiner eigensten freien, stets wieder zu ändernden Entschließung ist, die er heute faßt aus Rücksicht auf seine augenblicklichen, eigenartigen Berufspflichten.

Der Geistliche befindet sich übrigens dabei in ganz ähnlicher Lage wie der Kaiser selbst. Auch der Kaiser ist Staatsbürger und zugleich Staatsoberhaupt. Als ersterer hat er zweifellos wie jeder das Recht, Partei zu ergreifen und sich politisch über andere Mitbürger zu äußern, wie er es in dem Telegramm auch getan. Als Staatsoberhaupt aber und Kaiser, dessen Person durch besondere Gesetze geschützt und über die anderen Staatsbürger zu unparteiischen Höhen erhoben ist, hat er sich ganz ähnlich wie der Geistliche, der auch allen gehören soll, Beschränkungen in der öffentlichen Parteinahme aufzuerlegen, mit denen der Inhalt seines Telegramms dann allerdings nicht vereinbar ist.

Auch der sozialen Tätigkeit des evangelischen Geistlichen sind durch die vorhergegangenen Ausführungen durchaus nicht die Hände gebunden.

Soziale Mitarbeit besteht nicht nur in Teilnahme an der Sozialpolitik. Nur diese aber erscheint für den Geistlichen heutzutage nicht opportun. Soziale Arbeit in jedem andern Sinne dagegen ist geradezu ein Teil seiner Amtspflicht und auch die direkte Verfolgung der Forderungen, die das kaiserliche Telegramm selbst als seine nächsten Aufgaben an ihn stellt. Denn gerade, wenn er rechte Seelsorge treiben will, muß der Geistliche sozial tätig sein. Es gibt bekanntlich auf Erden menschliche Seelen nur in menschlichen Leibern, die ihrerseits wachsen, weben und leben auf dem Boden der ökonomischen Zusammenhänge. Und wie diese das körperliche, so bedingen sie durch dieses auch mit das seelische Befinden der Menschen, ihr geistiges Niveau, ihr sittliches Wollen, ihren religiösen Enthusiasmus. Will der Geistliche letzteres pflegen, so muß er auch den ökonomischen Hintergrund stark mit berücksichtigen, auf dem alles ruht. Ja, er macht sich, wie es ein Teil der älteren Generation seiner Amtsbrüder getan, geradezu einer Pflichtvergessenheit schuldig, wenn er es nicht tut. Nur dann packt er die Menschen in ihren Herzen, wenn er sie versteht und faßt im Zusammenhang ihrer materiellen Lage; wenn er die religiösen und sittlichen Ideale formuliert auf dem Hintergrunde dieser; wenn er sie gleichsam mitten in die ökonomische Wirklichkeit hineinsetzt und sie als deren selbstverständliche Ergänzung, als der Menschen höchsten Zweck in natürlicher Harmonie in sie einfügt.

Noch deutlicher, direkter zeigt sich das alles an der kaiserlichen Forderung, daß der Geistliche nichts wie Nächstenliebe zu pflegen hätte. Ja, heißt denn Nächstenliebe pflegen nur, in der Kirche mit schönen Worten ihr Idealbild zeichnen? Nur dem an die Tür klopfenden Bettler eine Suppe schenken? Für die Ärmsten in der Gemeinde zu Weihnacht eine Bescherung veranstalten? Oder ist das alles nicht geradezu nur eine minderwertige, wenn auch notwendige Form der Nächstenliebe? Ist nicht die viel höher und edler, die, in der Erkenntnis, daß die Not unserer Zeit vorwiegend Massennot ist und ihre Quellen auf wirtschaftlichem Gebiete, in wirtschaftlichen Verbildungen liegen, hintritt und dementsprechend vor allem wirtschaftliche Reformen fordert? Der Geistliche, der auch nur einen Funken echter Nächstenliebe nach Jesu Vorbild in der Seele hat, muß kraft seines Amtes auch von der Kanzel herab auf solche Reformen dringen, muß Kritik üben an den Zuständen, die das Elend hervorgerufen haben, Kritik aber auch an den sozialpolitischen Parteien, die, indem sie einseitig das Interesse eines einzelnen Standes brutal verfolgen, das Elend nur noch vergrößern und verlängern. Noch mehr, er muß alle lebendigen Christen auffordern, sich zu organisieren und um ihres Gewissens willen mit aller Kraft durch sozialpolitische Taten diesen Mißständen zu Leibe zu gehen, bis die Arbeit getan ist. Das nenne ich ernstlich und gründlich Nächstenliebe pflegen; das ist auch soziale Tätigkeit wozu den Geistlichen sein Amt und seine Pflicht einfach zwingen. Und von niemandem, auch vom Kaiser nicht, darf er sich von dieser Pflichterfüllung entbinden lassen. Gerät er auch dann, bei solcher unpolitischen sozialen Tätigkeit, noch in den Verdacht, ein politischer Geistlicher zu sein, so wird er das tragen müssen und tragen im Bewußtsein, daß es ein unwahrer und ungerechter Vorwurf ist, den man ihm macht.

An dritter Stelle beschäftigt sich das kaiserliche Telegramm mit der christlich-sozialen Bewegung. Es tut dies wohl in der auch sonst von der Öffentlichkeit noch geteilten Annahme, daß die soziale Tätigkeit der »politischen« Pastoren und christlich-soziale Bewegung überhaupt sich decken. Das ist aber durchaus heute nicht mehr der Fall. Christlich- oder besser evangelisch-sozial einerseits und pastoral-sozial andererseits ist sehr zweierlei. Die evangelisch-soziale Bewegung ist heute schon über die Köpfe und Kreise der Pastoren hinausgewachsen. Ihr gehören die an Zahl immer wachsenden christlich-sozialen Vereine Stoeckerscher Richtung an; zu ihr zählen die Scharen derer, die sich um die sogenannten christlich-sozialen Jungen gruppieren, von Naumann geführt; neben ihnen drängen die 90- 100.000 Mann organisierter evangelischer Arbeiter und Handwerker in West-, Süd- und Mitteldeutschland immer weiter vorwärts; und schließlich reiht sich der evangelisch-soziale Kongreß an als die immer mehr an Bedeutung gewinnende Vertretung der evangelisch-sozial gerichteten Gebildeten. Alle diese Arbeiter und Handwerker, Lehrer und Beamte, Kaufleute und Gelehrte und andere sind heute christlich-sozial, gehören der evangelisch-sozialen Bewegung an, haben ihr ihre Begeisterung und Tatkraft geweiht. Christlich-sozial ist ihr sozialpolitisches Ideal geworden. Und sie verstehen darunter etwas, was nimmermehr ohne weiteres als Unsinn bezeichnet werden kann: gegenüber dem theoretischen Materialismus der Sozialdemokratie und den praktischen innerhalb der sogenannten staatserhaltenden Parteien halten sie das protestantische Christentum hoch als Quelle sittlicher Kräfte nicht nur für die Charakterbildung und das private Leben des Einzelnen, sondern auch für die bessere Gestaltung unserer gesamten öffentlichen wirtschaftlichen Verhältnisse und das soziale Leben aller. Gegenüber den ökonomisch revolutionären Zielen der Sozialdemokratie einerseits, den wirtschaftlich reaktionären Gelüsten unter den besitzenden Parteien andererseits wollen sie schrittweise grundlegende Reformen nach ethischen Grundsätzen; und gegenüber dem Demokratismus der marxistischen Arbeiterpartei hier, dem egoistischen bloßen

Hurrapatriotismus der sogenannten reichstreuen Kreise pflegen sie eine Vaterlandsliebe und Kaisertreue, die sich vor allem in Taten gründlicher Hilfe für alle, auch den letzten und niedrigsten Deutschen bewähren soll, die aber auch die deutschen Grenzen schirmen will durch wehrhafte Kraft. Ihr Wahlspruch ist, wie ihn jüngst einer der ihren formuliert: Höhere Löhne daheim, aber dann auch gute Kanonen an den Grenzen! Sie sind die treuesten, allerdings auch selbstbewußten Untertanen des Kaisers, sind es auch heute noch nach dessen für sie so schmerzlichen Telegramm. Sie appellieren von dem durch Höflinge falsch unterrichteten an den besser zu unterrichtenden Kaiser.

Paul Göhre in: Soziale Praixs Nr. 39, 1896

Dokument 4

Die Wolke wird verschwinden

... Stumm war der Angreifer, und wenn die Verteidigung dann von einzelnen Seiten auch eine scharfe geworden ist, so darf er sich darüber nicht beschweren. Persönlich beleidigt fühlte man sich hüben und drüben. Wenn jetzt sogar die Pfarrer des Saarreviers, ursprünglich und zum Teil seit langen Jahren Stumms politische Freunde, königstreu und staatsfreundlich durch und durch, in offenen Kampf mit ihm gerieten, ohne in ihrer Mehrzahl Stoeckers oder gar Naumanns Anhänger zu sein, so beweist das zur Genüge, daß mit dem Politiker Stumm nicht mehr zu leben ist. Sie haben nach Kräften als patriotische Männer für ihn gewirkt und eifrig geholfen, ihn in den Sattel zu heben; er hat ihnen das fernere Zusammengehen mit ihm zu einer sittlichen Unmöglichkeit gemacht. Schlimm wäre es, wenn sie, auch sie, den Mut zum Widerstande nicht gefunden hätten!

Es wäre eine interessante Aufgabe, einen »Essay«, eine zeitgeschichtliche Betrachtung zu schreiben über »Stumm und Stoecker«. Wenn Stoecker »fertig« wäre, was wir sehr bezweifeln, so zweifeln wir doch gar nicht daran, daß Stumm noch »fertiger« ist. Daß er jetzt äußerlich auf der Höhe steht, tut einem königstreuen Herzen wehe, ändert aber nichts an der Sache. Es ist eine einsame, kalte Höhe. Wer ist der »Extremere«, Stoecker oder Stumm?

Der mittelparteiliche Fraktionsname schützt so wenig wie irgend ein anderer Name vor dem Extremen, Namen sind Schall. Prinzipien! Darauf kommt's an! — Ob dem kapitalistisch-politischen Gewaltprinzip die Zukunft gehört oder dem Prinzip gesellschaftlicher Erneuerung aus dem Geiste der Gottes- und Nächstenliebe, der Freiheit und der Zucht, der organischen Volksgliederung?

Nicht das Ideal wird unterliegen, sondern das Kapital! Seine blinkende und klirrende Ritterrüstung kann nicht täuschen über seine innere Ohnmacht. Leben, Liebe und echte Freiheit, Freiheit in der Wahrheit braucht unser armes Volk; die Fesseln des Großkapitals sind viel zu schwach, um das Ringen nach Leben, Liebe und echter Freiheit in Bande zu schlagen.

Es ist ein tragischer Konflikt, ein tiefer Gegensatz. Stumm meint auch ein Ideal zu vertreten: »Persönlich, menschlich, christlich!« Man tue ihm nicht Unrecht. Der Mammon ist ihm nicht Selbstzweck, darin steht er ohne Zweifel höher als viele andere Großherren des Besitzes. Aber als Mittel zum Zweck weiß er ihn mit einer Rücksichtslosigkeit, Einseitigkeit und Entschlossenheit ohnegleichen zu verwerten. Was ist sein Zweck?

Nach christlicher Anschauung ist der höchste aller Zwecke das Reich Gottes. Irdisch niedriger gefaßt ist's das Gemeinwohl, inneres und äußeres zusammen genommen, die salus publica. Gewiß: Salus publica suprema lex esto. (Das Gemeinwohl soll das oberste Gesetz sein.) Aber das Gemeinwohl so, wie Stumm es versteht? Ja! Für dies sein subjektives Verständnis der salus publica nimmt er öffentlich die voluntas regis (den Willen des Königs) in Anspruch und vermeint die Christlich-Sozialen tot zu schlagen, indem er erklärt: Voluntas regis suprema lex esto! Summus episcopus locutus est — taceant pastores! Taceat mulier... ecclesia! (Der Wille des Königs sei das höchste Gesetz! Der oberste Bischof hat gesprochen, die Pastoren haben nunmehr zu schweigen. Es schweige das Weib, die Kirche.) — Ja, so ist's wirklich! Der alte Spruch: Es schweige das Weib *in* der Kirche, lautet heute bei Stumm, auch bei manchem Nationalliberalen und Deutschfreisinnigen wie angegeben. »Religion ist Privatsache«, sagt auch die Sozialdemokratie. Wie nahe berührt sich Stumm mit ihr? Für einen verkappten Sozialdemokraten halten wir ihn aber trotzdem nicht. Item: Der »treue Sohn seiner Kirche« gebietet der Mutter zu schweigen.

Das ist etwas viel verlangt von einem Sohne der Mutter gegenüber. Es kommt ja vor, daß der Sohn Recht hat und die Mutter Unrecht. Immerhin sollte er ihr dann das Reden nicht verwehren; die Pfarrer und die Christlich-Sozialen sind doch auch keine Kinder mehr, haben auch einiges gelernt und erlebt und getan. Von Rechts wegen können sie jedenfalls nicht entmündigt werden. — »Nun, dann von Gewalts wegen!« — Ist das die Meinung? Ist das »glatte Machtpolitik« im Stummschen Sinne?

Heißt es nicht mit ungleichen Waffen kämpfen, wenn der eine Kämpfer das eine Mal zur Pistole greift im Geistesstreit, oder wenn er ein anderes Mal den Monarchen selbst an seine Seite ruft in die staubige Arena hinein, die erhabene Person des Kaisers, dem seine Gegner gewiß mit gleicher Ehrfurcht und Liebe ergeben sind wie er selbst und dessen hohes Amt ihn dem Tagesstreit der Parteien und ihrer Vorkämpfer entrückt? Ist das noch ein ritterlicher und gerechter Kampf? Dürfen sich die Gegner nicht auf amtliche Kundgebungen desselben Kaisers, die wenige Jahre zurückliegen, deren Inhalt sie mit dankbarer Begeisterung begrüßt haben und noch heute vertreten, zu Gunsten ihrer Anschauung berufen? Wohin aber soll das führen? Kann das dem Vaterlande Frieden und Segen bringen?

Der Besitz vieler Millionen, der Sitz im Parlament, die reiche politisch-parlamentarische Schulung und Erfahrung, die Führung einer vornehmen »Fraktion«, das Verfügungsrecht über genug Federn, Papier und Druckerschwärze, alle die »Beziehungen« in hohen Kreisen: sind das nicht Kampfesmittel genug? Was haben die Christlich-Sozialen und die armen Pfarrherren dagegen einzusetzen? Und wenn sie dennoch der kleinen aber mächtigen »Partei Stumm« so überaus gefährlich sind, worin mag das seinen Grund haben? Ruht deren Macht auf so tönernen Füßen und die Macht der anderen auf so ehernen, daß der »Schmiedehammer« nicht genügt, um sie zu zertrümmern? Und wenn der letzte, »vernichtende« Schlag doch nicht, noch nicht, noch immer nicht genügt, um sie zu vernichten: Wen trifft der Rückschlag?

Herr von Stumm kann ja »gehen«, so gut wie Stoecker ging. In den Reichstag wird sein bisheriger Wahlkreis ihn kaum wieder senden. Aber das ist das wenigste für ein königstreues Herz bei diesem Kampfe!

Tun wir dem Gegner nicht Unrecht! Er glaubt fürs Gemeinwohl zu tun, was er tut. Er wollte und will, wie schon gesagt, eine Fürsorge und einen Rechtsschutz für den Arbeiterstand. Außer den bereits ins Leben getretenen Versicherungs- und Schutzgesetzen wünscht er auch eine Fürsorge für die Witwen und Waisen, für Arbeitslose und ähnliches, wenn es zu ermöglichen ist. Das will er, und das ist gut und schön und dankenswert. Für den gesunden Arbeiter will er und bietet er in seinen eigenen Betrieben tüchtige Ausbildung, regelmäßige Beschäftigung, auskömmlichen Lohn, strenge aber gerechte Behandlung, Beschwerderecht beim Freiherrn persönlich, wohltätige Unterstützung in besonderen Notfällen, Pflege des religiösen Lebens und eines gesitteten Familienlebens, Belohnungen für fleißige und langjährige treue Arbeiter, Hilfe für Begabte, damit sie vorwärts kommen, mehr verdienen, selbständig werden, Pflege religiösen, politischen und sozialen Friedens.

Was ist denn eigentlich der Streitpunkt? Herrscht nicht in allen diesen Dingen Übereinstimmung zwischen ihm und den Christlich-Sozialen? Könnte man nicht wie früher Hand in Hand arbeiten?

Machen wir uns den Gegensatz klar an einem geschichtlichen Beispiel! — König Friedrich Wilhelm IV wehrte sich bekanntlich lange gegen die Einführung einer konstitutionellen Verfassung, wie wir sie heute in Preußen haben. Sein Minister von Bodelschwingh sagte ihm: Es muß sein! Die fortgeschrittene Kultur, das Emporstreben des Bürgertums, das hochentwickelte und komplizierte Staatsleben machen es zur Notwendigkeit, daß die Untertanen in verfassungsmäßig gesicherten Rechtsformen selbst mitwirken am Betriebe des Staatswesens, nicht bloß aus königlicher Gnade und soweit es dem Herrscher gefällt, sie zu fragen und auf sie zu hören, sondern von Rechts wegen. Der edle König wehrte sich dagegen. »Es soll sich kein Blatt Papier zwischen mich und mein Volk drängen« sagte der geistvolle Idealist. Sein persönliches Regiment, von herzlichem, gewissenhaftem Wohlwollen getragen, sein unmittelbar-persönliches, landesväterliches Verhältnis zu seiner Volksfamilie sollte nicht gestört werden durch dazwischengeschobene »Paragraphen«. Ein Hausherr regiert sein Haus doch auch ohne Paragraphen und wird, wenn er's recht versteht, ganz gut fertig ohne sie, und seine Kinder fühlen sich wohl dabei.

Aber wem hat die Geschichte Recht gegeben? Stumm wehrt sich am allermeisten gegen das, was die Hauptabsicht der Christlich-Sozialen ist, was auch im Tivoli-Programm der Konservativen steht, was auch unser Königlicher Herr in dem zweiten seiner berühmten Februarerlasse von 1890 selbst als seine Willensmeinung ausgesprochen hat: eine Berufsorganisation der Arbeiter. Die Königliche Willenserklärung, an den Minister der öffentlichen Arbeiten und den Handelsminister gerichtet, lautet in dem betreffenden Abschnitt wörtlich:

»Für die Pflege des Friedens zwischen Arbeitgebern und Arbeitnehmern sind gesetzliche Bestimmungen über die Formen in Aussicht zu nehmen, in denen die Arbeiter durch Vertreter, welche ihr Vertrauen besitzen, an der Regelung gemeinsamer Angelegenheiten beteiligt und zur Wahrnehmung ihrer Interessen bei Verhandlungen mit den Arbeitgebern und mit den Organen meiner Regierung befähigt werden. Durch eine solche Einrichtung ist den Arbeitern der freie und friedliche Ausdruck ihrer Wünsche und Beschwerden zu ermöglichen und den Staatsbehörden Gelegenheit zu geben, sich über die Verhältnisse der Arbeiter fortlaufend zu unterrichten und mit den letzteren Fühlung zu behalten.«

Also eine Art von »konstitutioneller Arbeitsverfassung«, durch welche dem emporstrebenden »vierten Stande« der Weg eröffnet würde zu einer geordneten, ruhigen, sachlichen Vertretung seiner berechtigten Interessen im Arbeits- und Staatsleben. Davon will »König Stumm« nichts wissen. Solch Blatt Papier soll sich nicht zwischen ihn und »sein Volk« drängen. Wieviel gäbe er wohl darum, wenn er den vierten Februar 1890 oder doch dies Aktenstück aus den Büchern deutscher Geschichte auslöschen könnte!

Aber wem wird die Geschichte Recht geben? Bei der Sozialdemokratie kann sich die deutsche Arbeiterschaft dafür bedanken, daß die hochherzige Absicht unseres Kaisers, ihr zu einer rechtlich geordneten, klaren, festen und selbständigen Vertretung ihrer Interessen zu verhelfen, bis jetzt nicht ausgeführt ist, daß Stumm einstweilen gesiegt hat. Den Christlich-Sozialen aber ist er darum so gram, weil sie entschieden an diesem Gedanken festhalten und sich bemühen, durch Vertretung ihrer Anschauungen die Arbeiterschaft zu gewinnen, sie auf dem Vereinswege zu sammeln und vorzubereiten für ein vertrauensvolles, dankbares Ergreifen der ihr vor sechs Jahren entgegengestreckten Königshand. Daher sein Mißtrauen gegen die evangelischen Arbeitervereine und all das andere. Die Christlich-Sozialen sind in seinen Augen noch gefährlicher als die Sozialdemokraten, grade weil sie mit der ewigen und irdischen Autorität nicht brechen, sondern »mit Gott, für König und Vaterland« auf dem Wege gesetzlicher Reform dem Arbeiterstand helfen wollen. Was der Sozialdemokratie gegenüber noch Stand hält bei ihm an der Saar und sonstwo, aus Gottesfurcht und Königstreue, das gerät nun, so meint er, in Gefahr, von den »Demagogen im christlichen Mäntelchen« verdorben, verschlungen zu werden. Das ist eine Gefahr, der mit allen Mitteln entgegengetreten werden muß, und es fehlt ihm ja nicht an Mitteln! — Seine Gegner mögen noch so sehr versichern, daß sie eine Friedensarbeit tun, eine Versöhnungs- und Friedensorganisation wollen, nicht einen Klassenkampf. Er weiß besser, was sie wollen als sie selber.

Absolutes, patriarchalisches Regiment hat, wenn es in den rechten Händen ruht, wenn die gegebenen Verhältnisse es ermöglichen, daß ein Einzelner das Ganze überschaut und beherrscht und jedem seine Gebühr gibt, auch gewisse Vorzüge. Einfacher, leichter, angenehmer ist's jedenfalls. Einer bloßen Theorie zuliebe patriarchalische Verhältnisse ohne weiteres umstürzen zu wollen, wo sie noch möglich, gesund, heilsam, vielleicht notwendig, sind, um »Paragraphen« an ihre Stelle zu setzen, liegt uns fern. Im Gegenteil! In gewissen Beziehungen, z.B. der Behandlung jugendlicher Arbeiter, die jetzt viel zu früh selbständig werden, viel zu leicht und frei

mit ihrem Gelde und ihrer Zeit umgehen, würde eine christliche Sozialreform patriarchalische Verhältnisse wieder herstellen müssen. Manche
heilsame Ordnungen der Zucht, welche uns verlorengegangen sind, würden
sich berufsmäßig, durch gesetzlich zugelassenen freien Entschluß einer Ar-
beiter-Körperschaft, sehr wohl wieder herstellen lassen. Durch Gesetzes-
und Polizeiwachen oder Fabrikherrenzwang ist das nicht zu erreichen.
Gerade das ist mit äußerlichem Zwang nicht zu erreichen, worauf es an-
kommt: Versittlichung der Arbeitsverhältnisse, Berufsgemeinschaft zwischen Unternehmern und Arbeitern, Gemeinschaftsbetätigung nicht bloß
in den Arbeits-, sondern auch in den übrigen Haupt-Lebensbeziehungen.
— Doch das führt zu weit! Es handelt sich um die große Menge der Indu-
striearbeiter, in den Großbetrieben und in den Großstädten zumal, welche
leider der Sozialdemokratie schon anheimgefallen sind oder in Gefahr
stehen, ihr anheim zu fallen.

Wer steht mehr auf dem Boden der »heutigen Staats- und Gesellschaftsordnung«: Stumm oder die Christlich-Sozialen? Was Stumm den Christlich-Sozialen als »revolutionär« vorwirft, das fällt in Wahrheit nicht ihnen zur Last, sondern dem Liberalismus und der von ihm geschaffenen
Staats-, Gesellschafts- und Wirtschaftsordnung. Die hat mit allem »Patriarchalischen« so gründlich aufgeräumt, daß da den Christlich-Sozialen nichts
mehr zu tun übrig bleibt. Die Christlich-Sozialen stellen sich ehrlich, wenn
auch zum Teil ungern, auf den Boden der heutigen gesetzlichen Ordnung
und ziehen die unvermeidlichen praktischen Folgerungen daraus. Die liberale Gesetzgebung verleiht dem Arbeiter eine fast unbeschränkte wirtschaftliche und politische Freiheit. Er kann hinziehen, wo er will, arbeiten,
wo er will; er darf durch Koalition (Vereinigung) und Streik (Arbeits-
einstellung) günstigere Arbeitsbedingungen erzwingen. Politisch ist er
formell ebenso frei wie der Fabrikherr; er darf Zeitungen lesen, die ihm
gefallen, Versammlungen besuchen, Vereinen angehören, einer Partei sich
anschließen, ganz noch seinem Geschmack, wählen nach seiner freien
Überzeugung. Das ist im deutschen Reiche geltendes öffentliches Recht.
Das respektieren die Christlich-Sozialen, formell und tatsächlich. Herr von
Stumm respektiert es nur formell; in Wirklichkeit existieren diese Rechte
für seine Arbeiter nicht. Die Kehrseite seines Fürsorgesystems ist ein
patriarchalisches Bevormundungs- und Überwachungssystem, ein Privat-
fabrikrecht und Kapitalreservatrecht (Vorbehalt für das Kapital). Der
ungeschriebene Hauptparagraph dieser Stummschen Gesellschaftsordnung,
aus dem Naturrecht niedriger Kulturstufen entnommen, lautet: »Wess' Brot
ich eß', dess' Lied ich sing.« — Die Pastoren geht nach Stumm nur die

Seele etwas an, nicht der Leib. Für Stumms Zwecke paßt und gilt aber diese »reinliche Scheidung« nicht. Ihm gehört nicht bloß der Leib und die Leibeskraft seiner Arbeiter, sondern auch ihre Seele, ihre politische und soziale Meinung. Wer muckt, fliegt hinaus. — Auch das ist eine nahe Berührung von Stumm mit der Sozialdemokratie; aber wir halten ihn darum doch nicht für einen verkappten Sozialdemokraten!

Die Christlich-Sozialen haben gewisse Bedenken, ernste Bedenken, rechtliche und sittliche Bedenken gegen dies »System Stumm«. Das ist doch wohl begreiflich! Sie wagen sogar, diese Bedenken auszusprechen. Das ist doch wohl entschuldbar und tolerierbar? — Nein! Das ist revolutionär; denn — es verstößt gegen die private Stummsche Wirtschafts- und Gesellschaftsordnung. Spräche so einer seiner Arbeiter, der flöge. Spräche so einer seiner Lieferanten oder einer, der irgendwie auf ihn, sein Kapital, seine Gunst angewiesen ist, der könnte »abschreiben« oder andere Unannehmlichkeiten gewärtigen. Über Staats- und Kirchenbeamte, die so sprechen, lassen sich ja auch »Unannehmlichkeiten« herbeiführen. Der Staat ist zwar kein Fabrikherr und die Kirche noch weniger, die Staatsbeamten und die Pastoren sind keine »Commis« oder deß etwas. Aber ein Brotherr ist der Staat doch teilweise auch. Und im Brotherrentum steckt das Geheimnis der Kraft, der Schlüssel Stummscher Weisheit. Damit läßt sich eine kleine Welt im Geleise des blinden, stummen Gehorsams erhalten.

Nun aber ist das deutsche Reich größer als Neunkirchen und Brebach zusammen, größer als das Saarrevier. Will der Politiker Stumm im Reiche durchsetzen, was der Fabrikherr Stumm im Saarrevier durchsetzte? — Wenn ja, dann versuche er es, sofern er's verantworten kann, auf einem dafür vielleicht gangbaren privaten Wege, z.B. durch Gründung eines »Aussperrungsbundes der deutschen Arbeitgeber«. Oder will er es ernsthaft versuchen auf den Wegen des öffentlichen Rechtes?? Oder gestützt auf die höchste Autorität des Reiches???

Die Christlich-Sozialen wollen keine Revolution, weder eine von unten noch eine von oben. Sie wollen keinen Staatsstreich, weder einen offenen, noch einen versteckten. Ihnen sieht das »System Stumm« sehr nach einem versteckten Staatsstreich en miniature aus. Sie wissen aber auch, daß ein Hohenzoller, und namentlich der jetzt regierende Herr, für derartige Experimente nicht zu haben ist. Darum: Die Wolke wird verschwinden!

Die Pfarrer des Saarreviers und andere haben beim großen Kohlenstreik und sonst Erfahrungen gemacht, welche dartun, auf wie schwachen tönernen Füßen dies Zwangssystem des Brotherrentums ruht. Diese Stummschen Ankertaue des Gesellschaftsschiffes brechen beim ersten Sturm. Der Freiherr aber kann mit diesem System nicht brechen, er hat alles auf diese eine Karte gesetzt und kämpft einen Kampf auf Leben und Tod für diese Position. Er würde vielleicht auswandern oder seine Fabrik schließen oder sie mindestens in eine Atiengesellschaft umwandeln, wenn er die Schlacht verlöre. Aber ist's nicht wirklich eine verlorene Position, die er so leidenschaftlich verteidigt? Und ist der zum Feldherrn berufen, der sein alles, seine letzten Reserven für eine verlorene Position einsetzt, weil er mit unentwegtem Eigensinn darauf erpicht ist, sie zu halten?

Wo ist denn sein Feldzugsplan, sein sozialer Reformplan? Hat er einen besseren als die Christlich-Sozialen? Heraus damit! — Hat er keinen besseren, keinen ausführbaren, mit dem heutigen öffentlichen Recht und mit christlicher Freiheit ehrlich vereinbaren, dann lasse er doch die Christlich-Sozialen in Ruhe und lasse sie bauen und kämpfen. Will er sie bekämpfen, dann doch mit gleichen Waffen und mit Gründen und nicht mit dem anmaßlichen Anspruch, daß sie zum Kämpfen überhaupt nicht berechigt seien! Sie hoffen noch, ohne Staatsstreich, ohne »Kladderadatsch«, ohne Knebel und Knute und Säbel und Flinte Besserung und Frieden schaffen zu können, in heißer, geduldiger Arbeit, um der Liebe und um des Gewissens willen. Sie wollen ihre Ketten inwendig schmieden, durch Überzeugung wirken, und sie haben Material dazu! Er, der Eisenkönig, schmiedet seine Ketten auswendig. Aber sein Material reicht dazu nicht aus, es reicht schon nicht mehr aus, für den Bereich seiner vier Pfähle. Das fühlt er wohl, und das macht ihn wohl so maßlos heftig.

Was nützte die »glatte Machtpolitik« des absoluten Staates und der Karlsbader Staatsmänner gegen das »Demagogentum« nach den Freiheitskriegen, die Politik des Polizeistaates, die einen Ernst Moritz Arndt kalt stellte? Was kann heute eine soziale Versumpfungspolitik nützen, die den Christlich-Sozialen den Mund stopfen möchte? Kein Stumm dreht die Räder der Weltgeschichte zurück. Das äußerliche Gewaltprinzip des Kapitalismus verfängt nicht gegen das äußerliche Gewaltprinzip der Sozialdemokratie. Nur *organische Reform* (naturwüchsige Besserung von innen heraus) kann gegen die Schäden und Gefahren helfen, welche die liberale Gesamtgesetzgebung teils hervorgebracht, teils offenbar gemacht hat.

Der bisherigen sozialen Gesetzgebung, so großartig und dankenswert sie ist, fehlte doch etwas; und gerade jener Februar-Erlaß unseres kaiserlichen Herrn enthielt den glücklichen und weisen Ansatz, das Fehlende nachzuholen. Das Fehlende ist grade das organische Element, das Entwickeln des Volkswohles aus dem in gesunde, nüchterne soziale Mitarbeit hineinzustellenden, zunächst hierfür zu erziehenden Volke heraus. Der

Stimmzettel in der Hand der »Masse« ist kein genügendes Mittel zu organischer Mitarbeit. Aber er kann ihr nicht mehr entrissen werden, und er hat als Compelle, als Triebkraft für die bisherige Sozialreform gewirkt. Wir hätten sie nicht bekommen ohne das allgemeine Stimmrecht. Wir können sie nicht fortsetzen ohne das allgemeine Stimmrecht, und wir können darin nicht Halt machen mit dem allgemeinen Stimmrecht. Reform oder Revolution! Nicht die Christlich-Sozialen treiben der Revolution zu, sondern das Stummsche Bevormundungs- und Zwangssystem.

Glatte Machtpolitik heißt: Cäsarentum (Gewaltherrschaft) gegen Volkstum. Christlich-Sozial heißt: Deutsches Kaisertum mit deutschem Volkstum vereint. Der Kaiser der Stärkste der Starken. Die Starken für die Schwachen, die Schwachen für die Starken, weil und wie Gott es will. Die gottgewollte Obrigkeit, auf hoher Warte über den Interessengruppen und Interessenkämpfen stehend, hat die Wege zu bahnen und die Ordnungen aufzurichten, in denen jede Gruppe, jedes Glied am Volkskörper sich regen und bewegen und geltend machen kann, ohne den gliedlichen Zusammenhang mit dem Gesamtkörper und mit dem Haupte dabei zu verlieren. Es wird dem Freiherrn nicht gelingen, die freiwilligen Anwälte der Schwachen, die christlich-sozialen Pastoren, von den Schwachen zu trennen. Es wird ihm auch nicht gelingen, sie von ihrem Kaiser zu trennen. Unser Kaiser ist kein Cäsar, und unser deutsches Volks- und Wahlrecht soll nicht behandelt werden wie ein napoleonisches suffrage universel (allgemeine Abstimmung). Darauf ist das deutsche Wesen nicht angelegt, dafür ist es zu gründlich und zu ehrlich, zu ideal und zu treu!

Hat der große Kanzler in der Sturm und Drangperiode von 1866, als er in seinem Bundesreformplan das allgemeine Wahlrecht vorschlug, nur dem damaligen bürgerlichen Liberalismus einen Köder hinwerfen wollen? Sei dem, wie ihm wolle: es bleibt ein weltgeschichtliches Problem, warum gerade Otto von Bismarck-Schönhausen, der »Erzreaktionär« von 1848, noch von Friedrich Wilhelm IV in die staatsmännische Laufbahn berufen, es sein mußte, der die Staats- und Reichsmaschine an diesen Motor (bewegende Kraft) anhing. Da steht nun der Motor, fest verankert, und der Triebriemen ist noch nicht gerissen, der »Kladderadatsch« ist noch nicht da.

Der konservative Staatsmann »fürs Auswärtige« legte das feste Geleise für eine gewaltige, revolutionär ausartende innere Reformbewegung und lieferte ihr ihre stärkste Waffe. Er verwirklichte mit konservativen Mitteln die liberale Forderung der Reichseinheit und die demokratische Forderung des allgemeinen Wahlrechts. Damit war die ganze Parteizersetzung schon im Keime gegeben, die heute vollendet vor unsern Augen liegt.

Könnte nicht auch mal ein Staatsmann kommen, der eine organische, echt konservative Reform mit liberalen Mitteln wie dem des allgemeinen Stimmrechts durchsetzte?

Es ist ein gewaltiges Schauspiel, diese Tragödie des ungeschichtlichen und unorganischen (das Volk nicht als einen gegliederten Körper, sondern als eine »Masse« gleichberechtigter Einzelpersonen behandelnden) Liberalismus. Wirtschaftlich erzeugte er das Manchestertum, das freie Spiel der Kräfte, Gewerbefreiheit, Freizügigkeit, freien Arbeitsvertrag, Koalitionsfreiheit und so weiter und entfesselte den »Klassenkampf«. Politisch erzeugte er das Massenstimmrecht, das schöne Millionenkonzert, jede Stimme genau auf das gleiche Stärkemaß abgestimmt. Daraus sollte sich »von selber«, durch ein vermeintliches Naturgesetz, die schönste Harmonie entwickeln. Aber die Marx-Engels-Lassalle-Bebel-Liebknecht-Singer nahmen den Taktstock auch in die Hand und wußten ihn so geschickt zu handhaben, daß der bürgerlichen Demokratie und einigen anderen Leute der ihre schier entfiel. Gemeint war's nicht so, aber es ist nun einmal so. Der politische Liberalismus in seinem Lieblingskinde, dem allgemeinen gleichen direkten Wahlrecht, prügelt den wirtschaftlichen Liberalismus in seinem Lieblingskinde, dem Manchestertum. Das ganze nennt sich Sozialdemokratie. Jede »Tyrannei« von oben mußte fort; jetzt hat man dafür die Tyrannei von unten.

Parteinamen und Parteischlagworte tun's eben nicht, auch nicht das »Christlich-Sozial«, nur als Parteiwort verstanden. »Christlich« und »konservativ« und »sozial« sind aber — trotz Naumann — ganz nahe verwandt. Sie sind, wenn sie echt sind, aufs Organische angelegt, wie der Liberalismus und die Sozialdemokratie aufs Mechanische. Alles Organische ist »sozial«. Was der Liberalismus zertrennt, zersetzt, zersplittert hat, muß wieder gesammelt, verbunden, organisch zusammengefügt werden. Das ist christliche, konservative und soziale Reform, und die tut not. Reaktion, wie Stumm sie treibt, nützt nichts, Versumpfung wäre die Folge, und die ist stets der beste Nährboden der Revolution gewesen.

Die Geister, welchen der Liberalismus als Geburtshelfer gedient hat, lassen sich mit Gewalt nicht bannen. Landsleute kann man nicht bekämpfen wie einen auswärtigen Feind: man kann und darf sie auch nicht einsperren, wenn sie gesetzlich-mündig sind, seien sie noch so unartig, so lange sie nicht den Zaun des Strafgesetzes durchbrechen. Man muß Geduld mit ihnen haben. Aber laufen lassen und den Propheten und Professoren des Zukunfts-Phantasiestaates überlassen darf man sie ebenso wenig. Gesunde, christlich-konservative und soziale Bildung und Erziehung braucht unser Volk. »Überwinde das Böse mit Gutem!«

Das Haupthindernis hierbei ist das bodenlose Mißtrauen, welches Liberalismus und Sozialdemokratie im Verein ausgesät haben, am allermeisten gegen Christentum, Kirche und Monarchie, gegen Thron und Altar. Das Mißtrauen gegen Kirche und Pastoren nährt und verbreitet nun auch Herr von Stumm. Es soll vielleicht so sein; denn eine unter seiner Gönnerschaft sozial wirkende »Geistlichkeit« könnte unmöglich das Vertrauen freier Männer aus dem Volke gewinnen. — Vielleicht soll es aus demselben Grunde so sein, daß jetzt die Christlich-Sozialen unter Ungunst von oben stehen. Das hindert sie ja nicht, jedes Hundert von Arbeitern, das sie gewinnen und sammeln, nicht bloß für sich, sondern auch für ihren König zu gewinnen. Er ist die geschichtliche Mitte zwischen Vergangenheit und Zukunft, er ist der Mittelpunkt ihres vaterländischen Empfindens. Sie hoffen auf eine Zukunft, die an das Jahr 1890 anknüpft und sagen: Die Wolke, die von Stumm heraufbeschwor, wird verschwinden.

Eine gesunde organische Sozialreform wird es nicht geben ohne den »kleinen Mann«, aber ganz gewiß auch nicht ohne das Kaisertum. Diese Überzeugung wollen wir dem kleinen Mann beizubringen suchen, damit er sein Vertrauen und seine Hoffnung mehr und mehr nach der Seite richtet, die Vertrauen verdient und Hoffnung rechtfertigen kann. Daß die Sozialdemokratie das nicht kann, wird sich von Jahr zu Jahr mehr herausstellen.

Auch der christliche Adel deutscher Nation ist unserer Ansicht nach berufen, ein wesentlich mitwirkender Faktor bei des sozialen Standes Besserung zu sein. Geholfen muß ihm werden in seinen jetzigen Nöten, dem Grundadel und dem Grundbesitz überhaupt. Dazu wollen wir Christlich-Sozialen nach Kräften mitwirken in dem Vertrauen, daß der, dem geholfen wird, auch hilft.

Es wäre schön, sehr schön gewesen, wenn der politisch hervorragendste Vertreter des neuzeitlichen Industrieadels, der nicht über Not zu klagen hat, dem es an Wohlwollen für seine Arbeiter, an Opferwilligkeit für ihr Wohl und fürs Gemeinwohl nicht fehlt, Herr von Stumm, den christlich-sozialen Reformgedanken sich angeeignet hätte! Daraus hätte die rechte Vollendung seines Lebenswerkes werden können. Und wenn er das nicht konnte oder wollte: hätte er dann doch wenigstens die Christlich-Sozialen gerechter beurteilt, weiser behandelt, maßvoller bekämpft!

Sein Feind ist, der dies schrieb, nicht, und daß er sein ganz entschiedener Gegner sein muß, ist ihm schmerzlich — aber es ist so. Unsre christlich-sittliche Gewissensfreiheit lassen wir nicht antasten! Sie ist ein weit höheres Gut, als alle Erdengüter. Wer sie antastet, sei es mit Glacéhandschuhen, sei es mit der Eisenfaust, den bitten wir ebenso dringend wie ergebenst:

Hände weg! Wofür *er* kämpft, sein Millionenbesitz, sein Machtbesitz, seine private Brotherren-Gesellschaftsordnung: es ist ein Geringes gegen den Besitz, den er antastet und den die Christlich-Sozialen verteidigen.

Aber wir trachten, wenn wir kämpfen, nicht nach Vernichtung des Gegners. Wir trachten nach Wahrheit und Frieden. Dazu helfe uns Gott!

In: Die Wolke wird verschwinden! Eine christlich-sociale Verantwortung gegenüber dem Freiherrn von Stumm-Halberg von einem alten Saarbrükker, Bielefeld 1896

Dokument 5

Politische Korrespondenz

...Ich glaube keinem wesentlichen Widerspruch zu begegnen, wenn ich die in den gebildeten Kreisen unserer Nation zur Zeit herrschende Anschauung im Ganzen und Großen etwa folgendermaßen wiedergebe.

Wir wollen keinen sozialistischen Staat, sondern wollen die Freiheit des Individuums mit der ganzen Entfaltung seiner Fähigkeiten nach Möglichkeit fördern und erhalten. Aber wir erkennen an, daß die rein individualistisch-kapitalistische Wirtschaftsordnung große Übelstände mit sich bringt. Indem jeder Einzelne und jede Klasse ihrer Natur nach ihr wirtschaftliches Interesse bis aufs äußerste verfolgt, entsteht ein Klassengegensatz, der sich in heftigsten Kämpfen entladet. Es ist die Aufgabe des Staates, hier regulierend, mildernd, organisierend einzugreifen. Ohne eine gewisse Hilfe des Staates ist ein Teil des Mittelstandes in Gefahr, vom Großkapital aufgesogen und ins Proletariat hinabgestürzt zu werden. Und das Proletariat selber kommt in eine schlechthin unerträgliche Lage. Wir können die große Masse des Volkes nicht in dem Zustand lassen, daß sie täglich von der Hand in den Mund lebt, der völligen Willkür der Kapitalisten preisgegeben ist und für alle Unglücksfälle und Zufälle des Lebens nichts als das Armenrecht hinter sich hat. Einige der schwersten Übelstände sind bereits abgestellt durch die Kranken-, Unfall-, Alters- und Invaliditätsversicherung, die Gewerbeordnung, Sonntagsruhe und die Fabrikinspektion. Aber es bleibt noch sehr viel zu tun. Die zeitweilige Arbeitslosigkeit erzeugt grauenhafte Zustände. Die bloß nach dem Gesetz von Angebot und Nachfrage hergerichteten Wohnungen sind häufig so schlecht, daß jedes geordnete sittliche Familienleben dadurch unmöglich gemacht wird. Die Arbeitgeber benutzen die natürliche Übermacht des Kapitals sehr häufig, um den Arbeitern ein Joch aufzuerlegen, das freier Männer nicht würdig ist. Zu lange Arbeitszeit, Frauen- und Kinderarbeit führen hier und da zu wahrer Ausbeuterei. Auch in der Steuergesetzgebung sind vielleicht einige Stellen, wo die besitzenden Klassen ihre Herrschaft in unbilliger Weise mißbraucht haben, sich Vorteile zuzuwenden und Lasten abzuwälzen. Ein umfassendes Gebiet sozialpolitischer Tätigkeit eröffnet sich hier für den Staat, und er darf sich dieser Aufgabe nicht entziehen.

Von einer derartigen sozialpolitischen Tätigkeit will die große Masse der Besitzenden heute nichts mehr wissen. Wenn sie nicht gar die bisherige sozialpolitische Gesetzgebung schon für einen Fehler erklärt, so ist sie doch der Meinung, daß damit nun genug geschehen sei, und daß der Arbeiterstand sich zu begnügen habe. Man will weder noch mehr materielle Opfer bringen, noch auch ganz besonders sich die Herrschaft innerhalb des Geschäfts weiter schmälern lassen. Während der Arbeiterstand die soziale Gleichberechtigung erstrebt, welche es ihm ermöglicht, als Macht gegen Macht mit seinem Arbeitgeber zu verhandeln, will der Arbeitgeber vor allem der Herr bleiben, der seinen Arbeitern vielleicht alles Beste wünscht, auch für sie tut, was in seinen Kräften steht, aber als eine aus seiner Hand zu empfangende Wohltat.

So bilden sich in Deutschland zwei geschlossene wirtschaftliche Interessengruppen. Auf der einen Seite die Arbeitgeber und überhaupt die Besitzer des Kapitals, die kraft dieses ihres Besitzes die Herrschaft über die Masse des modernen Arbeitertums in Anspruch nehmen. Auf der andern Seite die Masse der Arbeiter, die sich diese Unterordnung nicht gefallen lassen, sondern die Gleichberechtigung erkämpfen will. Da sie sie in der gegenwärtigen Wirtschaftsordnung überhaupt nicht erlangen zu können glaubt, stellt sie das Ideal einer von Grund aus anders gearteten Produktionsweise auf und organisiert sich endlich als die revolutionäre Sozialdemokratie. Den Gegenpol dieser Art von Sozialismus, die unbeschränkte Herrschaft des Kapitals dürfen wir bezeichnen als Mammonismus.

Den Sozialismus und die revolutionäre Sozialdemokratie haben wir längst; den Mammonismus hatten wir früher in der Form des reinen Manchestertums. In dieser ist er überwunden, um nunmehr in einer noch viel schlimmeren Form wieder aufzuleben, nämlich verschmolzen mit der Idee des Schutzzolls. Das alte Manchestertum hatte doch wenigstens den idealistischen Zug, daß es zwar dem Staat verbieten wollte, für die unteren Klassen zu sorgen, aber doch auch für sich selbst nichts verlangte. Der heutige Mammonismus verlangt, daß der Staat durch Schutzzölle und ähnliche

Institutionen ihm seine Existenz und seinen Gewinn sichert; hiermit aber soll der Eingriff ins Wirtschaftsleben ein Ende haben; für die unteren Klassen soll der Staat nichts weiter tun.

Ersichtlich spitzt sich dieser Gegensatz fortwährend zu. In dem Gefühl, bedroht zu sein, sucht der Mammonismus auf allen Seiten nach Bundesgenossen, die ihm helfen sollen, die unteren Klassen zu bändigen. Der Sozialismus mäßigt sich mehr in seinem Auftreten, ergreift dafür aber immer weitere Kreise.

Beide Parteien kämpfen mit denselben Waffen, indem sie gegeneinander die ungeheuerlichen Anschuldigungen verbreiten. Die Sozialdemokraten stellen jeden Besitzenden als Mammonisten, jeden theoretischen Mammonisten als den fürchterlichsten Menschenschinder und Ausbeuter dar; die ganze bürgerliche Gesellschaft ist ihnen eine Pestbeule der Korruption. Die Mammonisten beschuldigen die Sozialdemokraten des grundsätzlichen Meineides und Meuchelmordes und karrikieren die Forderung der freien Liebe, ganz gegen den wahren Geist und Sinn der Urheber, zu einem Grundsatz der Unzucht.

Wer die mammonistischen und sozialistischen Blätter hintereinander liest, wird immer finden, daß das Blatt, was er gerade in der Hand hat, in der Verleumdung das allerstärkste leistet.

Die Umsturzdebatte im Reichstag hat diese Strömungen klärlich ans Licht gebracht. Als Hauptredner des Mammonismus ist Herr von Stumm in die Schranken getreten. Man würde Herrn von Stumm Unrecht tun, wenn man ihn persönlich als bloßen Mammonisten bezeichnen wollte. Er ist für seine Person Fabrik-Feudaler, Schlotjunker, auch im guten Sinne des Wortes. Er führt eine Art patriarchalischer Herrschaft über seine Arbeiter, gibt ihnen einen anständigen Lohn, hat vorzügliche Wohlfahrtseinrichtungen, bekümmert sich um ihr Privatleben und ihre Erziehung, schreibt ihnen vor, in welche Wirtschaften sie gehen und welche Zeitungen sie lesen sollen und welche nicht, hört ihre Anliegen persönlich und erlaubt ihnen nicht unvernünftig frühe Heiraten. Namentlich wegen dieses letzteren Punktes ist Herr von Stumm öfter angegriffen worden, aber ich will offen sagen, ich habe keinen Zweifel, daß dieses sein strenges Regiment in seinem Kreise sehr wohltätig wirkt. Aber man stelle sich vor, daß alle Arbeitgeber in Deutschland nach dem Muster des Herrn von Stumm verführen. Wie würden diese patriarchalischen Herrschaften aussehen? Wie lange würde es dauern, und man würde hören, daß dieser oder jener Fabrikbesitzer oder sein Verwalter das Recht, Wirtschaften zu verbieten oder zu erlauben, ganz wunderlich ausübte, und gar das Recht der Heiratskonsense möchte am Ende die alte

Legende (notabene, es ist nur eine Legende, es hat nie wirklich existiert), von einem gewissen anderen jus p.n. wieder aufleben lassen. Kennen unsere Leser Fritz Reuters ergreifende Dichtung »Neen Hüsung?« So lange eine Persönlichkeit wie Herr von Stumm selbst seine Feudalherrschaft ausübt, so mag sie nicht nur erträglich, sondern sie mag in vollem Ernst wohltätig wirken. Aber als allgemeines Prinzip für Deutschland ist es der böseste, ja geradezu ruchloseste Mammonismus, der sich denken läßt. Der agrare Feudalismus, die Erbuntertänigkeit war eine für ihre Zeit annehmbare soziale Organisation, weil sie staatsrechtlicher Natur war; Fabrik-Feudalismus, der auf dem bloßen Gelde beruht, führt zur Sklaverei.

Im Reichstag sprach Herr von Stumm mit der ganzen Verve des Parteimannes, der drüben alles Hölle, hüben alles Himmel findet und dem Grundsatz huldigt: Wer nicht für uns ist, der ist wider uns.

Der sozialdemokratische Abgeordnete Auer hatte vor ihm die sittlichen Schäden der bürgerlichen Gesellschaft gegeißelt.

Mit einer kühnen Sicherheit, gegen die der Pharisäer im Evangelium als der reine Zöllner erscheint, erwiderte Herr von Stumm, die bürgerliche Gesellschaft stoße ihre unsittlichen Mitglieder aus.

Herr Auer hatte als besonderen Beweis dafür, daß die Ehe in den bürgerlichen Kreisen nicht als eine sittliche Gemeinschaft, sondern als ein Geschäft behandelt werde, die vielen Heiratsgesuche in den Zeitungen angeführt. Von den Proletariern würden diese Heiratsannoncen und Büros nicht benutzt. »Ich habe mein Liebchen gefunden ohne sie«, fügte er hinzu.

Herr von Stumm legte ihm das so aus: »Der Abgeordnete Auer hat uns gestern noch gesagt: Ich habe immer noch mein Liebchen gefunden. Der Arbeiter braucht keine Ehe.« Die Sozialdemokratie erhebe die Unsittlichkeit zum Prinzip.

Die sozialdemokratischen Führer entzögen den Arbeitern ihre paar Groschen, um sich selbst ihr Leben zu verbessern. Das Wort von dem »berechtigten Kern« der Sozialdemokratie (das übrigens vom Fürsten Bismarck stamme), sei eine absolut inhaltslose Redensart. Die Sozialdemokratie könne und müsse einfach unterdrückt werden.

Um sie aber zu unterdrücken, will Herr von Stumm auch diejenigen Elemente des Bürgertums vor der Öffentlichkeit anklagen, die, wie er sagt, durch ihr Kokettieren mit der Sozialdemokratie und der Revolution diese befördern. Das sind ihm die national-ökonomischen Professoren und die evangelisch-sozialen Geistlichen.

Die Stummschen Anklagen gegen die Sozialdemokratie selbst sind alt; Wahres und Falsches, Erwiesenes und Übertriebenes geht dabei durcheinander. Neu und höchst bedeutsam aber ist die Wendung gegen die angeblichen Beförderer der Sozialdemokratie; sie ist besonders bedeutsam, weil es nicht ein einzelner Redner, sondern der Fraktionsredner der Reichspartei war, der sie ausgesprochen hat, der weder von seiner Fraktion desavouiert, noch sonst von dieser ganzen Seite des Hauses einen entschiedenen Widerspruch erfahren hat.

So ziemlich unsere sämtlichen Professoren der Nationalökonomie vertreten in verschiedener Weise, bald mit dieser, bald mit jener Schattierung, aber doch im Ganzen und Großen übereinstimmend, diejenige sozialpolitische Anschauung, die ich oben als die Anschauung unserer Gebildeten überhaupt hingestellt habe. Ich glaube kaum, daß es einen unter diesen Professoren gibt, der nicht die Existenz einer sozialen Frage anerkennt. Nur über die besten Mittel und Wege zur Lösung gehen die Ansichten auseinander. Die meisten huldigen der Anschauung, aus der unsere große sozialpolitische Gesetzgebung im letzten Jahrzehnt hervorgegangen ist. Von irgend einem Befördern oder Kokettieren mit der Sozialdemokratie kann gar nicht die Rede sein. Aber freilich, die gesamte sozialpolitische Wissenschaft befindet sich nicht bloß im Gegensatz zur Sozialdemokratie, sondern ganz ebenso im Gegensatz zu dem von Herrn von Stumm vertretenen Mammonismus. Und wie sie von Herrn von Stumm der Beförderung der Revolution angeklagt wird, so wird sie von den Sozialdemokraten der Servilität im Dienste des Kapitals angeklagt. Herr von Stumm findet es höchst gefährlich, daß unsere jungen Beamten von solchen Leuten ausgebildet werden, und er hat früher schon einmal ausdrücklich davor gewarnt, junge Kaufleute zu ihrer Ausbildung auf Akademien schicken zu wollen, da sie dort mit falschen Lehren infiziert würden.

Was eine solche Absage an die Wissenschaft von einem Manne von der Bedeutung des Herrn von Stumm besagen will, das mache man sich einmal klar an dem Beispiel der Theologie.

Gewiß ist es schädlich, wenn an den Universitäten falsche ökonomische Lehren vorgetragen werden, aber das betrifft doch zuletzt nur das irdisch-wirtschaftliche Dasein. Wie unendlich viel schädlicher muß es sein, wenn über das ewige Heil von den amtlichen Unterrichtsanstalten Irrlehren verbreitet werden. Dennoch verlangen wir, weil es die Lebenslust des höheren geistigen Daseins jeder Nation ist, als unverbrüchliches Gesetz die Freiheit der Wissenschaft und der Lehre auf unseren Universitäten. Und die freikonservative Fraktion im Abgeordnetenhause hat es stets als ihren besonderen Charakter und ihr besonderes Verdienst angesehen, für die geistige Freiheit in Preußen in die Schranken zu treten. Tapfer hat sie noch Schulter an

Schulter mit den Nationalliberalen und sogar mit den Deutschfreisinnigen in dem Kampfe um das Volksschulgesetz gegen den Minister Grafen Zedlitz gestritten. Jetzt tritt der Redner der Reichspartei, der Schwesterpartei der Freikonservativen im Abgeordnetenhause, im Reichstage auf und verklagt die Wissenschaft als die Mutter der Revolution, und seine Partei hat ihn nicht desavouiert.

Das ist, was ich gesagt habe, Besitz und Bildung, die bisher in Deutschland gemeinschaftlich geherrscht haben, fangen an, sich von einander zu trennen.

Auch die evangelisch-sozialen Pastoren, Naumann, einen theologisch-liberalen, Weber, einen theologisch-orthodoxen, hat Herr von Stumm der Beförderung der Sozialdemokratie angeklagt. Es ist wahr, daß diese beiden und einige andere Äußerungen recht sozialistischer Natur über die heutige Wirtschaftsordnung getan haben, Äußerungen, mit denen ich ganz und gar nicht einverstanden bin. Aber sicher ist doch, daß alle diese Herren, was die Verwerfung der Gewalt und die Forderung einer friedlichen Reform, was ihre Grundsätze über Familie, Ehe, Sitte, Vaterland betrifft, ganz unantastbar sind. Ist denn nun auch eine Partei, die alle diese Grundbegriffe unseres heutigen nationalen Daseins anerkennt und nur in der Wirschaftsordnung einige tief, vielleicht zu tief greifende Reformen verlangt, als Partei berechtigt oder nicht? Herr von Stumm und Genossen tun doch so, als ob sie die Sozialdemokratie wesentlich wegen ihrer Unsittlichkeit und Vaterlandslosigkeit bekämpfen und ihr deshalb nicht einmal die Berechtigung, als Partei bei uns zu existieren, zuerkennen wollen — und wenn das wirklich so ganz ehrlich ist, so müßten sie die Herren Naumann und Weber gewiß auch bekämpfen, dürften ihnen aber doch das Recht, als Partei zu existieren, nicht absprechen.

Was aber hören wir? Die Industriellen an der Saar haben beschlossen (wenn auch die authentische und definitive Form des Beschlusses noch nicht bekannt ist), die Zeitschrift des Herrn Pastor Naumann, die »Hilfe«, ihren Arbeitern gerade so zu versagen, ihnen das Betreten jeder Wirtschaft, in denen das Blatt ausliegt, zu verbieten, wie sie es bei den sozialdemokratischen Blättern getan haben. Sie wollen also nicht etwa bloß die Sozialdemokratie nicht, sie wollen überhaupt keine selbständige Bewegung des Arbeiterstandes, die die Arbeiterinteresen ihnen gegenüber wahrnehmen könnte. Der Vorwand ist: diese christlich-soziale Bewegung werde doch nur eine Vorfrucht der Sozialdemokratie sein. Für jeden unbefangen Denkenden liegt die Sache umgekehrt: es ist schlechthin unaufhaltsam, daß der Arbeiterstand sich zusammentut, um seine Interessen zu vertreten, denn das tun heute alle Stände. Wird ihm nicht die Möglichkeit geboten, das auf dem Boden des Gesetzes und der bestehenden politischen und moralischen Ordnungen zu tun, so geht der Arbeiter zur Sozialdemokratie. Eine Zeit lang mag man das durch Präventivmaßnahmen und Gewalt verhindern, auf die Dauer nicht. Ist es nun im Interesse Deutschlands besser, daß der Arbeiter wenigstens zwischen den Pastoren Naumann oder Weber auf der einen und den Sozialdemokraten auf der anderen Seite die Wahl hat, oder daß wie bisher die Sozialdemokratie die einzige »Arbeiterpartei« in Deutschland ist?

Die Mammonisten werden sagen, die Sozialdemokratie sei überhaupt keine Arbeiterpartei, denn sie habe durchaus noch nichts Praktisches für den Arbeiterstand getan. Das ist dem Wortsinn nach annähernd richtig; direkt praktisch haben die Sozialdemokraten für die Arbeiterschaft höchstens hier und da durch Streiks einige Verbesserungen erlangt, und alles Wesentliche und Große ist von der Regierung im Verein mit anderen Parteien geschaffen worden. Aber hätte man diese Dinge geschaffen, wenn die Sozialdemokratie gar nicht existiert hätte? Kein ehrlicher Mann kann diese Frage bejahen. Indirekt haben also die Sozialdemokraten doch schon recht viel für den Arbeiterstand erreicht, und prinzipiell sind sie jedenfalls die spezifischen Vertreter seines Klasseninteresses. Dafür sieht der deutsche Arbeiter sie einmal an, darin beruht ihre Stärke, und es ist nicht nur eine törichte, sondern auch eine sehr gefährliche Selbsttäuschung, wenn man versucht, diese Tatsache hinwegzudisputieren.

Man wird vielleicht finden, daß ich das Auftreten des Herrn von Stumm gar zu wichtig genommen habe. Aber abgesehen davon, daß Herr von Stumm denn doch eine recht hervorragende Persönlichkeit ist, und daß er als Redner seiner Fraktion sprach, so kann es keinem sorgfältigen Beobachter der Zeit entgehen, daß sein Auftreten nur ein Symptom ist. Zwar hat der Redner der anderen Mittelpartei, der Nationalliberalen, Herr von Bennigsen, in einem ganz andern Ton gesprochen und sich der Proklamation des Klassenkampfes, wie man Herrn von Stumms Rede bezeichnen kann, keineswegs angeschlossen, aber das sonstige Verhalten der nationalliberalen Partei, der Parteitag in Frankfurt, der Ton der nationalliberalen Zeitungen stehen doch der Auffassung des Herrn von Stumm sehr nahe. Die große Masse der Besitzenden will keine weitere soziale Gesetzgebung, sondern verlangt, daß der Staat seine Machtmittel aufbiete, um die Arbeiterschaft in Ordnung zu halten und zu bändigen. Und das ist der Beginn einer höchst gefährlichen Entwicklung. Es bedeutet die Auflösung der bestehenden Parteien, namentlich der Mittelparteien, da ein großer Teil der

Gebildeten, und namentlich alle, geradezu alle sozialpolitisch Gebildeten entschlossen sind, diese Wendung nicht mitzumachen.

Delbrück, Hans, in: Politische Korrespondenz vom 25.1.1895 der Preußischen Jahrbücher, 79. Band, Januar bis März 1895, Berlin 1895, S. 364 ff

Dokument 6

Saarbrücker Zeitung vom 10. 7.1897

Nun wissen wir also, was für Geistliche wir haben. Was sind das für Männer! — Sie erlassen eine Erklärung, die den kirchlichen Interessen nicht dienlich ist. Sie gefährden bei einem Teil der Gemeindeglieder das Ansehen des geistlichen Amtes. Sie werden im Juni ermahnt, eine würdige Zurückhaltung zu bewahren und — setzen im Juli den Kampf fort. Sie führen eine Preßfehde in scharfer Tonart. Sie ziehen den Kampf auf das persönliche Gebiet hinüber. Sie tragen durch Massenverbreitung ihrer Broschüre den Streit in die weite Welt hinaus. Sie wissen die Auffassungen ihrer Gegner nicht unbefangen zu würdigen. Kurz, sie verdienten, vor den Disziplinarhof gestellt zu werden; aber sie waren zu erregt und wußten wohl nicht, was sie taten, deshalb soll noch einmal Gnade vor Recht ergehen. Und solche Männer steigen morgen auf die Kanzel, nicht ihrer zwei oder drei, nein ihrer dreißig! — Und nun das Gegenstück: Rein vom Scheitel bis zur Sohle, freigesprochen von allen Worwürfen seiner verblendeten Gegner steht er da, der »treue Sohn«, der Mann mit dem »lebendigen Interesse für die gedeihliche Entwicklung der evangelischen Kirche« — oh! tertius gaudens, wann ward dir je ein solches Schauspiel geboten? Aber nein, das ist auch für den tertius gaudens kein erfreulicher Anblick mehr, wir müßten ihm denn den ungerechten Vorwurf reiner Schadenfreude machen wollen. Sind das die Männer, die wir kennen? die uns in Wort und Schrift täglich vor Augen treten? Wie konnte nur ein solches Bild von ihnen entstehen? —

Aber wir müssen unser Befremden und Erstaunen über das Zerrbild, das uns der endlich aufgerollte Vorhang enthüllt, einmal abschütteln und kaltblütig fragen: Steht die Sache wirklich so, wie es nach diesem Erlaß den Anschein hat? Was hat derselbe wirklich Neues festgestellt und zwar an Tatsachen, nicht an bloßen Auffassungen und Geschmacksurteilen? Dabei können wir das dem Freiherrn am Schluß erteilte Kompliment ruhig aus dem Spiel lassen. Seine sonstigen Verdienste für oder gegen die evangelische Kirche berühren uns hier nicht. Wir fragen: Welche Tatsachen hat der Beschwerdegang gegen unsere Geistlichen ans Licht gebracht?

Die Beschwerde des Freiherrn gründete sich bekanntlich darauf, daß die Broschüre eine größere Anzahl Unwahrheiten und Entstellungen enthalte. Diese Behauptung wurde durch das Konsistorium zu Koblenz zurückgewiesen. Auch der Oberkirchenrat hat, wie das ja nicht anders sein konnte, an keiner Stelle diese Behauptung Stumms als zutreffend anerkannt. In ihrem eigentlichen Kern ist also, wie unser Blatt schon am 16. Juni feststellte, die Beschwerde des Freiherrn auch bei der höchsten Instanz ins Wasser gefallen. — Hier an diesem Hauptpunkte geht uns nun aber jedes Verständnis für das Verhalten des Oberkirchenrates ab. Er widerspricht der Entscheidung des Konsistoriums nicht, läßt sie also bestehen, und dennoch stellt er dies nicht ausdrücklich fest. Er unterläßt es also, den doch auch seinem Schutze anbefohlenen Geistlichen eine wohlverdiente Anerkennung auszusprechen und hat für sie nur Worte des Tadels, mit denen er sie durch Herrn v. Stumm vor aller Welt bloßstellt. Dient dieses Verschweigen einer wohlbegründeten Anerkennung, wir möchten sagen, einer notwendigen Ehrenerklärung — um mit den eigenen Worten des Oberkirchenrates zu reden -, »dem Interesse der Kirche«, fördert so etwas das Ansehen des geistlichen Amtes? Wir bitten um Antwort. Oder ist immer noch nicht die ganze Entscheidung des Oberkirchenrates veröffentlicht? Können die Geistlichen aus dem an sie ergangenen Erlasse befriedigende Auskunft geben? Wenn nicht, dann wäre es Sache des Presbyteriums, auf der demnächst zusammentretenden Synode das Interesse ihrer Pfarrer und Gemeinden zu vertreten. »Welchen Eindruck über unsere Geistlichen muß sonst wohl bei den den Verhältnissen ferner stehenden Lesern der Erlaß des Oberkirchenrats hervorrufen?«

Prüfen wir einmal, worauf sich die zahlreichen Tadelsworte dieses Erlasses gründen:

1. Die Erklärung vom 28. Februar 1896 soll den kirchlichen Interessen nicht dienlich gewesen sein. — Eine merkwürdige Behauptung gegenüber der unbestreitbaren Tatsache, daß seit jener Zeit die Sympathien für die evangelische Kirche hier einen ganz neuen Aufschwung genommen haben.

2. Die Geistlichen hätten bei einem Teil der Gemeindeglieder ihr Ansehen gefährdet. — Gewiß, und zwar bei allen denen, die verlangen, daß der Pfarrer sich dem Druck des Mächtigen schweigend beugt und seine Gemeinde dementsprechend erzieht.

3. Sie folgen der Mahnung nicht, selbst verletzenden Angriffen gegenüber eine würdige Zurückhaltung zu bewahren. — Das kommt vom Bibel-

lesen. Sie dachten wohl als Wächter ihrer Gemeinde an den Propheten Jesaias und wollen sich nicht von ihm zurufen lassen: »Ihr Wächter seid blind, stumme Hunde seid Ihr, Ihr liegt und schlaft gern.«

4. Sie führen eine Preßfehde in scharfer Tonart. — Man vergleiche dazu die allgemeine Anerkennung der maßvollen, würdigen Haltung der Broschüre, selbst von fernstehenden und gegnerischen Blättern.

5. Die Geistlichen ziehen den Kampf auf das persönliche Gebiet. — Da hört doch alles auf! Das stellt ja die Wahrheit geradezu auf den Kopf!

In der schon erwähnten Erklärung vom 28. Februar 1896 hatten sich die Pfarrer gegen die »Neue Saarbrücker Zeitung« gewendet und mit keinem Wort, keiner Andeutung auf den Freiherrn v. Stumm hingewiesen. Am 12. April eröffnete nun dieser seine Neunkirchener Rede mit der Bemerkung, er müsse Anklage erheben gegen evangelische Geistliche, und dann folgten die bekannten Angriffe gegen diese Geistlichen im allgemeinen und gegen einzelne von ihnen in ganz besonders persönlicher Weise. Wie man nach diesem Vorgang davon reden kann, die Pfarrer hätten den Streit auf das persönliche Gebiet gezogen, das begreife wer kann. Hat der Oberkirchenrat die Rede Stumms überhaupt gelesen? Die Pfarrer sollten sich wohl gegen diese Angriffe verteidigen, ohne in ihrem Protest den Namen des Angreifers zu nennen?

6. Die Geistlichen tragen durch Massenverbreitung ihrer Broschüre den Streit ins Land hinaus — Frhr. v. Stumm hatte seiner Neunkirchener Rede durch den »kleinen Schleifstein« in Saarbrücken und den »großen Schleifstein« in Berlin, die »Post«, die weiteste Verbreitung gegeben. Darauf sammeln die Pfarrer ihr Material in einer Broschüre und schicken es ebenfalls in die Welt hinaus. Dadurch haben sie in der Tat dem Streit Verbreitung gegeben, denn wo einer ruhig auf sich losschlagen läßt, ohne sich zu wehren, da ist kein Streit.

7. Die Pfarrer wissen die Auffassungen ihrer Gegner nicht unbefangen zu würdigen. — Wir bitten, sich die Broschüre daraufhin noch einmal anzusehen und sie zu vergleichen mit dem Muster einer von keiner Sachkenntnis und Gerechtigkeit befangenen Würdigung gegnerischer Auffassungen, wie sie in der bekannten Herrenhausrede Stumms über die sog. Kathedersozialisten der Nachwelt als Leitstern hoffentlich aufbewahrt bleiben wird.

8. Und trotz dieser sieben Totsünden keine Disziplinaruntersuchung, weil doch noch mildernde Umstände vorliegen?

Es gibt Dinge, deren grausamen Ernst man nur durch ironische Behandlung erträglich machen kann. Doch zum Schluß noch ein ernstes Wort.

Nichts hätte den Pfarrern lieber sein können als eine scharfe Untersuchung, entweder auf disziplinarem oder noch besser auf gerichtlichem Wege, wozu die Beleidigungen des Freiherrn hinreichenden Anlaß boten. Weshalb hat die Behörde die Pfarrer nicht veranlaßt, Klage zu erheben? Oder, wenn dies vermieden werden sollte, warum hat sie die Beschwerde Stumms nicht einfach zurückgewiesen mit dem Verlangen, dieselbe entweder garnicht oder in angemessenem Tone vorzubringen?

Wir leben in einer Zeit, die vor allem Eins nötig hat: Männer, feste, unbeugsame Charaktere, die innerhalb der gesetzlichen Schranken geraden Wegs der Richtschnur folgen, welche ihnen ihre Ueberzeugung und ihr Gewissen vorzeichnet. Wir freuen uns, in unseren Pfarrern solche Männer gefunden zu haben. Denen aber, die die Würde des geistlichen Amtes darin sehen, sich vor den Mächtigen zaghaft zu beugen, möchten wir mit einem Wort aus der Bibel zurufen: »Welcher sich fürchtet und ein verzagtes Herz hat, der gehe hin und bleibe daheim, auf daß er nicht seiner Brüder Herz feig mache, wie sein Herz ist!«

Literaturverzeichnis

Anonym: Der Kaiser und die Pastoren, Dresden 1896

Anonym: Sind »politische Pastoren« ein Unding? Ein ungehaltener Vortrag über die Frage: Wie hat sich die christliche Kirche zu den öffentlichen Angelegenheiten zu stellen? Pforzheim 1896

Anonym: Freiherr von Stumm und die evangelischen Geistlichen an der Saar. In: ChW 1896, Sp. 830 ff; 848 ff

Anonym: Die Wolke wird verschwinden! Eine christlich-soziale Verantwortung gegenüber dem Freiherrn von Stumm-Halberg, Bielefeld 1897

Bellot, Josef: Hundert Jahre politisches Leben unter preußischer Herrschaft (1815-1918), Bonn 1954

Bericht über den I. Delegiertentag christlicher Bergarbeitervereine Deutschlands am 31. Januar und 1. und 2. Februar 1897 zu Bochum, Altenessen 1897

Berlepsch, Hans-Jörg von: »Neuer Kurs?« im Kaiserreich? Die Arbeiterpolitik des Freiherrn von Berlepsch 1890 bis 1896, Bonn 1987

Boese, Franz: Geschichte des Vereins für Sozialpolitik 1872-1932, Berlin 1939

Brakelmann, Günter: Kirche, soziale Frage und Sozialismus. Kirchenleitungen und Synode über soziale Frage und Sozialismus 1871-1914, Gütersloh 1977

Ders.: Die soziale Frage des 19. Jahrhunderts, Bielefeld 1981

Brakelmann, G.,/Greschat, M./Jochmann, W.: Protestantismus und Politik. Werk und Wirkung Adolf Stoeckers, Hamburg 1982

Bruch, Rüdiger vom (Hr.): Weder Kommunismus noch Kapitalismus. Bürgerliche Sozialreform in Deutschland von Vormärz bis zur Ära Adenauer, München 1985

Burger, Peter: Magnet für werdende Geister? Die Sozialwissenschaftlichen Studentenvereinigungen und der Sozialliberalismus der Jahrhundertwende. In: Jahrbuch zur Liberalismus-Forschung 3/1991, S. 113 ff, Baden-Baden 1991

Concordia. Zeitschrift für die Arbeiterfrage, Berlin 1871-1876

Delbrück, H./Schmoller, G./Wagner, A.: Über die Stummsche Herrenhausrede gegen die Kathedersozialisten. Schreiben an den Geheimen Justizrath Prof. D. Dr. Hinschius, Berlin 1897

Delbrück, Hans: Politische Korrespondenz vom 25.1.1895. In: Preußische Jahrbücher, 84. Bd., Berlin 1896

Fauth, Adolf: Die Sozialdemokratie, was sie wollen und wie sie sind. Ein Wort der Belehrung und ernsten Mahnung an die deutschen Arbeiter, Herborn 1894

Frank, Walter: Hofprediger Adolf Stoecker und die christlich-soziale Bewegung, Hamburg 1935

Frankfurter Zeitung: Die politischen und wirtschaftlichen Zustände im Saarrevier, in: Nr. 148, 149, und 153/1896

Freiherr von Stumm Halberg und die evangelischen Geistllichen im Saargebiet. Ein Beitrag zur Zeitgeschichte, hr. im Auftrag der Saarbrücker Pfarrkonferenz, Göttingen 1896[2]

Gabel, Karl Alfred: Kämpfe und Werden der Hüttenarbeiter-Organisationen an der Saar, Saarbrücken 1925

Geis, U./Enzweiler, H.-J./Bierbrauer, P.: Die Sozialpolitik an der Saar im 19. Jahrhundert. In: Zeitschrift für die Geschichte der Saargegend, Bd. 26, Saarbrücken 1978

Goehre, Paul: Drei Monate Fabrikarbeiter und Handwerkerbursche, Leipzig 1891

Hellwig, Fritz: Carl-Ferdinand Freiherr von Stumm-Halberg 1836-1901, Heidelberg-Saarbrücken 1936

Ders.: Carl-Ferdinand Freiherr von Stumm-Halberg. In: Rheinisch-Westfälische Wirtschaftsbiographie, Bd. II, Münster 1937

Ders.: Die Saarwirtschaft und ihre Organisationen. Seit der Errichtung der Industrie- und Handelskammer in Saarbrücken 1863/64, Saarbrücken 1939

Ders.: Carl-Ferdinand von Stumm-Halberg. In: Saarländische Lebensbilder, Bd. 3, hr. von Peter Neumann, Saarbrücken 1986

Ders.: Alexander Tille. In: Saarländische Lebensbilder Bd. 4, hr. von Peter Neumann, Saarbrücken

Heuß, Theodor; Friedrich Naumann: Der Mann, das Werk, die Zeit, Stuttgart und Tübingen 1949[2]

Hofmann, Klaus Martin: Die Evangelische Arbeitervereinsbewegung 1882-1914, Bielefeld 1988

Holthoff, Johannes: Freiherr von Stumm. In: Ev. Arbeiterbote 32/1896

Ders.: Ein Telegramm des Kaisers. In: Ev. Arbeiterbote 39/1896

Ders.: Die Veröffentlichung Stumms. In: Ev. Arbeiterbote 46/1896

Ders.: Der Rücktritt des Ministers von Berlepsch. In: Ev. Arbeiterbote 54/1896

Horch, Hans: Der Wandel der Gesellschafts- und Herrschaftsstrukturen in der Saarregion während der Industrialisierung (1740-1914), St. Ingbert 1985

Hüpeden, Gustav: Ist christlich-sozial Unsinn? In: Ev. Arbeiterbote 80/1896

Keller, Karl: Karl Ferdinand Freiherr von Stumm-Halberg. In: v. Arnim, v. Below (Hr.) Deutscher Aufstieg, Bern, Leipzig 1925

Keuth, Paul: Hundert Jahre Industrie- und Handelskammer des Saarlandes, Saarbrücken 1963

Köllmann, W./Gladen A.: Der Bergarbeiterstreik von 1889 und die Gründung des »Alten Verbandes« in ausgewählten Dokumenten der Zeit, Bochum 1969

Kötzschke, Hermann. Offener Brief an den Herrn Reichstagsabgeordneten Geheimer Kommerzienrat Freiherr von Stumm und Genossen, Leipzig 1895

Ders.: Mein Prozeß mit dem Freiherrn von Stumm aufgrund der Prozeßakten dargelegt, Erfurt 1896

Lindenlaub, Dieter: Richtungskämpfe im Verein für Sozialpolitik, Wiesbaden 1967

Lorenz: Thesen. Der Erlaß des EOK und die ev. Arbeitervereine. In: Ev. Arbeiterbote 49/1896

Mallmann, Klaus-Michael: Die Anfänge der Sozialdemokratie im Saarrevier. In: Zeitschrift für die Geschichte der Saargegend, Bd. 28, Saarbrücken 1980

Ders.: Die Anfänge der Bergarbeiterbewegung an der Saar (1848-1904), Saarbrücken 1981

Naumann, Friedrich: Werke, hr. von W. Uhsadel, Köln-Opladen 1964 ff

Ders.: Die Hilfe im Reichstag. In: Die Hilfe 3/1895

Ders.: Freiherr von Stumm. In: Die Hilfe 31a/1895

Ders.: Wochenschau (zur Rede Stumms v. 12.4.1896) In: Die Hilfe 17/1896

Ders.: »Freiherr von Stumm und die ev. Geistlichen im Saargebiet«. In: Die Hilfe

30/1896

Oertzen, Dietrich von: Adolf Stoecker. Lebensbild und Zeitgeschichte. 2 Bde. Berlin 1910

Pollmann, Klaus Erich: Landesherrliches Kirchenregiment und soziale Frage, Berlin 1973

Rieck, Max: Wider die Könige von der Saar und vom Rhein, Leipzig 1895

Rubner, H. (Hr.): Adolph Wagner. Briefe-Dokumente-Augenzeugenberichte 1851-1917, Berlin 1978

Schäfer, H.R.: Anti-Stumm, Göttingen 1895

Saam, Rudolf: Die evangelische Kirche an der Saar in den Jahrzehnten sozialer Veränderungen nach 1850. In: Die evangelische Kirche an der Saar - Gestern und Heute, Saarbrücken 1975

Scheven, P.: Der Oberkirchenrat und Pfarrer Kötzschke. Eine Darstellung des Disziplinarverfahrens gegen Herrn Pastor Kötzschke zu Sangershausen, Erfurt 1897

Schneider, Michael: Die Christlichen Gewerkschaften 1894-1933, Bonn 1982

Siebertz, Paul: Ferdinand von Steinbeis. Ein Wegbereiter der Wirtschaft, Stuttgart 1952

Stoecker, Adolf: Christlich-sozial. Reden und Aufsätze, Berlin 1890

Ders.: Auszüge aus seinen Reden im Abgeordnetenhaus über die Angriffe auf die Kathedersozialisten und Christlich-Sozialen. In: DEKZ 10 und 11, 1895

Stumm-Halberg, Carl-Ferdinand Frh. von: Reden. Hr. von Alexander Tille Bd. 1-10; 10-12 hr. v. Arnim Tille, Berlin 1906-1915

Teuteberg, Hans-Jürgen: Geschichte der industriellen Mitbestimmung in Deutschland, Tübingen 1961

Tille, Alexander: 100 Jahre Neunkirchener Eisenwerk unter der Firma Gebr. Stumm, Saarbrücken 1907

Ders.: Die wirtschaftlichen Vereine der Saarindustrie bis zum Tode des Freiherrn von Stumm-Halberg 1882-1901, Saarbrücken 1907

Tille, Arnim: Ein Kämpferleben. Alexander Tille 1866-1912, Gotha 1916

Treue, Wilhelm: Deutsche Parteiprogramme seit 1861, Göttingen u.a. 1954

*Die Verhandlungen der Bonner Konferenz für die Arbeiterfrage im Juni 1870.*Hr. vom Sekretär des Ausschusses, Berlin 1870

Verhandlungen der 23. Rheinischen Provinzialsynode gehalten zu Neuwied vom 5. bis 23. September 1896, Coblenz 1897

Wagner, Adolph: Mein Konflikt mit dem Großindustriellen und Reichstagsabgeordneten Freiherrn von Stumm-Halberg, Berlin 1895

Ders.: Unternehmergewinn und Arbeitslohn. Rede auf dem Delegiertentag der christlichen Bergarbeitervereine in Bochum, Altenessen 1897

200 Jahre Saarbrücker Zeitung, Saarbrücken 1961

Ulf Claußen, Wolfgang Huber
Wenn Arbeit das Leben kostet
Stimmt der Gesundheitsschutz im Betrieb?
SWI zum Thema, Nummer 5; SWI-Verlag, Bochum 1987,
120 Seiten, ISBN 3-925895-07-8, DM 9,00

Wilhelm Fahlbusch, Hartmut Przybylski, Wolfgang Schröter
Arbeit ist nicht alles
Versuche zu einer Ethik der Zukunft
SWI zum Thema, Nummer 6; SWI-Verlag, Bochum 1987,
134 Seiten, ISBN 3-925895-10-8, DM 14,50

Hartmut Przybylski, Jürgen P. Rinderspacher (Herausgeber)
Das Ende gemeinsamer Zeit?
Risiken neuer Arbeitszeitgestaltung und Öffnungszeiten
SWI zum Thema, Nummer 7/8; SWI-Verlag, Bochum 1988,
281 Seiten, ISBN 3-925895-12-4, DM 19,80

Christiane Rumpeltes (Herausgeberin)
Medien — Technik — Kirche
Ethische Akzente in der Informationsgesellschaft
Beiträge von Thomas Derlien, Siegfried von Kortzfleisch,
Urs Meier, Hartmut Przybylski
SWI zum Thema, Nummer 9; SWI-Verlag, Bochum 1990,
117 Seiten, ISBN 3-925895-22-1, DM 12,80

Sigrid Reihs, Dorothee Rhiemeier (Herausgeberinnen)
Trümmerfrauen — Hausfrauen — Quotenfrauen
Die Zukunft der Frauenarbeit
Ursula Engelen-Kefer, Elisabeth Rappen, Sigrid Reihs,
Dorothee Rhiemeier, Ursula Rust, Ingrid Kurz-Scherf
SWI zum Thema, Nummer 10; SWI-Verlag, Bochum 1990,
141 Seiten, ISBN 3-925895-21-3, DM 15,80

Wolfgang Lukatis, Alfred Rohloff
Computer — eine Hilfe für die Sozialarbeit?
Bericht einer Tagung
SWI zum Thema, Nummer 11; SWI-Verlag, Bochum 1992
ISBN 3-925 895-33-7, DM 15,80

Günter Brakelmann
Zur Arbeit geboren?
Beiträge zu einer christlichen Arbeitsethik
SWI Studien, Band 11; SWI-Verlag, Bochum 1988,
218 Seiten, ISBN 3-925895-11-6, DM 19,80

Wolfgang Lück
Kirche, Arbeiter und kleine Leute
Eine »vielspältige« Beziehung
— Beobachtungen und Überlegungen
SWI ... außer der Reihe: Nummer 10; SWI-Verlag, Bochum 1992
248 Seiten, ISBN 3-925895-34-5, DM 19,80

Siegfried Keil
Lebensphasen, Lebensformen, Lebensmöglichkeiten
Sozialethische Überlegungen zu den Sozialisationsbedingungen
in Familie, Kirche und Gesellschaft
SWI ... außer der Reihe: Nummer 11; SWI-Verlag, Bochum 1992,
183 Seiten, ISBN 3-925 895-37-X, DM 17,90

Lutz Finkeldey
Armut, Arbeitslosigkeit, Selbsthilfe
Armuts- und Arbeitslosenprojekte zwischen Freizeit und Markt
SWI ... außer der Reihe: Nummer 12; SWI-Verlag, Bochum 1992,
258 Seiten, ISBN 3-925 895-38-8, DM 24,90

Traugott Jähnichen
Vom Industrieuntertan zum Industriebürger
Der soziale Protestantismus und die Entwicklung der
Mitbestimmung (1848-1955)
SWI ... außer der Reihe: Nummer 13; SWI-Verlag, Bochum 1993,
544 Seiten, ISBN 3-925 895-40-x, DM 39,90

Jürgen Ebach
Biblische Erinnerungen
Theologische Reden zur Zeit
SWI ... außer der Reihe: Nummer 14; SWI-Verlag, Bochum 1993,
228 Seiten, ISBN 3-925 895-41-8, DM 24,90